WELTLEXIKON ZWO

Erwin Grosche & Gennadi Isaak

IMPRESSUM

1. Auflage, 2023

Verlag Akademie-der-Abenteuer
Boris Pfeiffer, Pfalzburger Straße 10, 10719 Berlin
www.verlag-akademie-der-abenteuer.de

© 2023 by Verlag Akademie-der-Abenteuer
Alle Rechte vorbehalten.
Nachdruck, auch auszugsweise, nicht gestattet.

Illustrationen: Gennadi Isaak
Farben: Ute Bremer
Satz: Olivier Kleine
Gedruckt und gebunden von poligraf

ISBN 978-3-98530-130-0
Printed in Poland

Bibliografische Information der Deutschen Nationalbibliothek:

Die Deutsche Nationalbibliothek verzeichnet diese Publikation in der Deutschen Nationalbibliographie; detaillierte bibliografische Daten sind Im Internet über http://dnb.d-nb.de abrufbar.

„Niemand hat behauptet, dass es leicht ist, Erwin Grosche zu sein.
Aber von uns allen kannst Du es eben am besten."

Ingo Börchers

(Mail: Juni 2019)

A: Fordern die Ärzte nicht mehr „Machen sie mal A!", wenn sie Menschen untersuchen? Früher reichte dem Halbgott in Weiß das Lauschen eines „A's", um einen entzündeten Blinddarm zu erkennen. Es ist so schade, dass man jetzt, wo ich so gut „A" sagen kann, nicht mehr dazu aufgefordert wird. Ich kann jetzt ein „A" sagen, davon würde der Arzt seiner Frau erzählen. Ein vollkommenes „A" kann man nicht üben, dafür muss man gesund sein, vollkommen gesund sein.

ABENTEURER: Ein Abenteurer, der dauernd überlebt, macht der nicht irgendetwas falsch oder riskiert einfach zu wenig?

ABFLUSS FREI: Es gab Zeiten, da sang man beim Abflussreinigen Abflussreinigerlieder. Früher fiel überhaupt das Arbeiten leichter. Selbst unangenehme Verrichtungen gingen einem gut von der Hand. Heute erscheinen manche Tätigkeiten so peinlich, wie sie wirklich sind. Kein Wunder, dass wir für stupide Tätigkeiten oft Roboter einsetzen. Ich lasse mir jetzt von einem Roboter meine Steuererklärung ausfüllen. Ich kann ihn dafür sogar absetzen. Vielleicht sollte man wieder die alten Lieder summen, damit sie uns mit ihrem Zauber antreiben: „Wenn der Abfluss mal verstopft ist/ ja was ist denn schon dabei/ dann nimm doch „Abfluss frei"/ das macht den Abfluss frei// Und wenn du in sie verliebt bist/ doch sie liebt lieber den Kai/ dann nützt kein „Abfluss frei"/ gebt Kai zum Abschuss frei// Kennst du ihre Handynummer/ ja dann wähl doch 1-2-3/ und fahr bei ihr vorbei/ nimm mit dein „Abfluss frei"// Werf' dich vor ihr auf die Kniee/ flüster' immer nur „Verzeih"/ und sagt sie nebenbei/ „Mein Abfluss ist nicht frei"/ dann hört man deinen Schrei:/ „Zum Glück gibt's „Abfluss frei"// Wenn der Abfluss mal verstopft ist/ ja was ist denn schon dabei/ dann nimm doch „Abfluss frei"/ das macht den Abfluss frei"//

ABSCHIEDSGRUß: Sag nicht „Tschüss", sag nicht „Auf Wiedersehn". Sag: „Komm schnell wieder. Komm schnell wieder."

AFTER SHAVE VORHER: Manchmal muss man was riskieren. Die Welt kann sich nicht bewegen, wenn wir alle nur noch auf der Stelle stehen bleiben. Das Laufrad braucht unseren Anschwung. Ich rieb jetzt mal vor der Rasur meine Kinnpartie mit einem After Shave ein. Das hat mich schon immer interessiert, was passiert, wenn man die Reihenfolge der Verrichtungen verändert. Wenn man also etwas vorher macht, was eigentlich nachher geschehen soll. Ich kann nun davon abraten. Das Ergebnis war enttäuschend. Ein After Shave vor der Rasur zu benutzen ist zwar möglich, aber was soll das dem Kinn bringen, wenn es noch gar nicht rasiert ist? Bleiben wir vernünftig, bewahren wir den Überblick, gerade am frühen Morgen: Wir sind doch noch gar nicht richtig wach. Die Gefahren, die beim Rasieren lauern, verlangen Mut, Konzentration und eine völlige Kontrolle der betroffenen Gesichtspartien. Ein Abweichen von den Regeln kann katastrophale Auswirkungen haben. „After shave, du wirkst erst nach der Rasur. Du lässt unsere Haut aufatmen und versöhnst sie mit denen, die vorher keck die Klinge führten." Zum Glück ist der Mann geübt darin, sein Gesicht so zu verziehen, wie es der Weg des Rasierers verlangt. Die totale Kontrolle über die untere Gesichtshälfte ermöglicht uns Grimassen, die noch niemand von uns in der Öffentlichkeit gesehen hat. Glauben sie mir. Das wollen sie auch nicht sehen. Frankenstein ist dagegen eine Barbie-Puppe, Godzilla Bambi. Vorsicht. Ein Abschweifen der Gedanken kann zu schmerzhaften Verletzungen führen. Nicht umsonst wird ein After Shave im Erste-Hilfe-Kasten gelagert. Manche glauben, ein After Shave wäre eine Po-Pflege-Politur für einen geschmeidigen Hintern. Das muss man nicht unterstützen. Setzen sie es so ein, wie sein Name schon empfiehlt: After also nachher. Das After Shave ist die Belohnung, die den Mann das Martyrium des Rasierens aushalten lässt. Man fährt doch auch nicht zuerst Auto und macht dann den Führerschein. Man pflückt doch auch nicht zuerst den Apfel und pflanzt dann den Baum. Man spielt doch auch nicht zuerst ein Lied auf dem Saxophon und übt es dann. „Nutzt man das Pflaster vor dem Entstehen der Wunde hat man ein Problem." Ich habe jetzt mal eine Mücke zerquetscht, bevor sie mich stechen konnte. „Ich habe doch gar nichts gemacht", waren ihre letzten Worte. Das Zusammensein von Mücke und Mensch in einem Raum ist immer vom gegenseitigen Misstrauen geprägt. Wahrscheinlich sticht die Mücke uns nur, weil wir ihr nicht gut gesinnt sind. Als Abschreckung. Angst gegen Angst. Tod gegen Tod. Jeder will dem Erstschlag zuvorkommen. Schade, dass man dieses Missverständnis nicht mit einem vernünftigen Gespräch aus dem Weg räumen kann. Sssssssssss! „Ich sage es jetzt nur noch einmal. Hallo? Ich sage es jetzt nur noch einmal." Man sagt es doch auch nicht nur noch einmal und das dann dreimal. Ich rieb jetzt mal vor der Rasur meine Kinnpartie mit einem After Shave ein. Das hat mich schon immer interessiert, was passiert, wenn man die Reihenfolge der Verrichtungen verändert. Wenn man also etwas vorher macht, was eigentlich nachher geschehen soll. Ich kann nun davon abraten. Manche Reihenfolgen schaffen Ordnung. Sie sind sinnvoll und haben sich bewährt, auch in einer Geschichte. Also bemühe das After Shave erst nach der Rasur. Das macht Sinn, sagt das Kinn.

AKTFOTOGRAFIE: Es ist erstaunlich, wie viele Frauen sich auf die Aktfotografie einlassen. Ich habe mal eine nackte Frau fotografiert, um meine Heimorgel besser präsentieren zu können. Das war nicht einfach, zumal ich wollte, dass man alle Tasten gut erkennen kann. Die Aktfotografie ist eine preisgünstige Angelegenheit, gerade wenn auf aufwendige Requisiten verzichtet wird. Ich würde als Aktmodel darauf achten, dass kein Obst im Studio platziert wird. Ich habe schon Fruchtschalen gesehen, die im Zusammenhang mit einer nackten Frau unpassend wirkten. Wenn ich eine nackte Frau wäre, würde ich verlassene Fabrikanlagen als Location meiden. Aktmodelle, die frieren und sich einsam fühlen, senden falsche Signale aus. Ich kenne Aktmodelle, die lassen sich anmalen, damit sie aussehen wie der Hintergrund, vor dem sie fotografiert werden. Das ist oft so perfekt gemacht, dass man manch nackte Frau nur erkennen kann, wenn man schon mal eine nackte Frau gesehen hat. Ich habe auch schon einen Hintergrund nach einer nackten Frau abgesucht, da stand überhaupt niemand. Mehr möchte ich dazu nicht sagen. Ich habe schon viel zu viel erzählt.

ALLERLEIRAUH: (Drei Fallstudien nach einem Märchenstoff aus dem Paderbörnschen). 1. Letzte Reste in der Zahnpastatube. Wir drücken und drücken. Manchmal lässt sich ein wenig Zahnpasta sehen. Ein Hoffnungsschimmer. Da kommt etwas hervor und verschwindet wieder, als wäre es nur neugierig und ein wenig schüchtern. Wir halten die Zahnbürste bereit. Wir wollen sie nicht enttäuschen. Wir drücken und drücken wieder auf die Tube. Wir rollen sie auf wie eine Yoga-Matte. Kurz zuckt eine Regenbogenwurst hervor. Streckt sie uns die Zunge heraus? „Bleib doch. Bleib doch. Sie müssen pressen. Wir können sie nicht halten. Sie müssen pressen." Oh, das wird schwierig. „Ich habe heute noch einen Vorstellungstermin. Frischer Atem ist da wichtig. Auch der Sohn des Zahnarzts hat sich um den Job des Rausschmeißers beworben." Plötzlich entdecken sie auf der Fensterbank die neu gekaufte Zahnpastatube. Mit ihr wäre alles leichter. Zähneputzen ein Klacks. Werden wir trotzdem der alten Tube die Treue halten? Da ist doch noch was möglich, da ist doch noch was drin. Ist frischer Atem wirklich so wichtig, wenn es um innere Werte geht? Wissen Sie, ich putze mir immer morgens die Zähne mit Elmex und abends mit Aronal. Der Tag fängt doch gleich ganz anders an, wenn man was riskiert hat. Und ich weiß, wovon ich da rede, der erste gepiercte Typ mit dem ich zusammen war, war mein Teddy von Steiff. Wir geben nicht auf. 2. Auf einer öffentlichen Toilette benimmt man sich. Wir haben uns sogar die Hände gewaschen, um wieder in den Groove der Welt zu kommen. Viele haben dafür keine Zeit. Es sind oft die, die in der Küche arbeiten oder in der Unfallchirurgie. Wir sind da anders. Wir waschen uns die Hände und wollen sie dann abtrocknen. Zum Glück hängt ein Papierhandtuchspender an der Wand. Er ist so prall gefüllt, dass man kein einzelnes Blatt aus dem Stoß zupfen kann. Wir versuchen trotzdem ein Papier aus dem Spender zu ziehen. Das ist nicht einfach mit nassen Händen. Wir haben nur Fetzen in der Hand. Konfetti für Arme. Lesezeichen für Pixi-Buch-Besitzer. Fetzen eines verlogenen Liebesbriefs. Wir geben nicht klein bei. Wir sind schon mit ganz anderen Handtuchspendern fertig geworden. Wir zerren an dem Papier, als müssten wir eine Bettmatratze mit einem zu kleinen Spannbettbezug beziehen. Schließlich haben wir alle Papierhandtücher in der Hand. Das ist zu viel des Guten. Das haben wir nicht gewollt. Jetzt stehen wir da und haben uns unbeabsichtigt bereichert. Stopfen wir alles in den Spender zurück? Da steht der Toilettenwart im Waschraum. Er sieht nur, wie ich die Papierhandtücher vor mir hertrage, wie einen Goldbarren. Wir wollen erklärend auf unsere nassen Hände hinwiesen, doch sind sie inzwischen trocken geworden. Der WC-Wart schüttelt den Kopf und weint. Er schüttelt den Kopf und weint. „Oh ihr Nutznießer meiner Arbeitskraft. Ihr nehmt alles hin, als wäre es selbstverständlich. Respekt ist für euch ein Fremdwort." Und ich wage einzuwenden: „Respekt ist doch ein Fremdwort." „Nur wenn man die Bedeutung eines Wortes nicht kennt", kontert er. Riesentränen tropfen auf den Fliesenboden des Raumes: Dienstleistungstränen, Beamtentränen, Krokodilstränen. Handwerkertränen! Und ich denke: Soll ich ihm ein Papierhandtuch anbieten? Papierhandtücher habe ich genug, aber würde er meine Hilfe annehmen? Die Hilfe des vermeintlich Bösen? Kann die Güte des Teufels der Welt nützen? Ich sage immer: Auch die Hölle kann man sich schön gestalten mit ein wenig Phantasie und Gottvertrauen. Der schlechte Ruf der Hölle liegt nicht an dem Ort, sondern an den Leuten dort. 3. Kennen sie das auch? Der Parkscheinautomat glänzt in der Sonne wie ein Bilderstock, wie ein Altar. Wir stehen auf dem Parkplatz. Wir wollen einen Parkschein ziehen. Wir haben keine Zeit. Wir wollen zur Demo in die Stadt, um für den Frieden zu demonstrieren. Der Frieden wartet nicht. Da geht es manchmal um Sekunden. Wir werfen 50 Cent in den Schlitz. Natürlich fällt die Münze durch. Wir fischen sie heraus und werfen die Münze erneut in den Schlitz. Wieder verweigert der Automat die Annahme. Die Münze landet in dem Fach für die Unangepassten. Was sollen wir machen, wenn wir trotz unseres vielen Geldes nicht ernst genommen werden? Hinter uns steht ein Mann und schaut uns über die Schulter. Wir halten ihm die Münze entgegen. Er versteht das Problem, aber er will nicht tauschen. Er braucht seine Münze selbst, seine Frau hat sie ihm gegeben. Er hat heute morgen früh schon die Zahnpasta nicht wieder zugemacht und will ihre Geduld nicht überstrapazieren. Wir geben nicht auf. Wir schauen zum Himmel und hoffen, dass es dort mal einen Platz für uns geben wird, wo es nichts kostet. Wir benässen die 50 Cent Münze mit unserem Speichel und schieben das Geld durch den Schlitz. Wieder verweigert der Automat die Annahme. Wir probieren es noch mal. Wir benässen die 50 Cent Münze mit unserem Speichel und schieben das Geld durch den Schlitz. Wieder verweigert der Automat die Annahme. Wir probieren es noch mal. Ist das ein Zeichen? Soll ich das Geld lieber in die Kirche tragen? Die Menschenschlange hinter mir wird länger und länger. Sieht so ein Lynchmob aus? „He", rufen sie, „wir wollen auch für den Frieden demonstrieren,. Komm mal in die Pötte, sonst gibt es Saures." Ich sehe eine Politesse auf mein widerrechtlich geparktes Auto zusteuern. Kommt da ein Abschleppwagen um die Kurve? Ich spüre plötzlich, dass Frieden nicht nur in fremden Ländern wichtig ist. Wir sind Krieger, überall.

ALLES: „Alles geben" darf nicht zu viel sein.

ALTERSFREIGABE: Ich finde es fragwürdig, wenn Kinder in Filmen mitspielen, die man erst ab 18 Jahren sehen darf.

Illustration: "Allerleirauh – Mein Teddy" (Text S. 11)

ANDERSRUM: „Ist es nicht sonderbar, dass die erste Scheibe des angeschnittenen Brotes hart wird, aber der erste Keks der geöffneten De Beukelaer Rolle weich? Besser ist es doch andersrum: Man ist doch nicht erst besoffen und trinkt dann Rum. Besser ist es andersrum. Man ist doch nicht zuerst klug und dann dumm. Besser ist es andersrum. Es wird doch nicht zuerst die Bombe entschärft und dann macht es Bumm. Besser ist es andersrum. Es frisst doch einen nicht zuerst der Bär und dann kommt das Gebrumm. Besser ist es andersrum. Man macht doch nicht zuerst alle unglücklich und bringt sich dann um, besser ist es andersrum. Man liebt doch nicht zuerst Megan Fox und dann Heidi Klumm, besser ist es anders rum. Man verlangt doch nicht zuerst ein Mitspracherecht und bleibt dann stumm. Besser ist es andersrum. (Fassung 2023)

ANEKDOTE: Heute habe ich bei Weyhers zu Mittag gegessen. Ich entschied mich für ein halbes Oktoberfest-Menü, also eine Portion für den kleinen Hunger. Auch diese halbe Portion konnte einen Bär sättigen. Sie bestand aus einem Leberkäse, einem Spiegelei, Röstzwiebeln, Püree und Sauerkraut. Zünftig und günstig. Das eigentliche Gericht hätte aus zwei Leberkäse, zwei Spiegeleiern, Röstzwiebeln, Püree und Sauerkraut bestanden. Ich war wirklich überrascht wie viel schon bei einer halben Portion auf dem Teller lag und das für sechs Euro fünfundsiebzig. Ich weiß, welche unterschiedliche Bratvorgänge nötig sind, um Leberkäse, Spiegelei und Röstzwiebeln essfertig zu gestalten und war erstaunt, wie lecker trotzdem alles schmeckte. Manches kann man nur gut machen, sonst macht man es lieber gar nicht. Ich konnte mich nicht erinnern in diesem Jahr etwas so Leckeres gegessen zu haben. Ich sagte dies auch der Bedienung und bat sie, davon Frau Weyher in der Küche zu erzählen. Ich merkte gleich, dass meine lobenden Worte nicht das abgebrühte Gemüt der Bedienung berühren konnten, weil sie meine Schwärmerei mit einem „Das freut uns aber" routiniert abtat. Ich wusste gleich, all mein Lob würde den Schankraum nicht verlassen und nie in der Küche ankommen. Bevor ich mich damit abfinden konnte, baute ich mich vor der Bedienung auf und sagte: „Sagen Sie Frau Weyher ‚Herr Grosche ist glücklich'." „Herr Grosche ist glücklich", wiederholte sie meine letzten Worte, „Ich gebe das gerne weiter." „Herr Grosche ist glücklich", sagte ich noch einmal, um dem Lob Nachdruck zu verleihen. Konnte ich besser meinen Zustand beschreiben? Dieses Essen hatte mich verändert und mir Kraft und Trost gegeben den Tag zu überstehen. Wenn Frau Weyher hören würde, dass ich glücklich war, wüsste sie, dass ich auch bereit war anderen von diesem Glück abzugeben, die dann auch bereit waren, anderen von dem Glück abzugeben. Alle würden zu Weyhers laufen und sich auch von diesem halben Oktoberfest-Menü verwöhnen lassen. „Geben sie mir einmal das Groschemenü", würden sie sagen. „Das Menü der Glücklichen." Das würde eine große Geschichte werden und wenn man sich überlegt, dass das alles mal mit einem kleinen Lob in einem alten Paderborner Gasthof angefangen hatte, dann kann man nur den Kopf schütteln über so viel Glück.

ANFANG: „3 ist ein Anfang", sagte ich den Kindern. „2 ist schwer zu durchschauen, und bei der 1 wird man ein wenig traurig." Die Kinder schüttelten ungläubig den Kopf, als glaubten sie nicht, dass es außer 1,2,3 noch andere Zahlen gibt. Das habe ich auch mal gedacht. Eines ist sicher: Bis 3 macht es noch Spaß.

ÄNGSTLICHE HUNDE: (Eine Auswahl) 1. „Die Angst hätte ich ihm ausgetrieben", sagte der Hundebesitzer zur Hundebesitzerin. 2. Herr Hemdsorgel schüttelte missbilligend den Kopf. Er beugte sich zu seinem Hund herunter. „Ich hab dich auch gern, wenn du Angst hast." 3. Er schaute ihm nach. Er lief vor seiner Angst davon. 4. „Angst läuft nicht weg", dachte Herr Hemdsorgel. „Angst wartet." 5. Angst macht so klein, damit man sich damit in einem Mauseloch verstecken kann. So ist man nicht allein und bellt, wenn man nicht weiß, was man tun soll.

ANGLER: Anglern beim Angeln zuzuschauen, empfinde ich nicht als entspannend.

ANGLERGLÜCK: Das Glück der Angler hängt häufig von der Gutgläubigkeit der Fische ab. Die Forelle gilt als leichtgläubig, der Aal als verschlagen. Der Weise weiß, was er dem Heilbutt schuldet: „Schweige, sonst gehst du unter."

ANGST HABEN: Warum in die Ferne schweifen, Angst haben kann man auch zu Hause.

ANHANG: Wie empfindlich meine Email-Vorlage reagiert, wenn ich im Text nur kurz das Wort Anhang erwähne. Sofort erscheint ein gelber Balken und meldet, dass sie ein Schlüsselwort der Anhang-Erinnerung gefunden hat. Kann man nicht mal mehr nach einem Anhang fragen, ohne wieder an etwas erinnert zu werden, das man gar nicht anvisiert hat? Egal ob ich frage, ob meine Schwiegermutter mit Anhang kommen wird oder ich bei einem Bergvorsprung von einem Anhang spreche, auf dem man einen guten Überblick hat. Immer meldet sich der gelbe Balken und ermahnt mich, dass das Nutzen des Schlüsselworts auch verlangt, dass man im Anhang entsprechende Informationen liefert. Ähnlich empfindlich reagiert es auch auf Wörter wie Anbei oder Begleitschreiben. Ich könnte auch neben diesen Schlüsselworten Begriffe wie Lydia und Babsi in die Anhangerinnerungsstation eingeben und schon würde sich bei deren Erwähnung der gelbe Anhangbalken melden und mich daran erinnern, dass Susi und Babsi zu meinem Anhang gehören. Ein Satz wie „Liebe Laura, da Susi und Babsi morgen bei meiner Schwiegermutter sind, könnten wir uns treffen.", käme dann aus moralischen Gründen nicht mehr in Frage.

ANONYM: Sie erkannte mich nicht, obwohl ich einen Kuchen aß.

ANSTECKEND: Gähnen ist ansteckend, pupsen nicht.

ANWESENHEIT: „Ich fühle mich in Anwesenheit von Erwachsenen immer ausgeschlossen", sagte das Kind. „Willkommen in meiner Welt", sagte Padermann.

A

APFEL: Den Apfel hatte sie aus schwindelerregender Höhe geholt, dort wo noch niemals ein Mensch war, trotzdem war es Sünde.

APFELBÄUME: Man vermutet ja Apfelbäume eher links, manchmal stehen sie aber auch rechts.

APFELKUCHEN-MIT-SCHLAGSAHNE-ENTSAGUNGSBILDER: Verführungen lauern überall. Ich esse zum Beispiel gerne Apfelkuchen mit Schlagsahne und kann seinen Verführungskünsten kaum widerstehen. Das kann eine zeitlang erfüllend sein, aber wer kennt schon die Auswirkungen des immerwährenden Glücks? Dagegen helfen die Apfelkuchen-mit-Schlagsahne-Entsagungsbilder. Ausgefuchste Porträts steuern unser Verlangen und lenken unsere Versuchungsgefühle in andere Bereiche. Es gibt Mundmaler, die sich auf diese Kunstform spezialisiert haben. So gibt es Zeichnungen, die halten uns vom Genuss ab und lenken unsere Aufmerksamkeit zum Rasenmähen hin. Das ist sinnvoll und macht nicht dick. Oft sind diese Bilder gardenablau, auf denen orangene Flecken den Kuchenappetit durchkreuzen. Manche dieser Entsagungsbilder sind auch schwarz-weiß und schrecken mit ihrer Sachlichkeit so ab, dass man sich sofort hinsetzen möchte um seine Steuererklärung zu machen. Der Wunsch zu naschen ist gebannt. Fotos von gefangenen dicken Walen, die in Netzen um ihr Überleben kämpfen, können den gleichen Effekt haben. Wer die Apfelkuchen-mit-Schlagsahne-Entsagungsbilder an der Wand hängen hat, hat eine reale Chance den perfiden Versuchungen des Backwesens zu entgehen. Im Badezimmer meiner Freundin hängt ein Gemälde, dass den FDP Politiker Christian Linder vor seiner Haartransplantation zeigt. So etwas lenkt natürlich ab. Wenn die Apfelkuchen-mit-Schlagsahne-Versuchung meine Freundin zu sehr bedroht, schaut sie sich das Bild von Christian Lindner an und ist so verzweifelt, dass sie lieber eine Apfelsine isst. Manchmal reicht es auch, wenn man ein giftgrünes krötengleiches Bild vor sich aufstellt und sich beim Anschauen passend übergibt. Manchmal hilft es aber, da bin ich ehrlich, auch nicht. Gibt es eigentlich Mundmaler, die nach dem Gestalten ihrer Weihnachtspostkarten einen größeren Bekanntheitsgrad erreicht haben? Ich kannte einen Mundmaler, der während er mit dem Mund ein Entsagungsbild malte, gleichzeitig mit den Händen eine Torte in sich hineinlöffelte, um die abschreckende Wirkung besser kontrollieren zu können.

ARBEIT: Sinnvolle Arbeit liegt mir nicht.

ARBEITSHOSE: (Richtlinien für die Baustelle) Muss eine Arbeitshose sauber sein? Vor der Arbeit „ja", nach der Arbeit „nein".

ARZTAUSFAHRT: Mein Nachbar hat eine Arztausfahrt, die jeder frei lassen soll. Auf seinem Schild steht wirklich das Wort „Arztausfahrt" und macht damit die Dringlichkeit deutlich, das man als Arzt auch mal beim Tischtennisspielen in der heimischen Garage fortgerufen wird, um mit dem Auto ins nächste Krankenhaus zu fahren, um dort das Herz einer Eiskunstläuferin zu verpflanzen. Wenn dann ein Lieferservice des Tiefkühlriesen bofrost die Ausfahrt blockieren würde, dann wäre das schon peinlich.

Ich überlege mir nun auch ein Schild machen zu lassen: „Arztausfahrt. Ich werde gebraucht", weil ich darunter leide, dass meine Ausfahrt oft zugeparkt wird und ich dann nicht meinen unwichtigen Tätigkeiten nachgehen kann. Ich mache mir über die Bedeutung meiner Existenz keine Illusionen. Niemand würde davon absehen meine Ausfahrt zu blockieren, wenn ein Schild mit der Information „Kleinkünstlerausfahrt" davor warnen würde. Ich denke auch ein Hinweis „Lehrerausfahrt" würde die anderen Autofahrer nur kurz beeindrucken, um sie dann zu reizen, ganz bewusst davor zu parken. Wissen läuft nicht weg und manchmal lernen die Kinder mehr, wenn sie sich selbst überlassen werden. Der Hula-Hoop-Reifen wurde so erfunden. Am besten würde natürlich die Abschlepperausfahrt funktionieren. „Dies ist eine Abschlepperausfahrt. Wer hier parkt wird kostenpflichtig abgeschleppt und muss sein Auto auf dem Autofriedhof in Dörenhagen abholen."

Eine Abschlepperausfahrt, in der schon das Abschlepperauto mit laufendem Motor stehen würde, würde einen abschreckenden Eindruck hinterlassen. Da traute sich niemand hin und alle würden eher wieder vor meiner Kleinkünstlerausfahrt parken, wenn sich dort nicht schon ein Leichenwagen breit gemacht hätte.

ASCHEKREUZ: Die Diözese Paderborn nimmt ihre Seelsorge ernst. So erinnerte sie an das Verbot, Asche und Wasser zur Austeilung des Aschenkreuzes zu vermischen. Im Erzbistum Freiburg hätten Gottesdienstteilnehmer teilweise schwere Verätzungen der Haut erlitten. „Bei der Herstellung der Asche ist daher darauf zu achten, dass diese gemäß kirchlicher Tradition aus Palmzweigen des vergangenen Jahres hergestellt wird." Ich hörte, dass viele Freiburger diese Verätzungen der Haut als göttliche Zeichen missdeuteten. Ich meine das Aschekreuz ist kein Mercedesstern.

AUFSTELLUNGEN: Es ist besser, wenn man in seinem Beruf gebraucht wird. Manchmal ist es auch nicht verkehrt, sich so breit aufzustellen, dass man in Krisenzeiten sein Auskommen hat. Irgendwas zusätzlich kann doch jeder. Ich sehe oft Handwerker-LKWs, die mit ihren Dienstleistungen prahlen. Warum die gesteigerte Aufmerksamkeit für „Leniger, Heizung-Lüftung-Sanitär", nicht ausnützen, um auf „Leniger, Heizung-Lüftung-Sanitär und Hausaufgabenhilfe" hinzuweisen? So richtet man das Interesse auf neue Dienstleistungen, ohne sein angelerntes Betätigungsfeld zu vernachlässigen. Warum nicht das Hochwasser im Badezimmer bekämpfen und dabei

Illustration: "Apfel"

gleichzeitig die Tochter des Hauses auf den kommenden Mathetest vorbereiten? Auch Herr Schmitt, der bekannte Paderborner Gartenarchitekt, könnte in einem Rutsch für den korrekten Haarschnitt werben. „Der gute Schnitt: Schmitt: Gartengestaltungen und Haarpflege in einem." Jeder kann doch ein bisschen mehr als das, was er gelernt hat. Ich kenne einen Fußballtrainer, der in seiner Freizeit kleinere Näharbeiten ausführen kann. Auch Bärenputz Müller sollte man nicht unterschätzen. Wer Häuser verputzt, kann auch Ehen kitten. Müllers Bärenputz, der Helfer für Haus und Ehe. Ein gutes Wort zur rechten Zeit, Bärenputz Müller ist bereit. Die Ehe bröckelt, der Putz bröckelt, Bärenputz Müller hilft. Da sind die Parallelen bei beiden Aufgaben greifbar. Heute fand ich einen Flyer im Postfach: „Mein Name ist Bockschmiede. Ich kann sehr gut Brot schneiden. Ich könnte zu meiner angelernten Tätigkeit zu ihnen nach Hause kommen und für zwei oder drei Tage Brot schneiden. Winken sie ab, weil Sie eine Brotschneidemaschine haben? Das kann ich besser. Ich kann Brot für ihren Mann so schneiden, dass er satt wird. Natürlich schneide ich für sie das Brot so, dass der Aufschnitt mehr zur Geltung kommt. Ich weiß, was Sie mögen. Für Kinder schneide ich das Brot in kleine Hälften, damit es nicht schon vom Ansehen her überwältigt. Ich arbeite auch als Steuerberater, aber dazu biete ich meinen Brotschneideservice an. Mich kann man absetzen."

(Siehe auch: „LENIGER")

AUSGLEITEN, IN DUSCHE UND BAD: Beim Ausgleiten in Dusche und Bad verliert der Mensch seinen Platz in der Welt. Er rutscht nicht nur aus, er gleitet, er fliegt. Und wie er fliegt.

Mensch, die Seife ist nicht dein Freund. Sie ist flutschig. Sie ist glitschig. Behandle sie mit Respekt. Sie ist die Bananenschale, die keinen Aufprall dämmt. Sie ist die Schwiegermutter, die euch einen Urlaub schenkt, bei dem sie mitfahren will. Sie ist der Kuss der Klempnerin, der genauso kalt herüberkommt wie das Wasser aus deiner Duschkabine. Tropfen Tropfen, auf die Haare tropfen, tropfen, tropfen dir auf deinen Bauch und die Füße auch. Schepperts schön am Duschvorhang ist der Duschvorgang im Gang. Tropfen Tropfen, auf die Haare tropfen tropfen, tropfen. Ich habe einen Bekannten, der kann sich mit zwei Seifen gleichzeitig waschen. Das spart natürlich wertvolle Zeit, aber erhöht ungemein das Ausgleitrisiko. Das kann sich nur der erlauben, der keine Verantwortung zu tragen hat, wie zB Fahrscheinkontrolleure. Ein Freund von mir stürzte beim Duschen in einer IBIS Kette und wurde erst nach zwei Wochen gefunden, weil er vergessen hatte das „Bitte nicht stören" Schild von der Tür zu hängen. Er war danach natürlich total sauber und lebt seitdem zusammen mit einer Rettungssanitäterin, die einen Putzfimmel hat. Gerne erinnern sich alle noch an die Dusch-Arie aus der Oper „Dusch doch!", gesungen vom Feuerwehrchor Bökendorf, der damit den Rettungseinsatz von Playboygirl Uschi untermalte, die sich viermal wirkungsvoll in der Dusche ausgleiten ließ: „Verschaff dir Halt, als führe der Zug plötzlich an. Verschaff dir Halt, wie ein Betrunkener vom Drehen der Welt überrascht. Verschaff dir Halt wie beim Dreier auf einem einkammerigen Wasserbett. Verschaff dir Halt, als risse man dir den Teppich unter den Füßen weg. Verschaff dir Halt, als stößest Du beim Zappen im Fernsehn auf BIBEL TV. Verschaff dir Halt wie der

Illustration: "Ausgleiten"

Elefant im Porzellanladen und das Licht geht plötzlich aus. Verschaff dir Halt, lass den Duschvorhang in Ruhe. Greif nach den Sternen." Beim Ausgleiten in Dusche und Bad verliert der Mensch seinen Platz in der Welt. Ein Häufchen Elend, zu groß um im Abfluss fortgeschwemmt zu werden. Ein Spielball der Götter, die sich einen Spaß daraus machen uns hin und her zu schubsen. Der Twist wurde so erfunden. Der Eiskunstlauf ließ sich davon inspirieren. Der moderne Tanz, Pina Bausch, profitiert noch heute von diesen Bewegungs-Kakofonien. Baden Sie nicht allein. Duschen Sie zu dritt. Fragen Sie ihre Nachbarn. Gemeinsame Badetage können Spaß machen und Sie bekommen eher ihre ausgeliehenen Gartengeräte zurück. Duschen Sie mit ihrem Steuerberater. Lassen Sie sich von ihm den Rücken einseifen. Das kann man absetzen. Baden Sie mit ihrem Bürgermeister. Erinnern Sie ihn an sein Wahlversprechen, die Warm-Wassergebühren senken zu wollen. Lassen Sie dazu kaltes Wasser ein. Ich dusche gerne mit den Spielern des SC Paderborn. Das Zusammenduschen baut auf. Gerade nach Niederlagen stehe ich für jemanden, der es noch schlechter gemacht hätte als sie. Ich lasse sie in dem Glauben. Nackt sind wir alle Stürmer und gut, wenn ein Torwart in der Nähe ist. Der fängt uns auf. „Verschaff dir Halt, als führe der Zug plötzlich an. Verschaff dir Halt, wie ein Betrunkener vom Drehen der Welt überrascht. Verschaff dir Halt wie beim Dreier auf einem einkammerigen Wasserbett. Verschaff dir Halt, als risse man dir den Teppich unter den Füßen weg. Verschaff dir Halt, als stößest Du beim Zappen im Fernsehn auf BIBEL TV. Verschaff dir Halt wie der Elefant im Porzellanladen und das Licht geht plötzlich aus. Verschaff dir Halt, lass den Duschvorhang in Ruhe. Greif nach den Sternen." Beim Ausgleiten in Dusche und Bad verlässt der Mensch seinen Platz in der Welt.

AUSHEULEN: „Sich bei einer Frau auszuheulen, ist die größte Form der Selbstaufgabe", sagte Padermann. Er hatte sich mal bei einer Frau ausgeheult und war danach als Supermann erledigt gewesen.

AUSLÄNDER: Ich habe das Gefühl, dass die Ausländer bei uns die einzigen Vernünftigen sind. Ich finde auch, dass unsere Ausländer besser sind als die Ausländer in anderen Ländern. Ich war selbst mal Ausländer, konnte aber nicht zeigen, wie total ich mich integrieren würde, weil alle deutsch sprachen. Im Ausland sprechen die Leute viel mehr deutsch als hier. Ich bin nur froh, dass die Ausländer unsere Sprache lernen müssen und wir nicht ihre. Mein Italiener kommt aus der Türkei und mein Russe ist Ungar. So langsam wird mir das zu bunt hier. Ich tue manchmal so, als wäre ich Albaner, damit jeder mein akzentfreies Deutsch bewundern kann. Ich hatte mal einen Ausländer als Nachbarn, der hatte sich hier total eingelebt, der war so was von integriert, der schimpfte sogar auf Ausländer. Irgendwann bekam ich dann mit, der kam aus Duisburg. Es gibt auch Menschen ohne Migrationshintergrund, die sich hier fremd fühlen.

AUSSEHEN: Unten sehe ich besser aus als oben.

Illustration: "Außerirdische" (Text S. 22)

AUSSERIRDISCHE: Dürfen Außerirdische alt sein? Dürfen Außerirdische ein Alkoholproblem haben? Was wäre, wenn Außerirdische Angst vor der Zukunft hätten? Sind Außerirdische nur männlich, oder schicken sie erstmal nur die Männer vor? Ist „Aneignung einer anderen Kultur" bei ihnen ein Thema, oder warten sie damit, bis sie was von uns wollen? Kommen Außerirdische immer von woanders her, oder könnten sie ostwestfälische Spuren haben? Ich traf jetzt einen Außerirdischen, der hatte Heimweh. Kann es sein, dass man denkt, dass Außerirdische klüger sind als wir, nur weil sie es geschafft haben von ihrem Zuhause zu uns zu gelangen? Würden Außerirdische einen Pullover anziehen, der von mir gehäkelt wurde und auf dem steht: „Ein glücklicher Hund ist eine vorzeigbare Lebensleistung"? Das wäre eine große Enttäuschung, wenn sich Außerirdische in den wichtigen Dingen nicht weiter entwickelt hätten als wir. Vielleicht haben Außerirdische noch ein Telephon mit Drehscheibe. Bei uns in der Straße hat jetzt ein Außerirdischer ein Restaurant eröffnet, da gibt es „panierten Marabu" und so'n Zeug. Mir kam jetzt mal eine Außerirdische entgegen, die trug einen Pullover auf dem der Satz gestickt war: „Ein gut gepflegter Rasen ist eine vorzeigbare Lebensleistung." Ich habe dann wie ein Außerirdischer gelacht, also „arg, arg, arg". (So stelle ich mir vor, dass Außerirdische lachen. Wenn sie überhaupt lachen. Vielleicht sind sie stur wie die Franken. Wer weiß.) Manche stellen sich Außerirdische wie den Sohn des Dachdeckers vor, der als Jugendlicher aus Dörenhagen nach Berlin gezogen war und später Zigaretten mit Spitze rauchte und immer „krass" sagte, wenn ihm einer erklären wollte, was sich alles in Dörenhagen verändert hat.

AUSSER MIR: Was war ich wütend auf mich. Mein Betragen konnte so nicht mehr akzeptiert werden. Wer war ich denn, dass ich mich so gehen ließ? Ich schrie mich selbst an, bis ich ganz klein geworden war und schließlich in Tränen ausbrechen musste. „Ja heul' nur, du Weichei. Du bist eine Schande. Ich spucke vor dir aus", schrie ich mich an. Ich habe mich noch am Abend bei mir entschuldigt, spürte aber, dass nun etwas zwischen uns stand und siezte mich seitdem.

(Siehe auch „MARSCH")

AUTOSITZER: Manchmal sitzen Menschen in Autos und warten auf was. Ich bin oft erschrocken, wenn ich seelenruhig an einem Auto vorbei gehe und drinnen sitzt jemand. Man ist es doch eher gewohnt, dass herumstehende Autos leer sind und irgendwo abgestellt wurden. Man sitzt doch nur in Autos, wenn man damit fahren will. So sollte es sein in einer gesunden Gesellschaft. Es wäre doch wirklich beruhigend, wenn dann der im Auto Sitzende die Scheibe heruntermachen würde und dem irritierten Vorbeigehenden erklärte: „Ich sitze nur im Auto, weil ich auf das Glück warte." Oder: „Ich bin Privatdetektiv und beschatte den untreuen Ehemann der geilen Apothekerin." Oder: „Das ist hier ein Autokino und sie stehen im Bild." So fühlte man sich als Vorübergehender ernst genommen und machte sich keine Gedanken, ob dort jemand vergessen wurde oder sogar in einem Smart wohnt.

B: Wer „A" sagt, muss auch „B" sagen. Ich sage oft „A" und bin dann still. Manchmal sage ich auch „A", bis einer „Stopp" sagt und einen anderen Buchstaben von mir hören will. Manchmal sage ich dann „B", wenn ich langsam war. Es ist oft das „B", das will, dass man nach „A" „B" sagt. Das „B" steht gerne im Brennpunkt und will, dass sich alles um es bewegt. Bescheuert, oder? „B" ist ein bescheuerter Buchstabe.

(Siehe auch: „A")

BABY: Noch schreit das Baby. Irgendwann wird es Argumente brauchen.

BACKSCHINKENBRÖTCHEN: Manchmal esse ich ein Brötchen mit Backschinken. Das passiert oft an Tagen, an denen ich zu Kräften kommen muss. Ich kann an der Nutzung der Remoulade sehen, ob ich traurig bin oder nicht. Ich habe mal beim Küssen einer Frau gemerkt, dass ich unglücklich bin. Das Glück zeigt sich in vielfältiger Weise und auch das Aufessen des Backschinkenbrötchen sollte nicht übermütig machen. Ein Backschinkenbrötchen ist nicht Gott.

BADEZIMMER: Mancher lässt das Licht im Badezimmer an, damit die Nässe entweichen kann. Viele wissen nicht: Nässe trocknet auch im Dunkeln.

BALKON: Auf dem Balkon im Erdgeschoss, da stand ne Wäschespinne. Ein Fahrrad stand nicht weit davon, wenn ich mich recht entsinne. Nur Menschen hab ich nie gesehn, die sich mal dort aufhielten. Auch Kinder fehlten im Geschehn, weil sie woanders spielten.

BAISER: Baiser ist ein Schmusegebäck aus gezuckertem Eischnee. Es ist bedrohlich, dass etwas so Eigenbrötlerisches auf einem Tortenboden Platz nimmt. Ist Gott ein Weichei? Können Engel mit einem Bohrer umgehen? Schon wenn man das Wort „Baiser" ausspricht, splittert der Belag und kleine Risse buhlen um unser Mitgefühl. Pech gehabt. In der Zerstörung der Vollkommenheit zeigt der Mensch seine wahre Mission. In der Zerstörung der Vollkommenheit zeigt der Mensch seine Überlegenheit. Wir sind der Teufel. Der Missbrauch der Unschuld ist unser Freifahrtschein in die Hölle. Wer will denn im Paradies die Wellness-Oase buchen? Viele Menschen mögen kein Baiser, nehmen aber gern das Wort Baiser in den Mund. Baiser hier Baiser da, da gibt es tausend Anlässe. Eine Bedienung, die oft „Baiser" sagt, ist interessanter, als wenn sie uns mit einem Croissant betören wollte. Einmal wurde dem französischen König Ludwig XV., der gerade der englischen Königin seine Aufwartung machte, eine Meringue serviert. Ihr Ausspruch „Oh, das ist ja wie ein Kuss" führte zur Bezeichnung „Baiser" für dieses Schmusegebäck. In Frankreich ist dafür der Begriff Baiser unbekannt. Im Schwäbischen wird das Baiser als Schäumle bezeichnet. Das schmeckt nicht jedem. Viele mutmaßen, hier sind die Stücke kleiner, und man will mit dem Diminutiv seine Friedfertigkeit hervorheben. Natürlich steht der Torte eine Sünde besser zu Gesicht. Fromm sein kann man beim Fasten.

BAMBI: „Wenn alle Menschen so wären wie ich, dann wäre das Leben rehspektvoller", sagte Bambi.

BÄNKE: Wer eine Bank vor sich sieht, verspürt den Wunsch, Platz zu nehmen. Eine freie Bank ist einladend. Man setzt sich schnell hin, bevor ein anderer uns den Platz wegnimmt. Der Druck zur Erholung wächst mit den geschaffenen Möglichkeiten. Gerade, wenn man Sport treiben will, muss man sich überwinden, um den verlockenden Angeboten eine Absage zu erteilen. Wer an seine Grenzen kommen will, schafft das gerade durch das dauernde Umrunden einer Bank. Wer sich auf eine Bank setzt, gibt auf. Nicht umsonst sitzen Jugendliche lieber auf der Lehne, anstatt den Sitzplatz zu bemühen. Das geschieht nicht in Unkenntnis der eigentlichen Nutzungsbedingungen, sondern stellt bewusst den menschlichen Ruhestand in Frage. Es ist ernüchternd, alte Menschen auf einer Bank zu sehen, die sich nur ausruhen. Ist es zu viel verlangt, auch mal nach links und rechts zu rutschen, um zum Beispiel mit den Hosenbeinen die vom Regen benässte Bank abzutrocknen? Überall stehen Bänke herum. Manchmal stehen Bänke an Stellen, wo nichts ist, auf dass man schauen möchte. Was soll die Bank vor dem Schlachthof? Die Bank auf der Müllhalde stand schon da, als das noch ein Park war. Warum findet man so selten Bänke, die vor einer Bank stehen? Man sitzt auf der Bank und schaut Menschen zu, die in eine Bank hineingehen und dann wieder aus der Bank herauskommen. Was darüber die Bankbenutzer denken, fällt natürlich unter das Bankgeheimnis. Einen Banküberfall von einer Bank aus zu betrachten, muss ein unglaubliches Erlebnis sein. Erst berauben die Bankräuber eine Bank und dann müssen sie dafür 30 Jahre sitzen. Manche Bänke rühren durch eine sonderbare Schlichtheit. Reduziert auf das Wesentliche erfüllen sie doch ihre Aufgabe. Der Einfluss der Bauhausbewegung macht sich bemerkbar. Andere Bänke schieben sich aufdringlich in den Vordergrund. Sie sollte im ungenutzten Zustand nicht daran erinnern, dass wir müde werden können. Der Tod sollte bei der Erholung keine Rolle spielen. Manchmal reicht ein Mülleimer neben einer Bank, um ihre Bedeutung zu unterstreichen. Auch ein Schlitten wird nur genutzt, wenn Schnee liegt. Wer eine Notrufsäule nutzt ohne in Not zu sein, muss Strafe bezahlen.

BASKETBALL: Mit einem Kind Basketball zu spielen ist schon eine besondere Herausforderung. Ich glaube, man kann die Regeln von vornherein vergessen.

Illustration: "Bänke"

BAUARBEITER: Manchmal hört man von einem Bau ganz schreckliche Geräusche. Da möchte man gar nicht wissen, was die Bauarbeiter machen. Es müssen nicht alle Geräusche sinnvoll sein. Ich glaube, wenn ein Bauarbeiter wütend ist, dann macht er auch Geräusche, die nicht seine Arbeit unterstützen.
(Nicht sofort danach die Beschreibung von „BAUARBEITER-BLICKE, ABSCHÄTZIGE" lesen)

BAUARBEITERBLICKE, ABSCHÄTZIGE: Um sich besser kennenlernen zu können, hätte er eine Spur aus sich herausgehen müssen. Traute er sich das zu? Vielleicht wäre der Balkon der richtige Ort gewesen, um aus sich herausgehen zu können. „Nein, nein", sagte seine kluge Frau. „Du kannst überall aus Dir herausgehen, nur nicht auf dem Balkon, da schauen die Bauarbeiter zu." Also, wenn Bauarbeiter für etwas kein Verständnis haben, dann ist es, wenn man aus sich herausgehen möchte und das auf dem Balkon. „Wie kann man nur so aus sich herausgehen", sagen sie dann. Bauarbeiter finden schon übertriebenes Gurgeln beim Zähneputzen ein angeberisches Aus-sich-herausgehen. Fahren mit dem Porsche mit dreißig km/h durch die Spielstraße, finden sie auch augenverdrehenswert. Bauarbeiter würden sogar beim Gendern den Kopf schütteln und stellen sich unter einem Bademeister immer etwas anderes vor als unter einer Bademeisterin, kriegen aber beide Geschlechter nur mit dem Begriff des Bademeisters unter einen Hut. Also Bademeister sagen und Bademeisterin denken. Man kann aber vieles von dem, was Bauarbeiter sagen, in der Pfeife rauchen, gerade wenn sie zu Hause sitzen und ihre Frauen hören zu.

BAUCHREDNER, DER: Bauchredner gelten als angenehme Gesprächspartner. „Irgendwann fällt dem schon was ein", sagt man. Sie sind beliebt, weil eigentlich nicht der Bauch für das Sprechen zuständig ist. Warum kann der Bauch nicht sagen, auf was er Hunger hat? Ein Sprechen ohne den Mund zu bewegen ist möglich, aber warum sollte man das machen? Ich finde Bauchreden erträglicher, wenn man gleichzeitig dabei drei Bälle jongliert. Mich würden Fußredner mehr interessieren oder Oberarmredner. Einen Arzt, der bei der Operation einen Patienten mit dem Bauch anspricht, finde ich gut. „Hallo, hier spricht ihr Blinddarm." Das ist lustig und hebt die Stimmung im OP. Auch wenn ein Taucher unter Wasser diese Kunstfertigkeit ausüben würde, wäre die Warnung vor dem Hai bis ins letzte Riff hörbar. Gibt es eigentlich Bauchrednerinnen? Könnte der Bauchredner beim Küssen einer Frau ihr gleichzeitig einen Lovesong vorsingen? Ich selbst höre meinem Bauch gar nicht mehr zu, wenn er versucht mir ein Gespräch aufzunötigen. Ich möchte auch nicht den Eindruck vermitteln, als purzelten die Wörter aus mir heraus, ohne von mir abgesegnet und autorisiert worden zu sein. Spricht da jemand aus mir, der mit Müh und Not die Baumschule geschafft hat? Viele Bauchredner haben ja mit einer inneren Stimme zu kämpfen, von der sie provoziert und vorgeführt werden. Es ist ihnen ja nicht möglich gleichzeitig der Stimme, die aus dem Bauch kommt, zu widersprechen. Ich könnte auch so tun, als halte ich mir den Mund zu, wenn bestimmte Wahrheiten nicht ans Licht der Öffentlichkeit kommen sollen. Ich weiß auch nicht, ob mein Verhalten gegenüber Lippenablesern fair wäre, außer ich sagte etwas Gemeines über Lippenableser und wollte nicht, dass sich das herumspricht. Hören Sie mal, ich kann auch Bauchsingen.

BEERDIGUNGSKUCHEN: Der Beerdigungskuchen schmeckt immer am besten, wenn man nicht der Tote ist.

BEKANNTHEITSGRAD: Warum kennen alle nur die, die sowieso total bekannt sind?

BELIEBT: Heute habe ich gedacht, ich bin total beliebt. Ich ging mit meinem Hund spazieren und bemerkte auf einmal, dass alle entgegenkommenden Autofahrer ihre Hand erhoben und mich grüßten. Erst war ich überrascht, dann grüßte ich gerührt zurück. Hatte ich endlich trotz meiner schweigsamen Art die Herzen der Menschen berührt? Später bekam ich dann mit, dass alle Autofahrer nur ihre Hand erhoben hatten, um sich vor der Sonne zu schützen, die ihnen grell ins Gesicht schien und sie blendete, wenn man in die Straße fuhr.

BESITZ: Besitz macht dumm.

(siehe auch: „MACHT")

BETEN: Auf den Stämmen der abgesägten Baumriesen, die abgehäutet und zerlegt am Wegesrand lagen, war ein Schild befestigt, auf dem „Beten verboten" stand. Ich war erst erstaunt und hatte mich gefragt, warum man diesen Begleitern unseres Lebens nicht Respekt zollen sollte. Ich wollte diesen Opfern des Orkantiefs Friederike, die ausgerissen und umgeknickt am Waldrand lagen wie gestrandete Bermudawale, ein Gebet senden. Warum sollte man ihnen nicht danken für den Schatten und ihr Bewegen im Wind? Lasst uns für die Bäume beten. Später erkannte ich, dass man nur gewarnt worden war diesen Holzstoß zu betreten. Da stand also „Betreten verboten" und nicht „Beten verboten". Ich dachte nur, das war doch klar, dass man diesen Aufbau an Baumstämmen nicht betreten durfte. Sie waren ja noch nichtmals kalt.

BETT: Es ist leichter ein Bett zu beziehen, wenn man dabei einen Schlafanzug trägt.

BETTEN WEGENER: Lied der Hausstaubmilbe: "Wenn ich mich mit Leuten treffe/ den Kollegen und dem Chefe/ O wie wird das peinlich sein/ in der Regel schlaf ich ein// Sollte ich Besuch mal kriegen/ bleib ich auch im Bette liegen/ O wie wird das peinlich sein/ in der Regel schlaf ich ein// Vielleicht sollt ich mal aufstehen/ und mich in der Welt umsehen/ O wie wird das peinlich sein/ in der Regel schlaf ich ein// Wenn die Schwiegereltern kommen/ hab ich mir schon vorgenommen/ diesmal bleib ich länger wach/ denn sonst gibt es wieder Krach/ Wenn ich dabei Fernsehn schaue/ oder einen Joint mir baue/ wenn ich im Theater sitze/ oder in der Sauna schwitze/ O wie wird das peinlich sein/ in der Regel schlaf ich ein// Manches Oberbett kann fliegen/ und die Schwerkraft so besiegen/ da kommt Gottes Segen her/ danke Betten Wegener/ O ich alter Bettenkäfer/ grüße Schläferin und Schläfer/ habe oft gelegen schwer/ nun nicht mehr, dank Wegener/ Leistet keine Gegenwehr/ Kauft bei Betten Wegener/ Danke Betten Wegener//"

BETTWÄSCHE, GESCHICHTEN AN DER: Wie verhalten sich die Bettwäsche an der Wäscheleine bewegte. Sie wird noch nass sein.

BEZIEHUNGSKISTEN: Ich habe eine Bekannte, die ist immer mit den falschen Männern zusammen. Wenn man mal auf einer Party einen Mann traf, der nicht zu ihr passte, war das meistens ihr Freund. Ich meine, wo findet sie die nur? Stehen die alle auf einem Haufen und tragen ihre Anzugjacken auf links? Gibt sie eine Annonce auf: „Suche falschen Mann zum unglücklich werden, Problemfälle angenehm?" Also wenn ich eine Frau wäre, würde ich mir einen von der Post nehmen. Die wissen, was auf nen Brief drauf muss, können Fahrrad fahren, denen stehen kurze Hosen und die wissen, wo alle wohnen. Das kann mal wichtig sein. Und wenn man ihn mal zu Hause haben will, dann schreibt man sich einfach einen Brief und den muss er bringen. Und wenn er schon mal da ist, kann er auch gleich den Müll raus bringen. Ja, und jetzt hat sie einen Hund, der ist so groß wie ein Pferd. Ich hoffe wenigstens, dass es ein Hund ist. „Tu einfach so, als ob er nicht da wäre", sagt sie dann zu mir. „Tu einfach so, als ob er nicht da wäre." Das hat sie früher über ihre falschen Männer auch immer gesagt. Warum läuft sie immer so zielstrebig in ihr Unglück? Gibt es da was umsonst?

(Siehe auch: „FREUNDE")

BHUTAN: Auf die über 6000 Meter hohen Berggipfel in Bhutan darf niemand klettern. Sie gelten als heilig. Ich habe einen Sessel, auf dem niemand sitzen darf. Auch er gilt als heilig.

BIBEL: Die Bibel liest man nicht im Paradies, sie liegt nur in der Hölle aus. (und geht es Dir mal richtig mies, dann holst du dort die Bibel raus.)

BISKUIT: Der Wandel vom harten Keks zum lockeren Backwerk fand nicht übergangslos statt: Im 17. Jahrhundert begann man, die Teigmasse durch Eier, Zucker, Nüsse, Wein und Rosenwasser zu veredeln. Erst hundert Jahre später kam man auf die Idee, die Eier zu trennen und Eiweiß und Eigelb getrennt voneinander schaumig zu schlagen („Zweikesselverfahren"), dann den Eischnee unter das schaumige Eigelb zu melieren und anschließend das gesiebte Mehl unterzuheben. Das wichtigste Triebmittel beim Biskuit ist jedoch die eingerührte Luft. Erst diese macht die Masse locker und voluminös. Daher muss die Masse nach der Zubereitung sofort in den vorgeheizten Backofen geschoben werden, da sie andernfalls in sich zusammenfällt. Im Grunde ist das alles eher eine traurige Geschichte. Die eingerührte Luft fehlt dann doch wieder woanders.

BLACK OUT: Gestern hatte ich einen Black Out von einer viertel Stunde. Ich war 15 Minuten älter geworden ohne es zu bemerken. Mein Aussetzer musste kurz nach Eintreffen in der Wohnung passiert sein und selbst meiner Frau war er nicht aufgefallen. Kann man 15 Minuten die Kontrolle verlieren? Das hört sich nach einem kurzen Black Out an, aber auch die Ereignisse einer viertel Stunde können das ganze Leben verändern. Ich habe mal in einer viertel Stunde ein Ei zu hart gekocht. Ich habe mal 15 Minuten lang ein sehr teures Ferngespräch geführt, weiß aber nicht mehr mit wem. Ich habe mal in einer viertel Stunde

Illustration: "Beziehungskisten"

den Schluss eines Krimis verpasst und bin noch immer ratlos, wer die Krankenschwester getötet hat. Meine Schwiegermutter sah gleich, dass ich einen Black Out von einer viertel Stunde gehabt haben musste, weil ich in der Zeit den Rasen mähen wollte. Gestern wurde mir ein Wasserbett geliefert, dass ich in den Augenblicken meines Black Outs bestellt hatte. Heute hatte ich den Eindruck, meine Nachbarin zwinkerte mir zu und zeigte übertrieben deutlich auf ihre Armbanduhr, als hätten wir etwas ausgemacht, dass man in einer viertel Stunde erledigen konnte.

BLEIBEN: Viele bleiben einfach, obwohl sie gehen könnten.

BLICKRICHTUNGEN: Schnell fahren stört uns nur bei anderen.

BLITZEIS: Blitzeis kommt überraschend. Wir gehen, aber kommen nicht an. Oft begleitet Regen unseren Stillstand. Die Rutschgefahr steigt und glücklich ist, wer einen Mülleimer vor sich herschieben darf. Er gibt Halt und drinnen ist Platz. Man kann der Heimsuchung nicht entfliehen. Ich traf eine Frau, die trug Wollsocken über ihren Schuhen. Natürlich stürzte sie, trotz der Wollsocken, und fragte sich schon beim Fallen, was sie sich davon versprochen hatte, Wollsocken über die Schuhe zu ziehen. Blitzeis mag keine Besserwisser. Man kann dem Untergang nicht durch Klugheit entgehen. Wie wenig man auf Blitzeis eingestellt ist. Als Kind lernt man nichts, was man in dieser Hinsicht gebrauchen kann. Wer auf Streusalz verzichten will, muss mit Stürzen rechnen. Wer rollte den Eisheiligen den rutschigen Teppich aus? Wo bleiben Fürst Pückler, Käpt'n Iglu und Väterchen Frost und stellen sich den Fragen von Frau Holle? „Wollten sie nicht zum Südring und alles einkaufen, was ein Überleben für immer sichern könnte?" Ich glaubte lange, dass Zwieback sich für immer halten könnte. Schmeckt er nicht jetzt schon wie in hundert Jahren? Hat Klopapier ein Verfallsdatum? Kann man Schuhcreme einfrieren? Ich hätte gerne für immer Tesafilm zu Hause. Nun fülle ich in Gedanken Überweisungen aus und warte darauf, dass die Welt abtaut.

(Siehe auch „GEFRIERBRAND")

BÖSE: Viele Menschen schämen sich nicht mehr, wenn sie böse sind.

(Siehe auch: „SCHAM")

BONNIS KLEID: (Für J.) Ich kenn' eine, die im Auto auf mich wartet/ und laut hupt, wenn jemand unerwartet stört/ Die vorm Lenkrad sitzt und schon den Motor startet/ und dabei auf die Verkehrsnachrichten hört.// Ich kenn' eine, die ist gut im Aufzug stoppen/ und ihn festhält, bis ich komme und spring rein/ Und im Runterfahren ist sie nicht zu toppen, /schnappt ihr mich, dann sperrt mich bitte mit ihr ein.// Ich kenn' eine, die würd immer zu mir halten/ und die haut mich aus dem größten Scheiß heraus./ Seid sie da ist, zähl ich meine Kummerfalten,/ doch mein Herz klopft ihr dabei auch laut Applaus.// Ich kenn' eine, die mich um die Finger wickelt und dann einsperrt in ein dunkles Kellerloch./ Schickt den Brief los von mir heute vollgekrickelt:/Sucht mich nicht, mir geht es gut, ich lebe noch.// Ich kenn' eine, die mit mir nicht lange fackelt:/ sie will alles und sie holt sich, was sie braucht,/ auch ne Bombe geht nicht hoch, weil sie nicht wackelt,/ Sie entschärft dir alles, was sonst böse faucht.// Ich kenn' eine, mit der kannst du Pferde stehlen/ und den Löwen zähmt sie, bis er Zucker frisst./ Wenn den Kugelhagel wir als Wetter wählen,/ weiß ich nur, das man uns beide nicht vergisst.// Bei der Fahndung heißt es landesweit: Bonni trägt Kleid, Bonni trägt Kleid.//

BRIEFBESCHWERER: Der erste Briefbeschwerer war ein fauler Postbote, der auf einem Postsack seine Mittagspause verbrachte. Später nahm man die Bibel, um die Briefe zu beschweren. Gott hat Gewicht. Ich kann mich auch an Zeiten erinnern als Peter Handkes „Gewicht der Welt" als Briefbeschwerer eingesetzt wurde und dadurch zu einem Bestseller wurde. (Natürlich nicht in der Taschenbuchausgabe und auch nicht als Hörbuch, obwohl es von Rainer Calmund eingelesen worden war.)

BRIEFTRÄGER, DER: Letzten Monat habe ich zu meinem Briefträger gesagt: „Sagen Sie mal, Herr Briefträger, Sie mit ihrem gelben Fahrrad und ihrer schwarzen Umhängetasche – stecken da diese kleinen Briefe in kleine Schlitzchen, kommen Sie sich nicht komisch vor, Sie sind doch ein Mann?" Und da hat er zu mir gesagt: „Indem ich dem Geheimen einen hohen Sinn, dem Gewöhnlichen ein geheimnisvolles Ansehen und dem Bekannten die Würde des Unbekannten und dem Endlichen einen unendlichen Schein gebe, so romantisiere ich es." Da habe ich zu ihm gesagt: „Also genau so mache ich es auch immer." Wunderte mich aber nicht mehr, dass die Post in einer tiefen Krise steckte. DHL – Dauert halt länger.

BROT: Wenn Brot alt wird, tut einem das schon leid.

BRÖTCHEN: Wie oft war es mir schon passiert, dass ich in meiner Brötchentüte zwei Tiger-Brötchen statt zwei Igel-Brötchen vorfand. Natürlich schmecken Tiger-Brötchen auch, aber verlangen doch nach einer anderen Hingabe. Ein Tiger-Brötchen will erobert werden, ein Igel-Brötchen darf man mit geschlossenen Augen essen. Ein Tiger-Brötchen beruhigt sich unter einem herzhaften Aufschnitt, ein Igel-Brötchen genügt sich selbst. Das eine beschließt den Tag, das andere steht für den Neuanfang. Ich weiß noch, wie ich in der Bäckerei Hermisch darüber klagte, dass mich dieses Vertauschen der Brötchensorten vor ernsthafte Probleme stellen würde und an dem Lachen der Verkäuferin merkte, dass ich mit dieser Verwirrung nicht alleine stand. „Das passiert öfters", gestand mir die Verkäuferin. Ich wunderte mich, dass keine Warnschilder in der Bäckerei Hermisch angebracht worden waren, die den Brötchenkonsumenten auf die Gefahren beim Brötchenkauf hinwiesen. Die Brötchenverwechslung ist kein Klacks. Das richtige Brötchen kann für den Verlauf eines ganzen Tages verantwortlich sein. Der Nahost Konflikt ist auch ein Beweis für die Auswirkungen von einer falschen Ernährung.

BRÜCKE, AUF DER: Die Kinder eines Kindergartens standen auf der Brücke und winkten den Autofahrern zu. Manche Autofahrer reagierten darauf, indem sie ihren Mittelfinger nach oben streckten, da sie eine andere Geste nicht mehr gewohnt waren. Andere weinten, zumal die Dieselfahrer in den Tagen eine so freundliche Behandlung nicht mehr gewohnt waren. Brachen neue Zeiten an? Wurden Autofahrer plötzlich zum Sympathieträger, zum Vorbild? Wurde den Kindern auf der Brücke der heutige Straßenverkehr als Beispiel gezeigt, wie Menschen miteinander leben konnten ohne ihre Würde zu verlieren? Die Kinder träumten später im Kindergarten davon einmal so ein Autofahrer zu werden wie es die Paderborner Autofahrer waren. Und sie beschlossen, dass sie nie vergessen werden, dass sie mal klein gewesen waren und auf einer Brücke standen und gewinkt haben. Darum die Bitte an alle Autofahrer: Wenn Sie Kinder auf einer Brücke sehen, die ihnen zuwinken, winken Sie zurück.

BRÜCKENGELÄNDERKONZERT: Beim Brückengeländekonzert nutzt der Musiker die Geländer einer Brücke als Instrument. Er entlockt mit dicken Hölzern dem Geländer lang anhaltende Töne. Er schlägt die Handläufe und Abgrenzungsstäbe an. Tiefe ergreifende Töne, kurze pittoreske Klänge fordern keck den Wind heraus. Wer dabei über die Brücke geht, sollte singen können.

BÜCHER, VERFILMTE: Wieso kommen Filme, die einen dicken Romanwälzer umsetzen mit 90 Minuten aus, während sich der Leser drei Wochen abquälen muss, um die Vorlage mit 500 Seiten bis zum Schluss zu verarbeiten? Ich las mal an einem Buch vier Monate und drei Tage, dessen Verfilmung als Zweiteiler in der ARD zu sehen war. Warum kommen Schriftsteller nicht schneller auf den Punkt? „Der Mann war tot, sein Schwager hatte ihn erschossen." Punkt aus, nächstes Buch. Man kann sich doch auch bei Personenbeschreibungen auf bekannte Personen beziehen, um die Phantasie des Lesers nicht zu überfordern. Ein Satz wie „Der Arzt, der aussah wie Jürgen Vogel, weigerte sich die Operation zu vollenden", erleichtert unser Vorstellungsvermögen und ist eine Empfehlung für die geplante Verfilmung. So beschreibt man heutzutage eine Szene, bevor der Hundebesitzer den Toten findet und dabei einen Herzschlag bekommt.

(siehe auch „FILM")

BUMERANG: Wer einen Hund hat, braucht keinen Bumerang, außer man will ihn ärgern.

BUNTWÄSCHE: Jemand hatte in der Nacht seine frisch gewaschene Buntwäsche durchwühlt. Wer machte so etwas? War es kein Zufall, dass er selten den zweiten Socken von seinen Lieblingsstrümpfen fand? Eigentlich war er verunsichert, aber er traute seiner Entdeckung zu wenig, um daraus wirklich Konsequenzen zu ziehen.

BÜRGERMEISTER: Ich denke die Verantwortung als Bürgermeister ist sehr groß, wenn man Bürgermeister von Duisburg ist. In Duisburg müsste viel verändert werden und mit der Ausrichtung eines Weihnachtsmarktes ist es nicht getan. Kaum einer weiß, dass Duisburg einen Zoo hat. Hier gab es schon Koalas, als viele noch dachten, so hieße ein Schokoriegel. Dass sich überhaupt jemand findet, der in Duisburg Bürgermeister werden will, ist schon ein Erfolg. Wenn man Bürgermeister von Tübingen ist oder von Heidelberg, muss man vor allen Dingen grüßen können. Im Grunde läuft hier alles wie von selbst. Tübingen ist selbstreinigend und Heidelberg Geschenkpapier.

Illustration: „Bücher, verfilmte"

BUSFAHRERSÄTZE: a. Der heilige Busfahrer überraschte alle mit einer Durchsage: „Man rennt keinem Bus hinterher, wenn man nicht mitfahren will." b. Als der Busfahrer heimlich seine Freundin besuchen wollte, fiel das schon auf. Vielleicht hätte er das Fahrzeug wechseln sollen.

BUTTER: Die Butter lässt sich am besten im tiefgefrorenen Zustand aus ihrer Verpackung nehmen. So kann man sie als Block ohne große Butterverluste in die Butterdose setzen und die neue Butterzeit ausrufen: Die alte Butter ist tot, es lebe die neue Butter. Nur gelingen solche Übergänge nie reibungslos. Das Alte verlässt nicht kampflos die Bühne, nur weil das Junge schon hinter dem Vorhang wartet. Wie erklären wir also der jungen Generation, dass auf dem Platz, wo sie hindrängt, immer noch die Reste der alten Butter auf ihre Verwertung warten? Wie erklären wir ihr, dass sie trotzdem schon streichbereit in der Verpackung auftauen muss, weil höhere Zwänge ihren Einsatz verzögert haben? So entwickelt sich oft der Übergang von der Restverwertung der alten

Butter und die Inbeschlagnahme der neuen Butter zu einer spannungsbeladenen Zeit. Die alte Butter pappt noch in der Butterdose, und die neue Butter taut schon vor sich hin. Die Zeit der Jugend ist kurz. Natürlich will die neue Butter etwas erleben, bevor sie ranzig wird. Sie kauert nervös am Rand und drängelt: „Papa, mach Platz, tu's für deinen Schatz. Papa, mach Platz, tu's für deinen Schatz." Die Konflikte sind vorprogrammiert. Während die alte Zeit gelassen auf ihr Ende wartet, bettelt die neue Zeit schon gefügig und streichzart um ihren Einsatz. Wir dürfen nicht vergessen, dass die neue Butter den Stempel der Haltbarkeit im Nacken hat. Natürlich lässt sich die Butter am besten im tiefgefrorenen Zustand aus ihrer Verpackung wickeln, aber nun braucht man sie schon vor der Krönung. Man stochert in der Butterverpackung herum und zerstört so ihre Idee von einer perfekten Welt und macht sie gefügig für alltägliche, belanglose Aufgaben. Wir sind auf der Welt, um zu dienen, aber erst, nachdem wir die Ideen und die Kraft der Jugend ausgelebt haben, bekommen wir ein Gefühl unserer Verletzlichkeit und unseres Endes. Wir können geben, wenn wir brauchen. Im Grunde braucht man zwei Butterdosen.

BUTTERBROT: Zum Glück kann ich sehr gut Butterbrot schmieren. Kann sehr gut Brot schneiden, es bestreichen und dann belegen. Ich weiß nicht, wer das so gut kann wie ich. Gibt es etwas Schöneres als ein leckeres Butterbrot, das man aus seiner Tragetasche holt und dann isst? Meine leckeren Butterbrote schmecken auch noch am nächsten Tag. Man nennt sie dann nur Hasenbrote.

BUTTERKUCHEN: Wer einen Butterkuchen geschenkt bekommt, sollte darüber nachdenken, was man ihm damit sagen will.

C: (Neufassung 2023) Einmal träumte ich, dass der Buchstabe C abgeschafft werden soll. Um Himmels Willen, dachte ich, der Buchstabe C soll abgeschafft werden und wer erinnert sich dann noch an Costa Cordalis, Claudia Cardinale und den C-Falter? Und dann hörte ich auf einmal eine Stimme und die sagte, dass gar nicht der Buchstabe C abgeschafft werden soll, sondern der Zeh, der große Zeh, der dicke Onkel. Weil man herausgefunden hat, dass des Zehs Pflege und Wartung mehr Mühe machen würde, als uns dessen Anwesenheit Freude und Erleichterung verschafft. Deswegen soll ja auch das 1 Cent-Stück abgeschafft werden, weil dessen Herstellung mehr kostet, als sein Wert beträgt. Und da dachte ich auch: Und was ist mit dem Wetterumschwung, der Unwetterwarnung? Es ist doch der große Onkel, der uns vor grausigen Gewittern und großen klimatischen Veränderungen warnt? Wer juckt bei Vulkanausbrüchen und plötzlich drohenden Erdbeben und stimmt uns ein? Wie soll man denn die Wetterwechsel spüren, wenn der große Onkel sich ausklinkt? Und was ist mit dem Glück? Zählt das gar nicht mehr? Wie sollen wir zum Glück gelangen, wenn es kein 1 Cent-Stück mehr zu finden gibt? Ein 1 Cent-Stück bringt doch Glück. Das sind doch erhaltenswerte Werte. Und dann hörte ich wieder diese Stimme und diesmal sagte sie: „Ja, ja, das Glück. Wenn die Menschen nicht so glücklich werden wollten, wären sie viel zufriedener." Und da rief ich laut: „Lasst uns den Zeh, nehmt das C. Schafft den Buchstaben C ab. Ich rede mit Osta. Er wird dafür Verständnis haben. Ich schreibe ihm auf dem Omputer: Lieber Osta Ordalis, spiel auf deinem himmlischen Embalo, rette uns in diesem Haos mit deinem Harme. Sing deine Hansons und wir sitzen in unserem Lieblings-Afe, trinken Appuino und und tanzen Ha Ha Ha. Natürlich nicht zu eng wegen Orona. Oh, Osta, was bin ich froh, dass in deinem Hit „Anita" kein C vorkam. Apito? Iao!!"

CHANCE: Erst später fiel ihm auf, dass er sich beim Rasieren nicht geschnitten hatte. Lag in der Verträumtheit seine Chance, heile durch den Tag zu kommen?

CHINESISCHER FILM: (Berndgeschichte 17) Einmal war ich mit Bernd in einem chinesischen Film. Der Film dauerte überheblich lange und man kann von Glück sagen, dass wir nicht noch immer in diesem Film sitzen. Ich habe während des Films immer nur zu Bernd geschaut und gedacht, dass ich auch soviel Geduld für den Streifen aufbringen kann, wenn Bernd das kann. Als wir aus dem Film kamen, war eine andere Jahreszeit angebrochen. Die Menschen um uns herum sprachen chinesisch und Männer, die aussahen wie wir, waren gerade das

Schönheitsideal für viele Frauen. Bernd nickte nur und war nicht überrascht. „Die Türen in eine andere Welt werden nicht leicht geöffnet", sagte er. „Man weiß manchmal gar nicht, dass man vor Prüfungen steht." Da staunten alle und haben gelernt, die Welt ist groß und groß ist der Bernd.

CHORGESANG DER ALLTÄGLICHEN VERRICHTUNGEN: Ich sauge lieber, als dass ich wische. Dass man das nicht gern mag, ist schade. Es wäre schöner, wenn man alles gern mag, was man macht. Ich stehe lieber, als dass ich sitze. Ich helfe anderen lieber bei ihrem Umzug, als dass ich selbst umziehe. Ich habe einen Nachbarn, der trocknet lieber ab, als dass er spült. Dass man das nicht gern mag, ist schade. Es wäre schöner, wenn man alles gern mag, was man macht. Ich spüle lieber, aber auch nur, weil ich dann nicht das Geschirr wegräumen muss. Ich kenne eine Frau, die kocht lieber, als dass sie isst. Sie kocht aber auch nicht so gut. Dass man das nicht gern mag, ist so schade. Es wäre schöner, wenn man alles gern mag, was man macht.

CLOWN: „Ich finde Kinder langweilig", sagte der Clown.

CLOWNPULLOVER, DER: Manchmal wird man überrascht von den Möglichkeiten, die einem das Leben bietet. Oft kommt man zu einer Karnevalsparty und stellt erstaunt fest, dass sich alle verkleidet haben. Katz und Maus laufen herum und schneiden Grimassen. Natürlich will man da nicht griesgrämig wirken, als würde man auf lustige Menschen herabblicken. Wie gut, dass es den Clownpullover gibt. Der Clownpullover ist ein ganz normaler Pullover, der sich hervorhebt durch einen besonders ausdrucksstarken Rollkragen. Er wird gerne von Menschen getragen, die aussehen wollen, als arbeiteten sie im Wintersportbereich und hätten zu Hause einen Kamin zum Heizen. Wie schön ist es, wenn man die Jecken mit einem kleinen Verwandlungstrick überraschen kann, und sich als einer der ihren outet. Rollen sie den Rollkragen einfach hoch und entpuppen sie sich als Witze-Clown. Augen- und Mundschlitze und eine rote aufgenähte Nase auf dem Rollkragen sorgen für diesen Effekt. Manche nutzen diesen Verwandlungstrick, um bei Geschwindigkeitskontrollen den würdelosen Blitzern eine lange Nase zu zeigen, andere setzen den Trick ein, wenn sie bei einem Bankbesuch eine günstige Gelegenheit mehr nutzen wollen, als es der Gesetzgeber erlaubt. „Geld oder Leben", ist kein Satz, den man unverkleidet zum Einsatz bringen soll. Ich habe einen Freund, der diesen Clownpullover bei seinen Rendezvous vorführt, um Damen seines Herzens in entscheidenden Momenten von seiner Wandlungsfähigkeit zu überzeugen. „Lass mich dein Clown sein." Hier hilft der Clownpullover. „Er macht alle glücklich, er macht alle froh. Wenn der Mensch zum Clown wird, kratzt er sich am Po."

COLOR-RADO: Im Grunde mag man doch gar nicht alle Süßigkeiten, die einem in der Color-Rado-Tüte angeboten werden. Ich mag zum Beispiel am liebsten die Weingummiangebote, bevorzuge davon die Fruchtnachbildungen und greife dann erst zurück auf die Bärchen. Was natürlich die Fledermäuse in der Color-Rado-Tüte sollen, das weiß nur Gott.

Illustration: "Color-Rado"

Weder farblich noch geschmacklich passen sie zu den üblichen Verdächtigen und schlagen auch nur einen kleinen Bogen vom Weingummi zum Lakritz, wenn man das überhaupt für nötig hält. Gestern hatte ich ein gelbes Etwas in der Hand und eines war sicher: Das ist nicht gesund" Und auch: Das esse ich nicht. Das sah aus wie marinierter Eidechsenschleim. Dann habe ich es doch gegessen und neben meiner Einschulung gehörte das sicherlich zu den großen Schrecklichkeiten meines Lebens. Es ist sonderbar, dass in Colo Rado eine Auswahl vorzufinden ist, die unterschiedliche Begehrlichkeiten lockt. Natürlich könnte ich mir auch eine Tüte nur mit Gummibärchen kaufen, aber der Zusammenklang der unterschiedlichen Süßigkeiten macht Color-Rado erst zu einem Abbild der Gesellschaft. Konnte man nicht auf Ringo bei den Beatles verzichten? Braucht Bayern München überhaupt einen Torwart? Warum sind im Studentenfutter Rosinen? Das ist es, was wir durch Color-Rado lernen können: Wir haben hier für alles Verwendung. Wir brauchen am Schluss sogar das, was wir nicht mögen. Jeder wird gebraucht. Man muss das Leben als Einheit betrachten. Man mag ja Krefeld vor allem, weil man von da aus gut nach Düsseldorf kommt. Was dann am Schluss in der Color-Rado-Tüte übrig bleibt, eckt an und unterstützt nicht das Gruppengefühl. Wussten Sie, dass einem Weingummifledermäuse sogar schmecken können, wenn einer sagt, das essen nur die Harten und Unverdorbenen. Ich hatte mal eine Freundin, die aß sie nur, weil ich sie nicht mochte. Ach, was isst man nicht alles, damit niemand beleidigt ist und man die leere Tüte entsorgen kann.

CREMES AN UNGEWÖHNLICHEN ORTEN: Viele lagern ihre Cremes im Badezimmer, wo sie kaum benutzt werden. Man ist so beschäftigt mit den eingespielten Ritualen des Morgens, dass ausgefallene Cremes, die zum Beispiel speziell der Ohrenpflege dienen, keine Anwendung mehr finden. Vielleicht sollten wir manche Cremes aus dem Badezimmer holen, um ihnen an anderen Orten mehr Aufmerksamkeit schenken zu können. Ich habe einen Freund, der cremt sich sonntagabends immer die Füße beim Fernsehschauen ein. Er hat seine Creme auf der Lehne der Couch deponiert und nutzt nun manche langweilige Tatortkrimis (Münster), um seine Fußballen zu pflegen. Ich habe eine seltene Nasencreme im Eingangsbereich neben den Schlüsselkasten gestellt. Es gehört nun zu meinen Angewohnheiten kurz vor dem Verlassen des Hauses mir noch einmal die Nase einzucremen. Dann kann der raue Tag kommen, an mir beißt er sich die Zähne aus. Einmal entdeckte ich eine Lippencreme in einem Hobbykeller einer Mundmalerin. Dort macht die Lippenpflege Sinn. Hautöle von Weleda kann man auch gut sichtbar auf der Blumenbank platzieren. Sich kurz den Körper einreiben kann auch Ihren Gästen die angemessene Erfrischung bereiten. Spezialcremes, die sich allein um die Ohren kümmern, haben im Auto einen guten Platz. Eine Tagescreme in der Nacht zu benutzen kann erfrischend sein. Umgekehrt hinterlassen wir oft einen nicht gewollten Eindruck. Ich habe mal eine Zeitlang eine Kontaktcreme benutzt, die ich bei meiner Nachbarin deponiert hatte. Heute ist sie meine Frau. Gehen wir neue Wege und cremen uns immer gut ein.

(Siehe auch: „AFTER SHAVE VORHER")

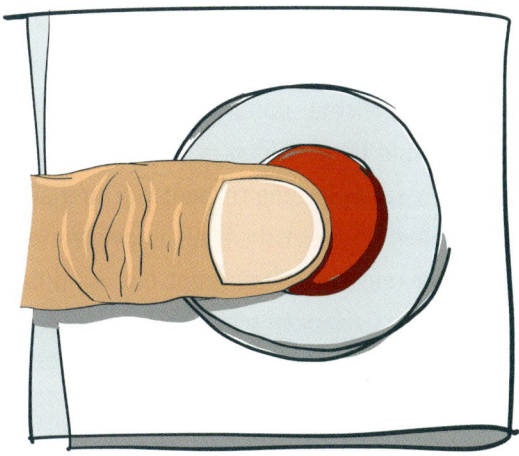

DAUMEN: Obwohl er die Hände mit Seife gewaschen hatte, roch der Daumen noch nach Wurst.

DEUTSCHLAND: „Ein Mann ging mit einem Hund spazieren. Er lief neben ihm ohne angeleint zu sein. Vor ihm schob eine Frau einen Kinderwagen, in dem ein dickes Baby lag. Sie besuchte den Park und strebte den Kinderspielplatz an, obwohl das Kind noch zu klein war, um im Sandkasten spielen zu können. Ihr kam ein Mann entgegen, der gerade Händchen mit einer Frau hielt. Er lachte bemüht, als würde er dafür bezahlt und es wäre ihm befohlen worden." Ich dachte, genau so fängt eine Serie in der ARD an. So wird abends Deutschland dargestellt. Jetzt fehlt nur noch der Pfarrer auf dem Fahrrad, der eilig die Straße herunter fährt und alle rufen: „Immer langsam mit den jungen Hunden, Hochwürden", und alle wussten, dass diese Folge lustig sein wollte. Wenn bayrisch gesprochen wurde, ahnte man sogar, dass es sich um eine Vorabendserie handeln würde. „Hoffentlich essen sie gleich keine Knödeln", sagte meine Frau.

DICHTERS ENDE: Zwischen Onkel und Enkel steht oft eine Nichte, dichte. Zwischen Mutter und Vater steht oft ein Kind: Wind. Zwischen Bruder und Schwester steht nur das Erbe, sterbe.

DIN A4: Kann es sein, dass auf die DIN A 4 Seiten von heute weniger drauf passt als früher? Kann es sein, dass wir heute viel weniger meinen als früher, dies aber größer gedruckt wird? Kann es sein, dass auch bei der alten Welt die Sehkraft nachgelassen hat? Erkennen wir die Wirklichkeit nur noch in groben Zügen? Müssen wir unsere drei, vier gewonnenen Weisheiten dauernd auf tausend Seiten beschreiben? Der Mensch ist ohne Maß. Halten wir uns an das DIN A 4 Blatt.

DIETRICH: Der Einbrecher hatte seinen Haustürschlüssel vergessen. Sie können sich vorstellen, dass ihn das nicht vor allzu große Probleme stellte. „Wenn ich nicht an das Gute im Menschen glauben würde", sagte Dietrich, „könnte ich meinen Beruf gar nicht ausüben."

DIXI-KLOS: Ich bin immer überrascht, wie sehr sich Dixi-Klos in ihre Umgebung einfügen können. Neulich sah ich ein Dixi-Klo, welches auf einer Wiese stand. Das sieht besser aus, als wäre da kein Dixi-Klo hingestellt worden. Ein Dixi-Klo ist das Schönste an einer Baustelle. In einem Dixi-Klo möchte man einkaufen. Ich hatte in einem Dixi-Klo mein erstes Date mit Ilona und schwärme noch heute davon. Ein Dixi-Klo sieht aus wie ein Beichtstuhl. Man möchte sich dort hinsetzen und seine Sünden bereuen. Bevor ich mir ein Haus von einer Baufirma bauen lassen würde,

würde ich einen Blick in deren Dixi-Klos werfen. Man kann daran sehen, wie die Bauarbeiter ein Dixi-Klo hinterlassen, ob sie auch als Bauarbeiter einen guten Job machen. Schau dir ein Dixi-Klo an und du erkennst die Menschen. Stellen sie sich vor, auf dem Mond würde ein Dixi-Klo stehen? Ich hörte mal von weitem Musik aus einem Dixi-Klo erschallen. Da saß jemand und wollte seine Ruhe haben. Das war ein sehr bewegender Augenblick.

DLRG: Ich war mal mit einer Frau zusammen, die war bei der DLRG, die wollte mich immer retten. Bei uns begann der Tag mit einer Mund-zu-Mund-Beatmung.

DOBOSTORTE: Die Dobostorte ist die bekannteste ungarische Torte. Sie besteht aus acht Schichten Biskuit und Schokoladen-Creme sowie einer Karamell-Glasur. Ihr Verzehr kann verrückt machen, ihr Nichtverzehr auch. Erfinder der Dobostorte ist der ungarische Konditormeister József Dobos (1847–1924). Im Jahr 1885 entwickelte er das Rezept mit der Absicht, eine Torte zu schaffen, die bei der damaligen Kühltechnik mindestens zehn Tage ihre Form bewahren und genießbar sein sollte. Die abwechselnde Schichtung von Biskuitteig und dünnen Cremestreifen sorgt dafür, dass die Torte nicht in sich zusammenfällt und die harte Karamell-Decke schützt das Gebäck vor dem Austrocknen. Die Dobostorte war von Anfang an beliebt. Bis zum Jahr 1906 hielt Dobos sein Rezept geheim, entschied sich dann jedoch für die Veröffentlichung. Nach diesem Originalrezept wird die Torte noch heute in Ungarn hergestellt und in Cafés angeboten.

DOPPLUNG: Ich nehme zum Eier Essen immer den Löffel, mit dem ich vorher den Fruchtsalat gegessen habe. Eine leichte, übrig gebliebene Süße auf dem Löffelgrund begrüßt den ersten Ei-Anbiss und schafft einen schweigsamen Übergang vom süßen Zweifel zur herben Gewissheit. Als folge der Herbst dem Sommer und einer Frau rennt ein Hund nach. Habe ich diesen Gedanken schon mal gehabt?
(Siehe auch: „EI-LÖFFEL")

DRAN SEIN: Der Mann war dran, aber wusste noch nicht, was er machen sollte. „Machen sie irgendwas. Sie sind dran." Worauf hatte er sich denn vorbereitet, als er so lang wartete? „Machen sie was anderes als der Mann vor ihnen. Machen sie nur was. Wir müssen doch wissen, wen wir nehmen wollen." Der Mann überlegte, dann zog er die Jacke aus und gleich wieder an. Einige im Raum klatschten. „Immerhin. Sie hätten auch die Heizung ausdrehen können, um für uns zu zittern." Der Mann war nicht gerne dran gewesen. Später fiel ihm noch ein, dass er sich gut vordrängeln konnte, aber da hatte man sich schon gegen ihn entschieden.

Illustration: "Dran sein"

DU BIST NICHT ALLEIN: (Aus dem Film: „Der Verzeih") Du bist nicht allein mit deiner schweren Last/ durch die Straßen hallt dein Hilfeschrei/ sag den bösen Menschen, dass du Freunde hast/ und die stehen dir im Kampfe bei/ Kill die bösen Monster, die sie schufen/ Gott wird kommen, wenn wir ihn rufen// Liebe kann nur finden, wer selbst Liebe gibt/ Liebe macht das ganze Leben aus/ jemand reißt dein Herz raus und du bist verliebt/ und ein Platz wird frei im Irrenhaus/ nimm erst eine und nicht gleich zwei Stufen/ Gott wird kommen, wenn wir ihn rufen// Hast du keine Hoffnung auf das große Licht/ hast du keinen Glauben, keinen Mut/ Lausch der Wahrheit, wenn sie einmal zu dir spricht/ und entlock den Sanften ihre Wut./ Todesreiter scharren mit den Hufen/ Gott wird kommen, wenn wir ihn rufen.// Du bist nicht allein mit deiner schweren Last/ durch die Städte hallt dein Hilfeschrei/ sag den bösen Mächten, dass du Freunde hast/ und die stehen dir im Kampfe bei/ Kill die bösen Monster, die sie schufen/ Gott wird kommen, wenn wir ihn rufen//

DUFTBAUM: An einem Strauch am Lippesee hing ein gelbes Duftbäumchen mit einer Fliederduftnote. Ein Duftbäumchen wird eigentlich gekauft um am Rückspiegel in einem Auto zu hängen, damit der Innenraum des PKWs nicht zu sehr nach Mensch riecht. Gerade auf langen Fahrten riecht doch der Mensch sehr nach Mensch. Nun hing ein von Menschen erdachtes Duftbäumchen an einem Fliederstrauch in der Natur. Welch eine Symbolkraft, wenn sich menschliche Genialität verbinden kann mit göttlicher Handwerkskunst. Hier lebte die Kopie mit seinem Original zusammen. Absurderweise roch das künstliche Produkt mehr nach Flieder als der echte Fliederbaum, dessen Blütezeit längst vorbei war. Ist die Wirklichkeit ein Anfängerfehler? Ist es immer mehr deutlich zu erkennen, woran es der Wirklichkeit mangelt? Müsste die Wirklichkeit schneller auf die Bedürfnisse der Menschen reagieren können? Ist es an der Zeit, einen Rückzug aus der Wirklichkeit zu planen? Ist es an der Zeit, einen Gegenentwurf zur Wirklichkeit zu planen? Gibt es eigentlich auch Duftbäumchen, die nach Mensch, zum Beispiel nach Grundschullehrer, riechen?

DUSCHVORHANG: Mein Duschvorhang müsste mal wieder gewaschen werden. Ich hatte es bis vor kurzem gar nicht für möglich gehalten, dass man einen Duschvorhang waschen kann. Ich fragte diesbezüglich Frau Weyher, die gerade mal im Schankraum war und ein wenig Zeit für mich hatte. Sie gab mir den Tipp meinen Duschvorhang in der Waschmaschine zu waschen. Ich fragte sie dann, was ich machen soll, wenn der Duschvorhang nach dem Waschen immer noch Schimmelflecken hat. Frau Weyher schaute mich ganz erstaunt an und sagte: „Waschen sie ihn einfach noch mal." So einfach und einleuchtend der Tipp war, war ich doch erschrocken, dass ich nicht selbst darauf gekommen war. Natürlich, was beim ersten Mal Waschen nicht sauber wird, wäscht man einfach nochmal. Ich habe mir dann später einen neuen Duschvorgang gekauft, der aber längst nicht so schön war wie der alte.

Illustration: „Dixi-Klos" - Der erste Kontakt (Text S. 39)

EDEN: Der Garten Eden provozierte mit seiner Vollkommenheit. Wie gern hätte man ihn verwüstet, zerstört, geschändet, damit man dort hineinpasst mit seiner Zerstörungswut. Wie schön der Garten Eden wäre, wenn es nicht so viele Vorschriften geben würde. Darf man im Paradies nicht auf dem Rasen spielen? Von Ferne hörte man die Kinder auf dem Pausenhof streiten. Manche lachten, schrien und gingen aus sich heraus. Das würden sie sich abgewöhnen müssen. Der größte Schmerz verschwindet durch Anpassung.

EHEFRAU: Gestern fiel mir meine Ehefrau ein. „Wau", dachte ich, „die gibt es ja auch noch."

EHEVERSPRECHEN: Schatz, wir bleiben so lange zusammen, bis wir uns lieben.

EHRENGÄSTE: Der Clown braucht keinen Anzug zu tragen. Der Hofnarr muss kein Vorbild sein.

EICHHÖRNCHEN: Gestern sah ich ein Eichhörnchen im Paderborner Dom. Ich dachte nur, im Augenblick wird die Kirche froh sein über jeden, der kommt.

EINFACH: Alles was man erklären muss ist zu kompliziert. Einfach ist der Tod.

EINDRÜCKE: Der erste Eindruck hat es schwer/ wenn er auch glaubt, er wär schon wer/ Am besten kommt man ungefähr/ so wie man wirklich ist daher// Der zweite Eindruck ist nicht schlecht/ wenn ihr dabei vom ersten sprecht/ Doch wer den ganzen Abend klagt/ hat schon beim Rendezvous versagt// Der dritte Eindruck wunderbar/ kommt ihr so weit, ist alles klar/ dann werdet ihr ein Liebespaar/ und seid zusammen für ein Jahr// Der letzte Eindruck kommt zu spät/ wenn keinem wurd der Kopf verdreht/ Das Letzte, was man dann noch sieht/ ist eine Frau, die vor dir flieht.// Sausewind, schnell mein Kind.//

EINS: Eins ist zu wenig und zwei ist zu viel, dazwischen lauert Emma Peel.

EINSAM: Als die vier Frauen den Raum betraten, fühlte er sich sehr einsam.

EINSAMKEIT: In der Einsamkeit ist es oft schmutzig. Da ist es nicht umsonst einsam. Da ist es staubig und der Wind pfeift einem um die Ohren.

EINSAMKEIT: Wenn alle, die keine anderen Menschen treffen wollen, ganz früh aufstehen, um dann dorthin zu gehen, wo sonst niemand ist, kann es

dort auch überraschend voll sein. Wenn alle, die die Schönheit der Natur genießen wollen, ganz früh aufstehen, um dorthin zu gehen, wo ansonsten keiner ist, kann es da so überlaufen sein, dass man die Schönheit der Natur gar nicht mehr genießen kann. Vor allen Dingen, wir hätten auch alle länger schlafen können. „Die Einsamkeit gehört mir", sagte der Mann. „Sie haben hier nichts zu suchen."

ELEFANT: „Seien sie vorsichtig", sagte der Elefant, „sonst fallen wir nur auf."

ELEFANT: Der Elefant spielte mit uns Verstecken: „Such mich doch, such mich doch", rief er laut, aber schnell war das Spiel vorbei.

ELEFANTEN: Gerne sagt man, dass jemand wie ein Elefant im Porzellanladen wütet, wenn er ungeschickt oder unsensibel zu Werke gegangen ist. Man sollte da aber Unterscheidungen treffen. Es ist nicht der indische Elefant, der sich in Porzellanläden aufhält und für Unordnung sorgt. Es ist der afrikanische Elefant, der eine Vorliebe für Porzellan entwickelt hat und an keinem Porzellanladen vorbei gehen kann, ohne dort seinen Rüssel hineinzustecken. Deutlich muss man darauf hinweisen, dass es nicht nur der afrikanische Elefant ist, den man dort antrifft, sondern auch, dass es sich dabei nur um die weiblichen afrikanischen Elefanten handelt, die gerne shoppen gehen und oft in einen Rausch geraten, den man sonst nur von Motten in Wollläden erwartet hätte. Der männliche afrikanische Elefant interessiert sich nicht für Töpferartikel und ist in der Regel in der Spielothek gegenüber anzutreffen. Vielleicht sollten Porzellanladenbesitzer mit ihren Verdächtigungen exakter um sich schmeißen und auf ihren „Elefanten dürfen hier nicht rein-Schildern" genauer darauf hinweisen: „Weibliche afrikanische Elefanten dürfen hier nicht rein", um nicht wahllos alles vorzuverurteilen, was einen Rüssel hat und einen großen Suppentopf sucht. Natürlich gibt es dann viele weibliche afrikanische Elefanten, die sich gegen dieses Porzellanladenverbot wehren werden. Elefanten haben immer recht. Erst gestern hatte ich Besuch von einer Elefanten-Delegation, die mir gerichtliche Schritte androhte, wenn diese Schilder vor Porzellanläden auftauchen werden. Sie kamen dazu in meine Küche gelaufen und hinterließen einen Trümmerhaufen. Ich sagte dazu nichts, und habe mir nun vorsorglich einen Besen mit einem Kehrblech in die Ecke gestellt. Manche Probleme löst man nur, indem man sie erträgt.

ELLERBACH: Zum zweiten Mal erlebte ich, wie der Ellerbach meine Freundschaft suchte. Der Ellerbach ist ein kleiner Fluss, der nicht oft in seinem Bett zu sehen ist. Wenn es viel regnet oder die Schneeschmelze einsetzt, kommt er manchmal vorbei und wird zu einem Mistkerl, der Felder und Wiesen überflutet. Wenigen Menschen ist es vergönnt gerade in dem Augenblick spazieren zu gehen, wenn der Ellerbach in den Haxtergrund strömt und sich scheinbar neben einem einfindet und einen dann eine zeitlang begleitet. Es ist ein paradiesisches Gefühl gleichzeitig von Hund und Bach begleitet zu werden. So gingen wir ein gutes Stück zusammen, bis der Ellerbach seinem eigenen Pfad folgen musste und auch ich den Weg gehen wollte, den Gott für mich vorgesehen hat.

Illustration: "Enten" (Text S. 48)

ENGEL: Das Kennenlernen der Engel wurde an unerfüllbare Bedingungen geknüpft.

ENGEL: Der alte Mann musste sein Oberbett entsorgen. Er hatte es an vielen Stellen aufgeschnitten, damit es überhaupt in die Mülltonne passte. „Holla", rief er. Sofort quollen die Federn aus den Ritzen und er musste den Deckel auf die Tonne drücken, damit der Wind sie nicht in seine Gewalt bekam. Er stand gerade in seiner Einfahrt und nahm ein Paket an, als das Müllauto kam und die Müllmänner die Mülltonne entleeren wollten. So wurde er Zeuge, wie beim Aufklappen des grauen Mülltonnendeckels ein Federfeuerwerk in den Himmel stieg, bevor es sich wieder beruhigte und langsam auf den Bürgersteig sank. „Haben sie ihren Schutzengel entsorgt", fragte der Paketbote. Der alte Mann nickte und zupfte sich eine Feder aus dem Haar, die sich dorthin verirrt hatte.

ENTBLÖßUNG, DIE: Der Bart des Sargträgers kam erst richtig zur Geltung, als er seinen Mundschutz abnahm.

ENTEN: Sobald Enten auf einem Bild auftauchen, schalte ich auf Durchzug. Sobald Enten auf einem Bild auftauchen, wird es spießig. Gibt es in der modernen Kunst Entendarstellungen, die alle überzeugt haben? Kann eine Ente provokativ sein?

ENTSCHULDIGUNGSGESTE: (mit Hundeblick) Die Hände zur Faust ballen und beide Ballen eng aneinander pressen, sodass jemand Handschellen daran anlegen kann.

ERBSENEINTOPF: Plötzlich sah er in seiner Vorratskammer die Dose mit dem veganen Erbseneintopf. Er hatte sie mal für einen Freund seiner Tochter gekauft, der auch was zu Essen haben sollte, wenn alle anderen am essen waren. Es überkam ihn plötzlich der Wunsch diesen veganen Erbseneintopf zu probieren, und ihn dabei mit richtigen Würstchen aufzupeppen. Warum nicht? Er hatte auch mal den Film „Tod in Venedig" geschaut und dabei gespült. Manchmal muss man Grenzen sprengen und Gegensätze ziehen sich an. Ein richtiges Würstchen in einem veganen Eintopf würde alles in Frage stellen. Was wäre, wenn ihm das dann schmecken würde? Vielleicht lag die Wahrheit genau in dem Zusammenspiel von zwei Welten. Oder war die ganze Idee nur krank, und er hätte es verdient aus der Gemeinschaft der anständigen Menschen ausgeschlossen zu werden?

ERLEUCHTUNG: Ich glaube nicht, dass man erleuchtet werden muss, um glücklich zu sein. Ich kenne Erleuchtete, die fürchten sich im Dunkeln. Heute traf ich noch jemand Unbeseelten, da war ich froh, dass ich nicht erleuchtet war. Ich könnte mir vorstellen, dass man als Erleuchteter auch viele Menschen in den Hintergrund drängt. Meine Mutter wäre auch gern erleuchtet gewesen, aber sie hat wegen uns darauf verzichtet. Auf die Erleuchtung zu verzichten, um sich der Bewältigung des weltlichen Alltags zu widmen, kann auch zu einer Erleuchtung führen, die andere mitstrahlen lässt. Vielleicht liegt darin die größte Erfüllung des Menschseins. Erleuchtung blendet die Herzen der anderen. Für die eigene Selbstaufgabe zu sorgen kann auch eine Flucht sein.

Nicht jeder, der erleuchtet ist, ist ein angenehmer Mensch. Wenn mein Steuerberater erleuchtet wäre, würde das eine große Blutspur hinterlassen.

ERLÖSUNGEN: Wir werden erlöst werden von der Nüchternheit unseres Denkens. Wir werden erlöst werden von dem Abfinden an dunklen Tagen. Wir werden nicht nur wach sein für unsere Wünsche, sondern auch zuversichtlich hoffen, dass sie erfüllt werden. Manchmal wünscht man sich, seinen Nachbarn besser kennenzulernen. Man will ihn privat sehen, neben ihm beim Fernsehschauen sitzen, mit Zugriff auf seine Chipstüte und die Fernbedienung. Man möchte nicht nur Teil seiner Familie werden, sondern ihm zeigen, dass man ein Pfundskerl ist, der beim Krimischauen schon vor allen anderen weiß, wer der Mörder ist. Wir werden erlöst werden von der Nüchternheit unseres Denkens. Wir werden erlöst werden von dem Abfinden an dunklen Tagen. Viele Männer wollen wieder die Stimme ihrer Frau hören, wenn sie Auto fahren. Sie soll sagen „links", wenn man nach rechts fahren muss, und sie soll sagen, dass man angekommen ist, wenn man angekommen ist. Man will nicht neben einem seelenlosen Apparat sitzen, der uns überall hinbrächte, wenn wir nur ein Ziel eingeben. Wir wollen im Auto wieder die Stimme unserer Frau hören und ihr uns anvertrauen, wenn man nicht weiß, wie es weiter gehen soll, denn sie liebt uns und weiß, wohin wir gehören. Sie kennt das Ziel und scheut keine Umwege. Wir werden erlöst werden von der Nüchternheit unseres Denkens. Wir werden erlöst werden von dem Abfinden an dunklen Tagen. Ich habe einen Freund, der den Wunsch geäußert hat, wieder bei Papa und Mama schlafen zu dürfen. Er will in deren Bett zur Ruhe kommen und sich ganz sicher fühlen. Auch ich kann mich noch erinnern, wie gemütlich es im Bett der Eltern war, wenn man nicht schlafen konnte und dort hineinschlüpfte und Papas Schnarchen die wilden Tiger vom Hause fernhielt und Mamas Summen die kleinen Feen anlockte. Wir waren die unschlagbaren Drei: Papa, Mama und ich. Wie haben uns unsere Eltern nur aus ihrem Bett bekommen und vor allen Dingen: Warum? Wir wollen wieder schlafen dürfen bei Papa und Mama, auch wenn sie inzwischen 80 Jahre geworden sind und bei der Heimleitung fragen müssen, ob wir über Nacht bleiben dürfen. Wir werden erlöst werden von der Nüchternheit unseres Denkens. Wir werden erlöst werden von dem Abfinden an dunklen Tagen. Wir werden nicht nur wach sein für unsere Wünsche, sondern auch so zuversichtlich handeln, dass sie erfüllt werden. Wir werden erlöst werden. (Aus den „Erlösungsbeschreibungen für den gehobenen Mittelstand" Schwaney 1976)

(Siehe auch „TODE, TAUSEND")

ERNST: Du nimmst Dich zu ernst, Ernst. Du weißt nicht was Liebe ist. Wenn du dich entfernst, Ernst, weiß man nicht mehr, dass Du im Raum gewesen bist. Du nimmst Dich zu ernst, Ernst. Zum Lachen geht man doch nicht ins Büro. Wenn du das nicht lernst, Ernst, wirst Du dein Leben lang nicht mehr so richtig froh. Du nimmst Dich zu ernst, Ernst. Kirschen sind doch zum Pflücken da. Wenn du sie entkernst, Ernst, sagst du zum Menschenleben und zur Menschenliebe „Ja".

ERWARTUNGSHALTUNG: Er hatte nicht erwartet, dass die Tüte von Bäcker Hermisch ein Puddingteilchen von Bäcker Goeken enthalten würde. Die Überraschung war gelungen. Warum kann denn nicht Bäcker Lange aus Paderborn Brot von Bäcker Frech aus Ortenberg verkaufen? So kämen sich Ostwestfalen und Hessen näher und man wüsste wieder, was man an den heimischen Backkünstlern hat.

ERWIN GROSCHE: „Hot hotter, Erwin Grosche! Paderborner Kleinkünstler begeistert mit Badehosenfotos. Tschüss, Extensions" Wow! Erwin Grosche wagt Typveränderung. Niemand hat es ihm zugetraut. Erwin Grosche bedauert seine Hintern-OP. „Ich sehe aus wie Shrek" Großes Geheimnis gelüftet! Ist Erwin Grosche längst mit seiner Claudia verheiratet? Große Augen und sonst nackt. Erwin Grosche zieht blank. Nach diesem Foto starben zehn Menschen.
(Umschreibungen der RTL News vom 11.und 12. 6. 2023)

EVA-MARIA: „Der Mann sah aus, als wäre er bewohnt, als diente er einem anderen als Versteck."

EXISTENZ GOTTES: Und das ist auch nur ein Gerücht, dass Gott die Menschen lieben würde. Warum sollte er das machen? Womit hätten wir das verdient? Ich sage immer, vielleicht hat er sonst niemanden. Er braucht die Menschen doch ganz dringend, damit er uns seine Liebe schenken kann. Gott wäre ohne uns verloren. Wenn wir nicht an ihn glauben würden, gäbe es ihn gar nicht. Das ist eine Win-win-Situation, eine Er-win-Situation.

Illustration: "Eva-Maria"

FÄHIGKEITEN: Wenn der Mensch schneller sein will, als er laufen kann, wird er das Auto nehmen. Wenn der Mensch mehr will als er hat, wird er ein Gauner. Wenn der Mensch mehr will als er braucht, wird er zerstörerisch. Wenn der Mensch mehr hat als er braucht, wird er geizig. Wenn der Mensch glücklich ist, braucht er nichts.

FAHRGESCHWINDIGKEITEN: Von Schlangen nach Veldrom rast man nicht. Auch Bäume können sich erschrecken. Ein Busch ist scheu und wird oft übersehn. Das muss nicht sein. Die unendlichen Weiten der abgemähten Felder sind traurig. Sie liegen uns zu Füßen. Missbrauchen wir nicht ihre Zuneigung. Sie liefern sich uns ganz aus. Lasst uns nicht an ihnen vorüber rauschen, lasst uns sie begleiten. Sie haben es verdient wahrgenommen zu werden. Die ausharrenden Kühe warten auf uns, die verlassenen Stallungen haben Geschichten zu erzählen. Hören wir zu. Durch die herbstliche Landschaft fährt man nur verträumt und langsam, dann kommen Sie auch sicher an. Von Schlangen nach Veldrom rast man nicht. Von Schlangen nach Veldrom entflieht man dem Dröhnen der Welt. "Mitten im ununterbrochenen Vorwärts hatte ich Lust stillzustehen" (Robert Walser) Stehen wir still.

FAHRSTIL: „Fahrstil okay?" und das Aufführen einer Telefonnummer, ist ein einfaches und effizientes Frühwarnsystem, das den Fahrstil des Fahrpersonals, zum Beispiel bei den Johannitern, positiv beeinflusst und dadurch Unfälle verhindert. Ich habe nun auch auf meinem Wagen einen Aufkleber: „Fahrstil okay?" anbringen lassen und da drunter eine Telefonnummer verewigt, bei der man sich beschweren kann, wenn man mit meiner Fahrweise nicht einverstanden ist. Ich habe mich sogar entschieden, dafür die Nummer meiner Schwiegermutter preiszugeben, damit andere Verkehrsteilnehmer, die meinen mich wegen meines ausgelassenen Blinkens anschwärzen zu müssen, gleich richtig abgefertigt werden. Da versteht meine Schwiegermutter keinen Spaß.

FALK: Er musste immer alles anfassen. Das war mir sehr unangenehm, auch weil er sehr klebrige Hände hatte.

FAZIT: Ich habe jetzt gelesen, dass Kinder keine Schleife mehr binden können. Warum entwickeln sie immer nur Abneigungen gegen nützliche Tätigkeiten? Warum liest man nicht, dass Kinder sich plötzlich vor dem Smartphone ekeln? Die schließen ihre Schuhe mit einem Ritsch Ratsch Klettverschluss und haben dann keine Lust mehr mit uns spazieren zu gehen.

Ich habe einen Bekannten, ein Scheidungsopfer, der kann keinen Schlips mehr binden. Der kann auch sich nicht mehr binden. „Vier mal verheiratet ist genug", hat er mir jetzt gestanden. Der wurde völlig kurz gehalten, der musste noch nichtmals seinen Kaffee rumrühren. Der wusste überhaupt nicht, dass er im Kaffee Zucker nimmt. Der dachte später, der Kaffee würde so bitter schmecken, weil seine Frau ihn verlassen hat, dabei hatte er nur niemanden mehr, der ihn für ihn süßte. Ich habe jetzt sogar gelesen, dass Kaffee trinken gesund sein soll. Geht's noch. Lasst uns das doch. Man muss doch auch mal was riskieren dürfen. Wir sind Männer. Wir wollen auch mal nah der Hölle wohnen, ohne dass die Frau was zu meckern hat. Man kann doch nicht den ganzen Tag nur grinsen. Was kann man denn sonst noch machen um ein wenig über die Stränge zu schlagen? Wie kann man seine Todessehnsucht befriedigen und mal am Abgrund balancieren? Das Leben ist keine Wohlfühloase. Bald hat man nichts mehr, was man sich abgewöhnen kann. Was nehmen wir uns dann am Jahresende vor? Viele können nicht mehr rauchen. Es gibt auch keine Schokoladenzigaretten mehr, womit man das üben kann. Auch Duplo wirbt nicht mehr mit dem Slogan: Die wahrscheinlich dickste Zigarre der Welt. Ich kenne Leute, die bieten auf Partys in ihren nicht mehr gebrauchten Zigarettenetuis Q-Tips an, um mit anderen ins Gespräch zu kommen. „Möchten sie ein Q-Tip haben? Schöne Ohren muss man pflegen." Man weiß doch nicht mehr, was man sagen soll. Ich kann an manchen Tagen nicht Pinot Grigio sagen, sodass ich dann immer Soave trinke. Wenn ich dann vier Gläser Soave getrunken habe, kann ich zwar einen Pinot Grigio bestellen, aber keinen Unterschied mehr entdecken. Ich habe mir jetzt vorgenommen wieder mit dem Rauchen anzufangen. Ich vertrage das viele Unbekümmertsein nicht mehr. Machen Sie mit?

FEE: Die Fee hatte so schwere Schuhe an, dass sie nicht mehr fliegen konnte.

FEGEN: Das Fegen in großen Räumen, das lädt so schön ein zum Träumen. Gedanken entlauben beim Stauben und schmecken so süßlich wie Trauben. So schieben wir unsere Besen nach neusten Entspannungsthesen, vergleichbar mit dem Meditieren, sich hier und im Jetzt zu verlieren. Das Fegen in großen Räumen, das lädt so schön ein zum Träumen. Ein Gleiten, ein Schieben, ein Wischen, ein Suchen, Versammeln, Vermischen. Das Fegen ist so prophylaktisch, poetisch, politisch und praktisch. Entstäuberin und auch Entstauber entspannen sich, fühlen sich sauber. Das Fegen in großen Räumen, das lässt so verführerisch träumen. Katharsis von Raum und von Seele, als wenn auch das Sein sich vermähle. Oh guter, mein lieber, mein Besen, einmal ist wohl alles gewesen, dann flieh'n wir der Lebensfliese und putzen das Paradiese.

(Von der CD „Der Dünne Mann")

FENSTER: Wer durchs Fenster schaut, kann dabei gesehen werden.

FENSTERPUTZEN: Er hatte das Gefühl, wenn Inga die Fenster putzte, wurden sie sauberer, als wenn er sie putzte. War es da nicht sinnvoller, wenn Inga die Fenster putzte? Inga sah das nicht ein. „Mir geht es da nicht um die Sauberkeit", sagte sie.

FILM: Es muss auch noch Filme geben, in denen Jürgen Vogel mitspielen darf.

(siehe auch „BÜCHER, VERFILMTE")

FINGERGEBET: Lieber Gott, beim Judo-Kampf, lasse ich gern ab viel Dampf. Lass uns darum schnell vor Zeugen, uns verneigen und verbeugen. Damit schnell der Kampf beginnt und der Bessere gewinnt. Kann ich ihn zu Boden schlagen, werd ich trotzdem „Danke" sagen.

(Die Finger stehen sich gegenüber in der klassischen Gebetshaltung. Die kleinen Finger drücken ihre Spitzen so aneinander, dass sich ein Finger-Ring ergibt. Die beiden Ringfinger sind die Ringrichter, die beiden Zeigefinger sind die Betreuer. Nach einer allgemeinen Verbeugung gehen Ring- und Zeigefinger auf Abstand. Der Kampf der beiden Mittelfinger kann mal so oder mal so ausgehen. Zum Schluss ertönt ein Gong, indem man den Mittelfinger im Spannungsfeld der beiden Hände hin und herpendeln lässt.)

FISCHSTÄBCHEN: Sie war mit einem Mann zusammen, der gerne Fischstäbchen aß. Er sah dabei sehr streng aus, als leitete er eine Hundeschule.

FLATULENZEN: Es ist gut, dass der Mensch Blähungen hat. Dass wir nicht alles im Griff haben, macht uns liebenswert. Dass der Mensch von Tönen verfolgt wird, die ihm peinlich sind, ist sogar lustig. Fürze, von denen wir in der Gemeinschaft tun, als würden wir sie nicht hören, sind besondere Überraschungen. Gott dachte bei der Schöpfung des Menschen: „Er darf nicht zu perfekt ausfallen. Er muss Gelegenheiten bekommen sich kennenzulernen. Er muss etwas hören, dass ihn daran erinnert, dass er nicht allein ist." Dass wir manchmal nicht mehr Herr über uns sind, ist die Erinnerung daran, dass wir sterben müssen. Der Furz als Todesbote ist ein guter Wegbegleiter.

FLIEGE: Er wunderte sich, dass die Fliege nicht fortflog. Er wäre fortgeflogen.

FLIEGEN: Manches was mich stört, kann fliegen.

FLIEGENKLATSCHE: Selten wurde sich bei der Gestaltung eines Gebrauchsgegenstandes so wenig Mühe gegeben wie bei der Fliegenklatsche. Bevor aus einem Wort ein Gegenstand werden kann, muss man viele Hürden umschiffen. Die Fliegenklatsche ist ein Symbol für den Umgang des Menschen mit den Insekten. Niemand ist stolz auf die Leistung, die man mit einer Fliegenklatsche vollbringt, bis auf das tapfere Schneiderlein. Die schnelle Verfügbarkeit einer Fliegenklatsche macht es von Nöten, dass sie in keiner Schublade aufbewahrt wird oder im Werkzeugschrank ein eigenes Fach besitzt. Die Fliegenklatsche liegt in vielen Wohnungen auf dem Küchentisch. Wenn man einen Raum betritt, wo eine Fliegenklatsche auf dem Tisch liegt, schaut man sich gleich besorgt um, selbst wenn man keine Fliege ist. Das Gegenteil einer Fliegenklatsche ist ein Marmeladenbrot. Wussten Sie, dass Fruchtfliegen singen können? Sonderbarerweise rühren uns ihre Liebeslieder nicht, weil sie auch nicht von uns handeln. Wenn man sich überlegt, dass die Fliegenklatsche die Verlängerung eines Armes sein will, ist noch viel Luft nach oben. Die Fliegenklatsche ist eine plumpe Reduzierung der Funktionen einer Hand. Als wenn die Hand nur zum Schlagen da wäre. Natürlich kann man mit einer Fliegenklatsche kein Klavier spielen. Selbst Stockhausen ist nicht einfach ein Gehämmere und auch Rimski-Korsakows Hummelflug verlangt mehr Fingerfertigkeiten von seinem Interpreten.

FLOH: Der Floh hatte fettiges Haar. Zum Glück stand noch Flohshampoo im Bad. Es gehörte zwar dem Hund, aber der hatte nichts dagegen, dass man es sich auslieh. Gepflegtes Flohhaar kam auch ihm zugute.

FLUCHTGEDANKEN: Ein Entkommen ist möglich. Das kennen Sie doch auch. Man ist mit dem Spülen fertig und durchsucht das Wasser nach letzten Löffelchen und Kuchengabeln. Das macht man automatisch. Man greift ins Wasser und sucht unter der Lauge nach letzten Überlebenden, um ganz sicher zu sein: Da ist nichts mehr, das Becken ist leer, wir können das Wasser ablaufen lassen. Natürlich findet man später noch Plastiklöffelchen und Tortenschieber, die es irgendwie geschafft haben, sich vor den tastenden Händen in Sicherheit zu bringen. Vielleicht sollte das Mut machen. Ein Entkommen ist möglich. Es gibt Schlupflöcher. Es gibt ein Leben im Haifischbecken. Freunde, schafft euch Nischen. Ein Entkommen ist möglich. Das kennen Sie auch. Man kramt in allen Taschen. Und was gibt es viele Taschen. Hosentaschen, Manteltaschen. Innentaschen. Man kramt dort herum, um den Haustürschlüssel zu finden. Es ist kalt, es ist dunkel, es ist spät. Man will ins Haus. Man sucht und sucht. Das ist ein überschaubarer Raum. Wir sind keine Blindfische. Da wird schnell was gefunden. Hier kommt nichts weg. Alles ist an seinem Platz. Denkste. Da ist nichts mehr dort, wo es sein muss. Wie kann das sein? Später, wenn wir verzweifelt sind und aufgegeben haben, wenn wir auf den Treppenstufen sitzen und ein Mädchen im Arm halten, das friert, plötzlich greifen wir in eine Jackentasche und spüren, wie sich der Haustürschlüssel zu erkennen gibt. Natürlich verweigern wir nun das Erkennen und verbringen die Nacht mit der unbekannten Schönen. Nun werden wir selbst zu einer Lebensüberraschung. Wir entziehen uns den Augen des Herrn und verschwinden in der Nacht. Das ist Glück.

FLUCHTTIERE: Man vergisst manchmal, dass Fluchttiere einen ganz normalen Alltag haben. Wir kennen sie nur als jemanden, der vor uns wegläuft. Aber wenn wir nicht da sind, haben Fluchttiere auch anderes zu tun als zu fliehen. Manchmal entdecken sie etwas, was sie essen können und machen sich darüber her. Manchmal treffen sie ein anderes Fluchttier und sie gründen eine Familie. Manchmal liegen sie in der Sonne und träumen.

FLÜSTERN: Ihn störte nicht, dass sie flüsterten, sondern dass sie wegen ihm flüsterten. Sie sprachen über Themen, die völlig belanglos waren, aber ihnen doch so wichtig erschienen, dass sie sie vor ihm verbergen wollten. Sie tuschelten übertrieben leise, damit er noch bemerken konnte, dass seine Teilnahme an dem Gespräch nicht erwünscht war. Sie erreichten damit vor allem, dass er bei jedem Wort, das

er verstand aufhorchte, als wäre daran ein Rattenschwanz an Geheimnissen gebunden, dass dieses Flüstern gerechtfertigt hätte. Eigentlich verstand er nur „Sitzliege" und „Schlafsessel" und ärgerte sich über sein erwachtes Interesse, da er sich gerade aus Sitzliegen und Schlafsesseln überhaupt nichts machte, dafür war er zu abgebrüht.

FOLIE: Als ich im Auto, während der Fahrt, im Dunkeln, die türkische Pizza aß, ließ es sich nicht vermeiden, dass ich auf die Silberfolie biss, in die sie gewickelt war. Als die Silberfolie meine Zähne berührte, löste das einen ganz eigenartigen Schmerz aus, von dem man hoffte, dass er sich nicht steigern würde. Dieser Schmerz war nicht von dieser Welt. So könnte es sein, wenn ein Alien einen küsst. So könnte es sein, wenn man mit Mondsteinen jongliert. Ich kann auch kaum über diesen Vorfall klagen, ohne einen Denkzettel des Schmerzes, den diese Silberfolie bei mir auslöste, erneut zu spüren.

FRAGEN: Ist die Leistung eines Porschefahrers, der in einer verkehrsberuhigten Straße nur 30 fahren wird, nicht höher zu bewerten als die des Fiatfahrers, der überhaupt von Glück sagen kann, wenn er sicher nach Hause kommt? Ist das Schweigen für den Frieden, zu dem sich die redseligen Kölner getroffen haben, nicht wirkungsvoller und höher zu bewerten als das Friedensschweigen der Paderborner, die vor der Franziskanerkirche stehen und sowieso nie viel sagen?

FRANKENSTEIN: „Zieh nicht immer so einen Ärger an", sagte ich zu Frankenstein. „Das wird langsam langweilig. Man kann sich nicht immer darauf ausruhen, dass man von allen gehasst wird." „Komm mal aus deiner Komfortzone", sagte ich zu Frankenstein. „Man definiert dich inzwischen nur noch über den Ärger, den du immer hast." Ich hätte Frankenstein längst verlassen, wenn ich nicht so eine Angst vor ihm gehabt hätte. Frankenstein war eine arme Sau, aber auch daraus konnte man das Beste machen.

FRAU, ÜBER EINE: Er sagte: „Sie konnte gut nach unten schauen." Reichte das als Beschreibung? Der Kommissar schüttelte den Kopf.

FRAUEN, GROSSE: Können große Frauen auch niedlich sein? Ich kenne kleine Frauen, die sind Furien.

FRAUENSTIMMEN: Männerstimmen sind tief, und dementsprechend empfinden viele die Frauenstimme als hoch. Das war einmal! In den letzten 50 Jahren haben sich die Stimmen von Frauen und Männern angenähert. Glaubt man den Lehrbüchern, lag eine Männerstimme ungefähr um das große A, eine Frauenstimme genau eine Oktave höher. Mit der Gleichberechtigung verschiebt sich auch die Stimmlage. Als Steuerberaterin und Bademeisterin erlernen Frauen eine tiefere Sprechstimme, weil sie Autorität, Vertrauen und Kompetenz suggeriert. Auch das Führen eines Hundes ist leichter, wenn man in einer tiefen Stimmlage zu ihm spricht. So senkte die ehemalige Premierministerin Margaret Thatcher durch ein Stimmtraining ihre Sprechstimmlage um eine halbe Oktave.

Illustration: "Frauen"

FREMDKÖRPER: Wenn ich mich mit kalten Händen berühren muss, ist das nicht sehr angenehm. Obwohl es meine eigenen kalten Hände sind, sind mir deren Berührungen nicht automatisch vertraut. Ich weiß doch, wie nachlässig man sich manchmal wahrnimmt. Da gibt es kein Entgegenkommen und keinen Wiedererkennungseffekt. Mancher Körper fremdelt dann leicht und lehnt sich glatt ab. Was der Daumen sogar anstellt, muss man nicht kommentieren. Mitgehangen, mitgefangen. Zum Glück lassen sich Hände auch einsetzen für Aktionen, die man moralisch verwerflich findet. Wer befasst sich schon gerne mit Mett? Ist der Mittelfinger der Kerl fürs Grobe? Es ist gut, dass das ausgiebige Händewaschen wieder eine Lobby hat.

FREIHEIT: An der Leine sind sie alle mutig.

FREUNDE: Was hatte sie für sonderbare Freunde. Einmal hatte sie einen Freund, der sang immer beim Gähnen. Kennen sie das? Uaaaaaaaaaaaah! Das war Satisfaction von den Rolling Stones. Ich meine, da gibt es doch Grenzen. Man kann doch nicht Satisfaction von den Rolling Stones gähnen. Ein wenig Respekt vor der Jugendkultur. Sie hatte mal einen Freund, der brachte drei Kinder, seine Mutter, einen Gummibaum und einen Papageien mit in die Beziehung, ließ sich aber selbst nie sehen. Wo gibt es denn so was? Wo findet sie die nur? Sie war mal mit einem Mann zusammen, der sah immer so aus, als käme er gerade aus dem Bett, aber nicht dem eigenen. Sie hatte mal einen Mann, der schaute sich beim Lieben selbst im Fernsehn zu, während ihm ihre Mutter die Haare schnitt. Wo hat sie den denn wieder her? Wo gibt es denn so was? Sie hatte mal einen Freund gehabt, der kannte die Lösungen für alle Probleme dieser Welt, weigerte sich aber den Müll rauszubringen. Das wäre ein Anfang gewesen. Sie war mal mit einem Mann zusammen, weil sie dessen Ex-Frau so sympathisch fand. Auf dieser Grundlage kann man doch keine glückliche Beziehung aufbauen, oder? Wo hat sie den schon wieder her. Wo gibt es denn so was? Sie hatte mal einen Freund, der war nicht so groß und kaute dauernd an seinen Fingernägeln. Ich dachte immer, wenn der so weiter macht, ist er bald weg. Wo hat sie den denn wieder her? Wo gibt's denn so was? Sie hatte mal einen Freund gehabt, der mochte sie nur, wenn er betrunken war. Sie hatte mal einen Freund, der schrieb Kindergedichte. Sachen wie: „Kennst du der Katze Kratzbaum, daran kratzt sich die Katz kaum. Warum das ist, errätst du nie, sie hat ne Kratzbaumallergie." Mit dem konnte man kein vernünftiges Wort reden. Einmal war sie mit einem Mann zusammen, der wollte immer, dass sie als Model arbeitete, ich meine, ich will auch, dass meine Schwiegermutter im Mittelfeld von Bayern München spielt, aber man muss manchmal auch das Leben so akzeptieren wie es wirklich ist. Wo gibt es denn noch so was? Das darf doch wohl nicht wahr sein. Sie war mal mit einem Freund zusammen, den hatte sie so geliebt. „Was habe ich den geliebt", sagte sie immer. Der war so wunderbar, dass sie ganz froh war, dass er schnarchte und nicht zuhören konnte. Sie wäre sonst vor Liebe verrückt geworden. Sie war mal mit einem Mann zusammen, der mochte sie immer, wenn sie traurig war. Auf dieser Ebene kann man doch keine Beziehung führen, oder? Als er ging, war sie so traurig darüber, dass er am liebsten geblieben wäre, aber da hat sie ganz schnell gelacht.

FRIDA KAHLO: Ist es nicht ein Wunder, dass manche Menschen genau so sind, wie man sie sich vorgestellt? Warum ist Frida Kahlo genau so, wie ich sie mir vorgestellt habe? Warum ist sie nicht anders und wirkt auf mich zum Beispiel wie Heidi Klum, die übrigens auch so ist, wie ich sie mir vorgestellt habe? Frida Kahlo sieht ja nicht nur aus, wie man sich Frida Kahlo vorgestellt hat, sondern lebte auch ein Leben, dass man nur von Frida Kahlo erwarten konnte. Ich hätte ihre Biografie schreiben können, ohne von ihr gehört zu haben. Ich bin auch über Greta Thunberg erstaunt, dass sie exakt meinen Vorstellungen entspricht und bin total stolz auf das Ergebnis. Wussten sie, dass ich mir moderne Kunst genau so vorstelle, wie sie ist, obwohl ich mich gar nicht damit auskenne? Alle meine Mathelehrer waren auch so, wie ich mir Mathelehrer vorgestellt habe. Weder meine Mutter noch ich waren überrascht, dass ich mit der Mathematik nichts am Hut haben konnte. Ich bin auch nicht überrascht, dass Ben Becker so ist, wie ich ihn mir vorgestellt habe. Er hat sich sogar ein Tattoo auf die Unterlippe machen lassen, und zwar genau an der Stelle, wo ich es befürchtet habe. Kann es sein, dass sich das Leben nach unseren Vorstellungen verhält und sogar dementsprechend ändert? Ist das Leben ein Chamäleon? Warum ist die Welt so, wie ich sie mir vorgestellt habe? Liege ich in Wirklichkeit in einem Krankenhausbett und mein Leben wird nur noch durch Schläuche erhalten? Liege ich dort und denke mir das alles nur aus? Sagt da plötzlich einer, der meine Hand hält „Ich glaube, er kommt zu sich" und ich flüstere: „Bitte nicht. Bitte nicht."?

FRISCHHALTEFOLIE: Frischhaltefolie hält ewig, wenn man sie in Alufolie einwickelt. (unbekannter Verfasser)

FRUCHTFLIEGEN: Wenn die klitzekleinen Fruchtfliegen wüssten, dass wir ihretwegen alle Löffel und Messer abwischen, mit denen wir vorher Erdbeeren, Kirschen und Himbeeren in Berührung gebracht haben, dann wären sie wahrscheinlich überrascht über ihre Wichtigkeit. Glauben wir tatsächlich sie aus der Küche fernzuhalten zu können, indem wir jede Frucht sofort aus ihrem Umfeld verbannen? Ich habe noch nie so einen Aufwand betrieben um Löwen, Bären oder Giraffen von meinem Kühlschrank fern zu halten und trotzdem bleiben sie lieber dort, wo sie hingehören. Nicht so die Fruchtfliege. Sie scheinen auch dort aufzutauchen, wo man übertrieben Süßes vorfinden könnte. Beim Lesen des Autors Paul Coello oder Anselm Grün umnebeln den Kopf nach einer Zeit Fruchtfliegen, auch beim Hören der Musik von Pur oder manchen Werken von Mozart sind sie schnell da und relativieren den Hörgenuss. „Mit dem Hunger in der Welt habe ich keine Probleme, aber die Fruchtfliege bringt mich an meine Grenzen", gestand mir jetzt ein Stromableser. So haben auch kleine Lebewesen die Gabe, uns daran zu erinnern, dass wir Gelassenheit üben müssen. Es ist nicht aller Tage Abend und der Blick sollte über Hügel schweifen und das Meer vor Augen haben. Lass den Löwen in deinen Hobbykeller und die Fruchtfliege in die Küche. Alle Sorgen sind dann für die Raubkatz. Nur der gelassene Mensch kann den anderen Geschöpfen ein Freund sein. Dass Fruchtfliegen oft auch dort zu finden sind, wo es keine Früchte gibt, zeigt nur, wie unerforscht die Welt ist und wie man trotz allem Wissen doch nichts weiß. Manchmal bin ich erstaunt, wie sich Schicksalsschläge abfedern lassen, wenn wir sie einfach hinnehmen. Man sollte sich nicht von einer Fruchtfliege abhalten lassen eine Banane zu essen.

FRUCHTGUMMI: Er stand auf und streckte sich. Im Regal war die geöffnete Tüte mit dem leckeren Fruchtgummi zu sehen. Er wusste nicht, wie lang er sich noch zurückhalten konnte. Es war ja nicht so, dass wenn er alle Fruchtgummis aufgegessen hätte, sein Hunger auf ewig gestillt wäre. „Das Stillen einer Sucht durch die Gaben, auf die man süchtig ist, kann nur wirken, wenn ich davon sterbe." Die Lösung des Problems schien ein radikaler Schlussstrich zu sein. Nur der Verzicht konnte ihn vor weiteren Demütigungen bewahren. Er wusste nur nicht, ob er dafür schon bereit war. Alles hat seine Zeit, auch die Entsagung und der Überfluss. Vielleicht schmecken ihm ja irgendwann die Fruchtgummis von selbst nicht mehr. Das wäre eine Lösung, die allen Beteiligten munden würde. „Aber soll man sich nicht trennen, wenn es am schönsten ist", sagt man, um die Erinnerung an etwas zu bewahren, von dem man längst genug hatte?

FRÜHLING, SOMMER, HERZ UND WINTER: Der Frühling lacht mir ins Gesicht und sitzt auf einem Throne/ er schenkt mir Farben und das Licht/ und eine Blumenkrone// Im Sommer liege ich am Strand/ und lausch dem Klang der Wellen/ mit Badekappe wirk ich schlank,/ man schaut zu andren Stellen// Der Herbst kann auch sehr böse sein/ man hört ihn lauthals brummen/ Ein König lädt zum Jagen ein/ und sucht noch einen Dummen// Im Winter steh ich auf dem Feld/ als Eisbär darf ich zittern/ Mein Haar ist weiß, weiß wie die Welt/ ich kann den Tod schon wittern// (Von der CD „Der dünne Mann" Verlag Akademie der Abenteuer 2023)

FUCHS, JÜRGEN: „Ende 1977 wird Fuchs gegen seinen Willen ausgebürgert. Aber auch in West-Berlin lässt ihn die Stasi nicht in Ruhe. Jemand bestellt mehrfach einen Kammerjäger in seine Wohnung, Fuchs' Tochter bekommt ein neues Fahrrad, bald darauf sind die Bowdenzüge der Bremsen durchgetrennt. Die Liste lässt sich fast beliebig erweitern: Telefonterror, Waren werden geliefert, die die Familie nie bestellt hat, und so weiter."

FÜRBITTEN, ZARTSÜSSE: (für den Bäcker unseres Dorfes, damit er wieder mit seinem Wagen in unsere Siedlung fährt und uns weiterhin mit seinem Brot und seinem Kuchen beliefert) Ich war es, der auf dem Nachhauseweg immer gesungen hat: „Bäckerbrot macht Mäuse tot!". Das war nicht richtig. Ich hätte natürlich singen müssen: „Bäckerbrot macht Wangen rot!" Es tut mir sehr leid. Lieber Bäcker, wir bitten dich, ernähre uns. Wir bitten dich, ernähre uns. Mist, mir fehlt dein Apfelkuchen so. Wenn es sich hier keiner traut zu sagen, dann sage ich es: Mir fehlt dein Apfelkuchen so. Du weißt gar nicht, was wir in den letzten Wochen durchgemacht haben. Mehr kann ich dazu nicht sagen. Lieber Bäcker, wir bitten dich, ernähre uns. Wir bitten dich, ernähre uns. Ich habe deine Brötchentüte aufgeblasen und sie genau dann zerplatzen lassen, als du um die Ecke

Illustration: "Fluchtgedanken" (Text S. 54)

kamst mit deinem Blech voller heißer Berliner. Das soll nicht wieder vorkommen. Lieber Bäcker, wir bitten dich, ernähre uns. Wir bitten dich, ernähre uns. Ich habe den blöden Vorschlag gemacht mit der Tortenschlacht. Ich wusste doch nicht, dass sich alle daran beteiligen würden. Ich bin doch selbst der Geschädigte. Die Herrentorte, die meine Mutter bei dir bestellt hat, hing mir doch im Gesicht und machte mich so beliebt, dass ich heute einen viel größeren Freundeskreis habe als ich Finger lecken kann. Alle wollen mich küssen. Lieber Bäcker, wir bitten dich, ernähre uns. Wir bitten dich, ernähre uns. Ich war es, der gesagt hat: „Dein Brot ist manchmal hart, die Wände haben Risse, zum Schneiden braucht man einen Bohrer." Nun weiß ich es besser, Brot ist nicht hart – kein Brot, das ist hart. Lieber Bäcker, wir bitten dich, ernähre uns. Wir bitten dich, ernähre uns. Ich habe das grinsende Gesicht an die beschlagene Brotwagenscheibe gemalt. Ich war es auch, der daneben geschrieben hat: „Wer das liest, ist doof." Ich konnte doch nicht wissen, dass du es lesen würdest. Es soll nicht wieder vorkommen. Lieber Bäcker, wir bitten dich, ernähre uns. Wir bitten dich, ernähre uns. „Lieber guter Bäckersmann, schau dir mal mein Bäuchlein an, gibt es bald nicht wieder Brot, holen wir den Robin Hood." Lieber Bäcker, deine Hochzeitstorten waren doch der Grund, warum Ilona und ich überhaupt geheiratet haben, nun haben wir auch einen kleinen Stutenkerl, der die gleichen Augen hat wie du. Wenn es keinen Streuselkuchen mehr geben würde, ich wüsste gar nicht, was ich machen sollte ohne Streuselkuchen. Nein wirklich, ein Leben ohne Streuselkuchen, das ist genauso, als würde man… (bricht den Gedanken schluchzend ab) Wie bist du nur auf die Idee mit den Rosinen gekommen? Verdammt, wir sind doch alle ganz durcheinander, meine Freundin zwingt mich inzwischen, Bäckerhosen zu tragen. Scheiße, ich kann mir ein Leben ohne Streuselkuchen einfach nicht mehr vorstellen. Lieber Bäcker, wir bitten dich, ernähre uns. Wir bitten dich, ernähre uns. Denn dein ist der Teig, die Kraft und das Mondamin.

FÜẞE: Die Füße sind froh, dass sie die Füße sind. „Das was die Hände leisten müssen, kann ich mir nichtmals im Entferntesten vorstellen", sagte der linke Fuß. Bei Füßens Zuhause gab es Ärger. Der rechte Fuß hatte bei Bayern München unterschrieben. „Das viele Geld macht alle verrückt", sagte der linke Fuß. „Wird Zeit, dass wir gehen." (Einem Kind kann man ganz schnell die Strümpfe ausziehen, bei einem Erwachsenen ist das eine ganz andere Prozedur, gerade wenn er kitzelig ist.)

GABELN: Es ist erstaunlich, wie die eigene Stimmung darüber entscheidet, ob man manche Wunder wahrnimmt oder nicht. Ich weiß noch, wie erstaunt ich war, dass ich so wenige Gabeln hatte. Ich fand diesen Gedanken umso schockierender, weil ich so viele Messer habe. Wie ich mich eigentlich einschätze, würde ich mir bei der Zusammenstellung meines Besteckes immer die gleiche Anzahl von Messern, Gabeln und Löffeln kaufen. Wie interessant wäre es zu erfahren gewesen, wohin die Gabeln verschwunden waren und ob dort nun wer vor seinem Besteckkasten sitzt und sich fragt, warum er so viele Gabeln hat und kaum Messer. Wussten sie, dass die Gabeln die einzigen Besteckwerkzeuge sind, die im Plural sich verändern? Das kann doch kein Zufall sein.

GÄHNGOTT AM ABEND: Es passierte selten, dass er beim Gähnen die Kontrolle über sich verlor. Dass er also dem Gähnreiz nachgab und sich dieser Vorgang so verselbstständigte, dass er zulassen musste, dass es ihn auseinanderriss. Aus dem Gähnen entsprang dann sogar noch ein weiteres Gähnen, das wirklich von einem Zustand zeugte, der tief erschöpft war und sein Vergessen anprangerte. Er wurde dabei nicht laut, obwohl er schreien wollte, denn dies war genau der Moment, wo man der Welt sein entstelltes Antlitz präsentierte. Das war man nicht mehr selbst. Da hatte jemand die Macht über einen an sich gerissen. Der Gähngott war da. Man wusste doch selbst nicht, wie weit man sich öffnen konnte. Man wusste doch selbst nicht, dass das Gesicht zu solchen Entgleisungen in der Lage war. Augenaufreißen kannte man, auch das Strecken aller Gliedmaßen bis was knackte, war bekannt, aber hier meldete sich eine Widerstandsgruppe zu Wort, die am liebsten noch im Reich der Träume unterwegs gewesen wäre. Die am liebsten noch ein eigenes Leben führen wollte, fernab von jeder Einflussnahme. Das war ein Protest, eine Besetzung der Mundhöhle, eine Geiselnahme mit Forderungen. „Wir wollen Euch zeigen wie es ist, wenn man uns nicht schlafen lässt. Wir gefährden dann die öffentliche Ordnung." Gähnen soll ansteckend sein. Warum nicht das Lieben, warum nicht das Glücklichsein? Im Grunde brachte hier jeder normale Benimmführer die Hand ins Spiel, doch was haben wir gelacht, wenn wir bei diesen kleinen Gähnanfällen, diesen Gähnseufzern den Mund abdecken sollten. Aber dies sollte uns nur vorbereiten auf das Große und Ganze. Dies sollte uns nur zeigen, wie es geht, wenn man die anderen vor sich schützen muss. So wie wir einen Schirm mitführen, weil wir den Regen erahnen, sollten wir immer die Hand in Bereitschaft halten, um der Öffentlichkeit dieses verzerrte Bild von uns zu ersparen, wenn das große Gähnen uns entstellt. Manche können gar nicht damit umgehen uns so zu sehen. Der Schrei von Munch entstand aus diesem Gähnen. Wer so gähnen kann, wer sich so wenig im Griff hat, der vergisst auch am Montag seinen Mülleimer auf den Bürgersteig zu stellen und vergibt auf amazon nur einen Stern für ein Buch von Peter Handke, obwohl er es gar nicht gelesen hat. Gähnen soll ansteckend sein. Warum nicht das Lieben, warum nicht das Glücklichsein? Weil Gott unersetzlich bleiben will.

(Spielen auf Kinderklavier D-Moll/ G-Moll/ C-DUR/ D-Moll/ F/D/ DG/ D/D. Mit Falsett-Stimme singen. Das Gähnen zwischen den Zeilen einbauen.)

GAUL: Man sagt schon mal: „Einem geschenkten Gaul schaut man nichts ins Maul." Ich aber sage Euch: „Bei dem geschenkten Gaul ist irgendetwas faul". Entscheidet nun selber.

GEBET: Lieber Gott, was ist der Sinn,/ dass ich heut so hässlich bin./ Mach mich bitte nicht so klein,/ ich will wieder schöner sein.//

GEBLÄSE: Er merkte erst, dass das Gebläse angegangen war, als es ausging.

GEDANKENTERRORISMUS: Kopf lass nach. (Satz bitte dauernd vor sich hin murmeln)

GEFÄNGNISSE: Gefängnisse sind schnell gebaut, Paradiese brauchen Zeit.

GEFRIERBRAND, DER: Wo ist eigentlich der Gefrierbrand geblieben? Ist er ein Opfer der Klimaveränderung geworden? Es gab Zeiten, da hatte er eine eigene Serie im Fernsehn. „Der Gefrierbrand" und „Die Rückkehr des Gefrierbrands" waren große Kinoerfolge. Veronica Ferres bekam für ihre Darstellung des Gefrierbrands einen Bambi. Gern hatte ihn niemand. Seine Beliebtheitswerte standen noch unter der des Blitzeises. Man nannte ihn in einem Atemzug mit Fußpilz, Mundgeruch und Achselnässe. Wer einen Gefrierbrand aus der Nähe erlebte, blieb seltsam ratlos zurück. „Sprich ihn nicht an, er hat gerade einen Gefrierbrand gesehen." Das Auftreten ausgetrockneter Randschichten bei gefrorenen Lebensmitteln ist für ihn typisch. War es Toppits, der die Prinzessin aus den Klauen des Drachen befreit hat? „Außen Toppits, innen Geschmack"? Der Gefrierbrand scheint der Vergangenheit anzugehören. Wenn sich heute Umweltschützer an ihm festkleben wollen, finden sie keinen Halt mehr. Viele halten die ganze Gefrierbrand-Aufregung für übertrieben. Warum sollen wir etwas vermissen, das wir gar nicht brauchen? Was ist mit der Bildzeitung und dem Erdal-Frosch? Was ist mit Gott? Ich hörte nun von einem Gefrierbrand in Minden, der eine Hausfrau in Panik versetzte. Ihr standen die Haare zu Berge. (für Lisa)

(Siehe auch „BLITZEIS")

GEHEIMPLATZ, DER: Jeder Mensch sollte einen Geheimplatz haben, wo er sich hinbegeben kann, wenn er des Lebens überdrüssig wurde und Kraft schöpfen muss. Wenn im November der Gasthof Weyher für vier Wochen seine Türen schloss, wusste ich nie wohin. Ich irrte mit meinem Hund umher durch die Wälder und niemand lud uns ein sich auszuruhen oder einen Kaffee zu trinken. Es war dann der junge Herr Weyher, der mir anbot, mich in der

Illustration: "Geheimplatz"

Zeit, wo sein Gasthof geschlossen war, draußen im Wintergarten aufzuhalten, um dort einen mitgebrachten Kaffee zu trinken und ein selbstgeschmiertes Butterbrot zu futtern. Ich meine wirklich er hätte „futtern" gesagt, auch um damit die gemütliche Atmosphäre des Geheimplatzes zu unterstreichen. Eigentlich saßen in dem überdachten und durch Planen eingefassten Verhau die Raucher, und im Herbst wurden hier Bänke und Tische gebunkert, um sie vor der rauen Witterung zu schützen, aber mit ein wenig Phantasie konnte man sich hier einen schönen Geheimplatz gestalten. „Ich habe einen Geheimplatz", dachte ich stolz. „Jeder Mensch, der einen Geheimplatz hat, kann der Öffentlichkeit entfliehen, wenn ihn die Menschen anöden." Später hörte ich dann, dass auch ein anderer Stammkunde, Fritz, diesen Wintergarten nutzen würde. Da ich aber nur am Vormittag unterwegs war und sich Fritz hier des nachmittags breit machen wollte, würden wir beiden uns nicht in die Quere kommen, hoffte ich. Wir konnten uns hier zurückziehen, wenn es draußen regnete oder andere Sorgen uns plagten. Ich freute mich also auf dieses Doppelleben, um diese weyherfreie Zeit zu überbrücken, ja überstehen zu können. Wie irritiert war ich, als ich bemerkte, dass Fritz, der Mitnutzer vom Nachmittag, meinen Geheimplatz sehr unordentlich hinterließ. Fritz war Zigarrenraucher und hielt es nicht für nötig den Aschenbecher zu leeren oder ihn wenigstens woanders hinzustellen, wo er niemanden störte. Das Fass zum Überlaufen brachte aber die liegengelassene Werbezeitung, die Fritz anscheinend mitgebracht hatte, um sie während seines Aufenthaltes durchzublättern. Ich erkannte mit einem Blick, dass er sich so breit machte, weil er nicht wusste, dass ich diesen Platz als Geheimplatz nutzte. Ich ahnte, dass er diesen Platz nicht als Geheimplatz empfand, sondern als Unterstellmöglichkeit, wenn es regnete. Auch einen Unterstellplatz sollte man so hinterlassen, dass ihn andere noch als Geheimplatz benutzen können, dachte ich. Mein Geheimplatz ist ein Geheimplatz und kein Fritzplatz. Ich schüttelte den Kopf. War es möglich, dass die Nutzung dieses Ortes verschiedene Bedürfnisse zuließ? Konnte mein Geheimplatz auch gleichzeitig ein beliebiger Platz für Zigarrenraucher und Werbezeitungsblätterer sein? Machte nur mein Schweigen darüber ihn zu einem Geheimplatz? Ich nickte und sitze nun manchmal in meinem Geheimplatz, trinke meinen mitgebrachten Kaffee und futtere ein Bütterken. Ich genieße die Zeit, wo keiner weiß, wo ich bin und was ich mache. Wie stark der Mensch sein kann, wenn er sich etwas in den Kopf setzt. Vieles ist möglich, wenn wir wissen, was wir wollen. Das Leben ist schön, wenn wir es wollen. Auch Gott ist da, wenn wir es wollen. Die Erde ist sein Geheimplatz.

GELÄNDEFAHRRADFAHRER ZWEI: Geländefahrradfahrer bringen eine Unruhe in die Welt, auch wenn sie gar kein Geländefahrrad mehr fahren. Ich schaue mich am Tag vierundzwanzig mal nach ihnen um, und denke fünfzig mal an sie, nur weil sie mich einmal mit einem Affenzahn ‚Haste nicht gesehn' überholt haben, dass ich erst die Gefahr begriff, als sie schon längst vorbei gedüst waren. Es ist doch unzumutbar, dass ich meine kleinen Freiräume auch noch mit dem Geländefahrradfahrer teilen muss. ‚Teilen' ist doch ein Fremdwort für ihn. Ich lass doch auch nicht den Kampfschwimmer zu

Illustration: "Geländefahrradfahrer"

den Babys ins Pinkelbecken, und der Harley Davidson Fahrer mischt doch auch nicht auf dem Dreiradparcour in der KiTa mit. ‚Aus dem Weg springen' ist mein zweiter Vorname, ‚Platz machen' mein Nachname. Das ist die Kunst: Platz machen, wo es keinen Platz mehr gibt und wo man sich nur noch in Luft auflösen kann. Der Geländefahrradfahrer denkt, er fährt an mir vorbei und damit ist die Sache gegessen. Nein, nein. Ein Geländefahrrad, das dich einmal erschrocken hat, kontaminiert damit die ganze Gegend über Jahrzehnte. Der Geländefahrradfahrer sagte mir, dass ihm erst als Geländefahrradfahrer aufgefallen wäre, wie schlecht gelaunt und voller Angst die Menschen aussehen, denen er auf seinen Geländefahrradfahrertouren begegnet, übersieht aber, dass er der Grund ist für die schlechte Laune und die panische Angst der Fußgänger. Werfen die sich auf ihr Geländefahrrad drauf und schauen sich alles an, was ihnen auf ihrem Weg begegnet. Das ist völlig wahllos und zu viel. Es erinnert mich an diese Brunchessen, wo man einmal bezahlt und sich dann alles auf den Teller schaufelt, was da in irgendeiner Form angeboten wird. Ich will nicht mehr die Kulisse für die Geländefahrradfahrer sein. Aus dem Weg, aus dem Weg.

GEMEINSCHAFT: Wie sonderbar, wenn man bemerkt, dass man nicht dazu gehört.

GENAZINO, WILHELM: „Es klingt vielleicht arrogant, aber ich halte das digitalisierte Leben nicht für einen Teil des wirklichen Lebens. Das Internet, die sozialen Netzwerke, die Chats sind ein Surrogat, ein friedlicher Ersatz, auf den sich die Menschen geeinigt haben. Das wirkliche Leben ist geheimnisvoller und poetischer. Es zu finden ist uns aufgegeben, man kann es nicht in einem Kaufhaus erstehen."

GERÄUSCHE: Wussten Sie, dass Berge seufzen können, wenn wir sie bewegen? Sterbende Tannen nadeln und stöhnen erschrocken auf. Wenn wir Schafe blöken hören, versuchen sie nur uns nachzuahmen. Sie parodieren nur unser „Mäh", welches wir machen, wenn wir ein Schaf sehen. Sie machen unser „Mäh" nach. Es ist ein Kommunikationsversuch. Wind kann klingen wie ein Marschlied. Manche lassen ein Glockenspiel von Bäumen hängen, damit der Wind daran fummeln kann. Das ist genauso fragwürdig, als wenn man Babys mit Baby-Puppen spielen lässt. Der kleine Wind braucht nicht diese Verniedlichung seiner noch unterentwickelten Fähigkeiten. Der kleine Wind pustet manchmal ein Blatt fort und später einen Baum. Ich kenne Pferde, die seufzen manchmal: „Ja, ja, ja, das ist alles sowas", wenn sie lange auf der Weide stehen, ihnen ihr eigener Müßiggang spanisch vorkommt und sie denken, sie wären alleine. Wir wissen davon nur kaum was, weil die Pferde es halt nur machen, wenn sie denken, sie wären alleine. Auch Schmerzen geben oft einen Ton von sich, den sie oft nur zurückhalten, weil sie selbst so erschrocken worden sind von dem Entsetzen des Körpers über diesen ungeheuerlichen Eingriff. Wenn wir dazu dann Aua sagen, ist das im Grunde eine Simultanübersetzung im Sinne von: „Das habe ich nicht gewusst, dass man mir so Aua machen kann." Die Schmerzenslaute der Kinder kommen noch von den Schmerzen selber, bevor sie schweigen vor lauter Hilflosigkeit und Tabletten schlucken. Ich habe jetzt gelesen, dass Kühe nicht nur Muh machen, sondern auch manchmal miteinander Verstecken spielen, Das werden keine großartigen Verstecke sein, da wird sich die eine Kuh hinter die andere stellen und Muh machen, damit sie leichter zu finden ist. Muh ist also einfach ein Daseinslaut. Ich kannte einen Nachbarjungen, Gregor, der rief immer ganz laut: „Hallo!" und meinte damit: „Ich gehe jetzt mit meinem Ball auf den Sportplatz und habe zwei Stangen Prickelpitz dabei", damit wir anderen Kinder der Siedlung auch kommen und mitspielen, weil es danach Prickelpitz geben würde. Aber wir ließen diesen Daseinslaut unerwidert, weil Gregor immer gewinnen wollte und fürchterlich heulte, wenn wir selbst die Tore schossen. Außerdem schmecken seine Prickelpitz gar nicht, weil er sie vorher nass gemacht hatte und sie schon zu prickeln angefangen hatten, bevor man sie überhaupt in den Mund genommen hatte. Auch die Stille wirkt auf uns nur still, weil wir glauben nur mit den Ohren hören zu können. Der ganze Körper hört mit. Wir könnten die Blumen atmen hören, wenn wir früher aufstehen würden. Also noch früher aufstehen würden als der Tag beginnt und sich die Nacht ausgebreitet hat, fernab der menschlichen Vorstellungskraft. Wir könnten sie ein- und ausatmen hören, wenn wir die Augen schließen würden und wie Tiere tanzen könnten.

GERUCH: Alles soll wieder nach dem riechen, was es ist. Der Mensch kann nach dem Menschen riechen, der Hund nach dem Hund. Der Wasserbüffel soll nach dem Wasserbüffel riechen und die Blume nach der Blume. Es ist irreführend, wenn der Mensch plötzlich nach der Blume riecht und das Wildschwein nach einem Toaster. Nach dem Rasenmähen riecht es so gut nach dem abgemähten Rasen. Es erstaunt viele, dass Rehe, wenn sie nach Reh riechen, nicht unbedingt gut riechen. Auch der Mensch riecht nicht immer so, dass wir ihn riechen möchten. Es gibt auch Käsesorten, die nicht gut riechen und trotzdem gut schmecken. Die Mutter einer Freundin, die ihren Geruchssinn verloren hatte, konnte sich noch an den Geruch von Tosca erinnern. Wenn wir Weihrauch riechen, denken wir an Gott. Manches riecht nach gar nichts, hat aber auch seine Aufgabe im Leben gefunden. Ein Beamter zum Beispiel, oder ein FDP Politiker.

GESCHENKE: Padermann schüttelte den Kopf. Alle Geschenke, die er in diesem Jahr zu seinem Geburtstag bekommen hatte, verwirrten ihn. Vielleicht waren sie gar nicht für ihn gedacht gewesen und er war das Opfer einer Verwechslung geworden. Ratlos deutete er auf einen Besen. „Diesen Besen", sagte er, „habe ich von meinem Nachbarn bekommen. Was will er mir damit sagen?" Sollte er samstags mehr seinen häuslichen Pflichten nachkommen? Padermann packte weiter aus und hielt mir eine Uhr entgegen. „Diese Uhr habe ich von meinem Chef bekommen und dabei laufe ich sogar zur Arbeit, wenn ich meinen Bus verpasst habe." Aber es stimmte schon. Oft kam er zu spät und sein Chef ärgerte sich darüber. Padermann öffnete einen kleinen Karton, in dem ein Buch von Heinz Erhardt lag. „Dieses Buch bekam ich von meinem Bruder geschenkt. Soll ich lustiger sein und mir an Heinz Erhardt ein Beispiel nehmen?" Padermann seufzte. In der Tat war er oft bedrückt und belastete seine Umgebung mit seinem Seufzen. Er zeigte auf den Tisch, wo seine anderen Geschenke aufgereiht waren. „Meine Freundin hat mir diesen sonderbaren Pullover geschenkt, den ich schon bei ihrem Papa gesehen habe. Will sie mich so sehen? Soll ich so an ihrer Seite stehen und manchmal ‚So so so' seufzen, wie ihr Papa?" Er kniete sich hin und streichelte einen kleinen Hund. „Diesen Hund haben mir Kinder geschenkt. Mit ihm soll ich meine Zeit verbringen. Er soll mir neue Bekanntschaften vermitteln und seine Erziehung soll mich ablenken. Ich bin erschrocken. Beginnen nun die dunklen Jahre?" Ich nickte und hielt ihm mein Geschenk entgegen. Es war ein Yoga-Kursus, um sich in der Kunst der Gelassenheit zu üben.

(Siehe auch: „SO")

GESPRÄCHSHALTUNGEN: „Sorry, du kannst Dich wieder umdrehen." Was kann man nicht alles machen, wenn ein anderer einem den Rücken zugewendet hat?

GEWINNER: Die Gewinner müssen den Champagner verspritzen, die Verlierer dürfen ihn trinken.

GLASER: „Komisch", sagte der Glaser, „meine besten Freunde sind alles Elefanten."

(Siehe auch „ELEFANT")

GLOCKEN: Auch die katholische Kirche versucht mit der Zeit zu gehen. Natürlich müssen sie mit dem arbeiten, was da ist und sei es mit ihren Glocken. Das Geläut des Paderborner Domes besteht aus acht Glocken im Hauptturm und zwei Glocken im Dachreiter. Erst im Jahre 2019 wurden zwei neue Glocken in den Turm gehievt. Manche fragten sich, ob diese dadurch neu geschaffene Klangfülle sein musste, zumal der Kauf und die Anbringung der neuen Glocken mit erheblichen Kosten verbunden war. Schon nach den ersten Klangproben wurde aber klar, dass die katholische Kirche damit einen cleveren Plan verfolgte. Der Klang der beiden neuen Glocken vervollständigte nun den Gesamtklang des Deep Purple Klassikers „Smoke on the Water": „Nebel auf der Pader". Das Domgeläut beginnt also mit Cis – e – fis, das sind die ersten drei Töne, die auch bei dem berühmten Gitarren-Intro vorkommen. Ob damit wieder die Jugendlichen dem Sound der Kirche folgen sollen oder einfach der Erzbischof seinen persönlichen Musikgeschmack eingebracht hat, ist noch nicht erforscht worden.

GLÜCK: Ich plane auch weiterhin mit dem Glück als feste Größe in meinem Leben.

GLÜCK: Das Glück währt länger, wenn man es nicht beachtet.

GOLFSPIELEN: Golfspielen ohne Ball klappt immer.

GOTT: Die Menschen, die nicht an Gott glauben, haben viele Probleme weniger, müssen damit aber alleine klar kommen.

GOTT: Wenn Gott mir bei meinem Leben zuschaut, kriege ich nichts gebacken.

GOTT: Ich habe heute zu Lydia gesagt: „Wenn das so weitergeht, dann wende ich mich wieder Gott zu.

Illustration: "Götter*innen"

Ich bin jetzt in der Stimmung, um mich wieder nach ihm richten zu können. Ich könnte mich jetzt ihm so richtig hingeben, glaube ich. Großer Gott, wir loben mich, Herr wir preisen meine Güte." Lydia schaute mich nur an und sagte: „Gott hilft nicht beim Autogramme sammeln."

GOTT: Ich kannte Gott schon, da war er noch gar nicht Gott. Da fuhr er noch auf seinem Minifahrrad durch die Siedlung und brachte Zeitungen rum. Er war damals eher schüchtern und wurde rot, wenn man ihn ansprach.

GOTT: „Ich bin sehr müde", sagte Gott und schloss die Augen.

GOTT: „Noch ist keiner hier", sagte Gott erleichtert und genoss die letzten Augenblicke vor der Erschaffung des Menschen.

GOTT: „Manchmal will ich gar nicht so genau wissen, was sie machen", sagte Gott.

GRAS: (Gedanken beim Rasenmähen) Wächst altes Gras langsamer?

GRILL: Wie das Hähnchen in dem Grille, sich kann dreh'n in aller Stille, ist gar lustig anzuschaun, wenn es knusprig wird und braun. (mit zwei sich drehenden Händen begleiten)

GROSSREINEMACHEN: Wenn man im Dunkeln sauber macht, ist man schneller fertig.

GUT: Wenn es denen, die gut sind, besser gehen würde, als denen, die schlecht sind, wären mehr Menschen gut.

GUTE IDEEN: Manchmal hatte man so gute Ideen, da wusste man gar nicht, dass sie gut waren. Man wusste schon, dass sie ein wenig gut waren, aber dass sie so außergewöhnlich gut waren, das wusste man nicht. Das hätte man sich in seinen kühnsten Träumen nicht vorstellen können. Am Schluss waren alle am Weinen, wie das immer so ist, bei wirklich außergewöhnlich guten Ideen. Als Gott den ersten Steuerberater erschuf, haben alle geweint.

GUTSEIN: Ich kenne einen guten Menschen, der weiß gar nicht, dass er gut ist. Der sagt immer, wenn man sich bei ihm bedankt, „Nicht dafür", aber wofür denn dann? Er ist vom Beruf Bademeister, da gehört gut sein zum Alltag. Manche Menschen wissen, dass sie gut sind, verhalten sich aber in der Öffentlichkeit anders, weil sie Angst haben ausgenützt zu werden. Natürlich ist es besser, dass man so gut wird, dass es einem nichts mehr ausmacht, wenn man ausgenützt wird. „Ich kann auch sehr gut sein", sagte der Hausmeister einer Schule, „aber als Führungspersönlichkeit muss man auch eine gewisse Härte ausstrahlen, sonst verwüsten mir nachher alle die Toilettenräume." Mein Freund ist sehr gut, zum Glück muss ich sagen, ich habe nämlich was mit seiner Frau. Kann man durch böse Taten gute Dinge erreichen? Alle versuchen so zu erscheinen, als wären sie gut – oder haben sie mal ein Wahlplakat gesehen, wo bewusst darauf verzichtet wurde? Selbst AfD Politiker versuchen auf Wahlplakaten sympathisch rüberzukommen und anscheinend gibt es nichts Leichteres als wie einer auszusehen, der gut ist. Langweilige Menschen müssen nicht unbedingt gut ein. Ich kenne sogar langweilige Menschen, die einfach nur langweilig sind. Nur weil etwas nicht schmeckt, muss es nicht automatisch gesund sein. Ich kenne langweilige Menschen, die gelten in Dörenhagen als Stimmungskanonen. Es ist natürlich auch leicht in Dörenhagen Stimmungskanone zu werden. Kann man durch böse Taten gute Dinge erreichen? Ich kann mir nicht vorstellen, dass die Leute von der AfD denken, dass sie zu den Guten gehören. Kann man Christ sein und in der AfD sein? Ich glaube nicht. Ich kenne einen Mann, der spielte immer Trompete, wenn er gut war. Ich sage immer: „Bei aller Liebe, aber nicht während der Mittagszeit." Denn das Gutsein ist eine Gottesgabe und wer gut ist, traut sich manchmal das konsequent auszuleben. Er wird ein erfülltes Leben führen. Glück ist was für Spießer.

HAGEN BRANDSCHUTZ: Hagen kennt man. Er ist Partner der Branche seit 1993. Das rote G im HAGEN-Firmennamen ist Programm: G wie Gefahrenbanner, G wie Gebäuderetter. G wie guter Geist. Seit Jahren fahre ich am Hauptsitz der Firma vorbei und freue mich, wie professionell HAGEN schon in der Außenwahrnehmung herüber kommt. Rechts neben dem Firmennamen blinkt ein Hingucker, ein in die Hauswand eingefügter Anzeiger, der kundenfreundlich und seriös das Datum und die Außentemperatur des Tages anzeigt. Eingefasst in ein Feuergraffiti wirkt das Auftauchen der roten Infobuchstaben besonders nachhaltig. Es ärgert mich nur, dass in diesem Infoquadrat kein drittes Symbol zu finden ist. Wieso vervollständigen, nach dem Anzeigen des Datums und der Außentemperatur, nicht als dritte Einblendung feuerrote Flammen das Schaubild? Das würde so nahe liegen. Es könnten Flammen sein, die dem aufgemalten Feuerbild, das den Bildschirm so eindrucksvoll umrahmt, seine Mitte ausfüllt. Sofort wäre der Bezug zu HAGEN Brandschutz deutlich abzuleiten. Die Botschaft wäre verständlich. Jeden Tag und bei jeder Temperatur kann die Feuersbrunst uns knechten, aber zum Glück schaut HAGEN Brandschutz nach dem Rechten. Hast Du Fragen, geh zu HAGEN, Feuerplagen dämmt ein HAGEN.

HAIKUS: (Zwölf Haikus für Vasen, Tassen und andere keramische Kleinserien.) a. Während die Vase/ nach Blumen schreit, betteln die/ Blumen um Wasser.// b. Gewinnst du das Herz/ einer Töpferin, gehört/ dir auch ihr Geschirr.// c. Der Regen ist noch/ nicht gebannt, er droht mit dunk/ len Wolkenschüsseln.// d. Was uns schnell zerbricht/ bedarf der zarten Liebe/ der Elefanten.// e. Die Dickbauchvase/ findet sich schnell ab mit neu/ en Proportionen.// f. Wenn dich die bösen/ Buben locken, bleib zu Haus/ und stopfe Socken.// (Spruch auf einem Stopfpilz). g. In meinem Innern/ schlägt ein Herz, das abnimmt, wenn/ ich ganz erkalte.// h. Eine Schale mit/ Salat ist die große Welt/ am kleinen Tische.// i. Regnet es von o/ ben Pfeffer, ruft der Koch: „Schnell/ rettet den Geschmack."// j. Natürlich bringen/ Scherben Glück, ganz sicher auch/ den Töpferinnen.// k. Zum Munde führ ich/ dich und bette dich auf mei/ ner Kissen Lippen.// l. Den Inhalt meiner/ Tassen würd' ich niemals an/ dern überlassen.// (Für C.S.)

HALLENBAD: Menschen, die zum Schwimmen gehen, sehen anders aus, als Menschen, die vom Schwimmen kommen. Andersrum wäre es aber auch egal.

HALLO: „Hallo" kann man immer rufen. Das hört sich normal an und tut nicht überklug. Wer von seiner Anwesenheit berichten will, tut dies durch ein „Hallo" kund. Ein fragendes „Hallo?" bekomm immer ein Feedback, gerade wenn es nur darum geht, nicht allein sein zu wollen. Anders ist es, wenn der Hallorufer jemanden sucht, von dem er mehr erwartet, als nur auf sein „Hallo" mit einem „Hallo" zu antworten. Gott hat uns das „Hallo" als Lebenszeichen geschenkt: „Uns gibt es und wir sind da." Der erste Mensch auf dem Mond hätte auch ein freundliches „Hallo" rufen können, um herauszufinden, ob andere Geschöpfe uns erwarten. Wer meldet sich schon auf so Klugscheißersätze wie „Dies ist nur ein kleiner Sprung für einen Menschen und ein großer für die ganze Menschheit." Wer will schon mit dem Klassenstreber sein Zimmer teilen? Ein „Hallo" verspricht Spaß, da will man mitmachen. Das ist wie das Winken von der Autobahnbrücke, da winkt man zurück. Das ist wie ein Grüßen im Wald, da grüßt man zurück. Ein „Hallo" ist der Beweis von menschlicher Intelligenz. Wo ein „Hallo" ist, ist auch ein Mensch und wo zwei „Hallos" sind, entsteht bald eine Gemeinschaft. Ein Hallo-Rufer ist ein Hallodri, er sucht Kontakt. Drei Hallodris spielen Skat.

(Siehe auch: „GRUSSVERWEIGERER, DER")

HAMMERWERFER: (Hammerwerfergeschichten) 1. „Mir fehlen die Menschen so", sagte der Hammerwerfer. Er schaute in den Kühlschrank. Er hatte vergessen die Eier einzukaufen. Er fand dort eine Hürde, aber die war leer. „Was ist das Leben schwer", sagte der Hammerwerfer. „Die einfachsten Dinge sind kaum noch zu schaffen." 2. Der Hammerwerfer ging spazieren. „Was machen sie denn beruflich?", fragte eine Frau. „Ich bin Oberst bei der Bundeswehr", sagte er. Er wollte ihr nicht gleich die ganze Wahrheit zumuten. Er hatte einem Hund beigebracht, wie man Männchen macht. Sein Hund konnte auch ‚tot' spielen. „Das vergessen oft viele", sagte er, „dass man als Hammerwerfer auch zarte Seiten hat." 3. Der Hammerwerfer war verliebt. „Alles was einen Namen hat, Mausi, ist gut bei mir aufgehoben", sagte er. Er betete: „Lieber Gott, sag mir, warum prüfst du mich auf diese Weise. Reicht es nicht, dass ich Schuppen habe?" Er glaubte manchmal, dass er als Bäcker eher Freude bereiten könnte, aber so einfach ist das alles nicht. 4. „Wenn ich richtig wütend bin", sagte der Hammerwerfer, „dann zeige ich oft mein wahres Ich." „Was wäre das denn?", fragte eine Frau. „Ich kann die Pfeifstelle von „Wind of Change" pfeifen", sagte er, erspart ihr aber den Beweis. So gut sind nicht alle. (pfeift) 5. Ich kannte Hammerwerfer, die traten nur noch als Gruppe auf. Das war unerträglich, manchmal wünschte man die früheren Zeiten zurück. Sie hatten sich als Boygroup bei DSDS angemeldet. „Ihr könnt ja gar nicht singen", sagte Dieter Bohlen. „Wir sind beruflich sehr eingebunden", sagten die Hammerwerfer. „Wir wissen manchmal nicht, wo uns der Kopf steht." So kamen sie natürlich nicht ins Recall. 6. Der Hammerwerfer musste den Mülleimer rausstellen. „Wie demütigend", murmelte er. Er wollte eigentlich einen neuen Hammer ausprobieren, aber um diese Uhrzeit war noch kein Mensch auf den Straßen zu sehen. 7. „Was willst du denn mal werden?", fragte der Hammerwerfer seinen Sohn. „Ich möchte vielleicht Lehrer werden", sagte der Sohn. Immerhin, dachte der Hammerwerfer. So schlägt er nicht ganz aus der Art. 8. Manche Hammerwerfer haben eine Scheu sich in der Öffentlichkeit zu zeigen. Wenn sie sich dann mal auf großen Plätzen sehen ließen, klatschten viele und erinnerten an ihre Taten. 9. „Mein Name ist Lars, ich bin Hammerwerfer", sagte der Hammerwerfer, der sich zum ersten Mal in den Stuhlkreis der anonymen Hammerwerfer traute. „Hallo Lars", sagten die anderen Hammerwerfer und nickten ihm aufmunternd zu. 10. Dass Hammerwerfer im Alltag unangenehme Menschen sind, gehört zu den Klischees, die einfach nicht aus der Welt zu räumen sind. Ich kannte einen Hammerwerfer, der arbeitete bei der Telefonseelsorge. 11. Als der Hammerwerfer alt geworden war, verbrachte er seine Zeit ehrenamtlich in einem Hundehospiz. „Ich kann Menschen nicht mehr ertragen", sagte er, aber das wollte kein Dobermann hören. 12. Am Hammerwerferstammtisch wurde zur Eröffnung der Klagerunde wieder gesungen: „Am Hammerwerferstammtisch fallen klare Worte. Was für ein Klagen und was für ein Trotz. Was man hier sagt, bleibt immer sicher hier vor Orte. Komm lass dich gehen, schimpfe laut und motz. Einer fängt an und der andre kommt dann, alle sind dran, ruft der Stammtischmann. Die Großen tun doch immer was sie wollen, die dicke Rechnung kriegt der kleine Mann, so festgelegt sind alle unsre Rollen, so lange wie man pünktlich zahlen kann. Die Zukunft wird uns alle nochmal töten, uns Hammerwerfer stört das wirklich sehr. Man kann vor Wut darüber nur erröten, doch das stört von den Reichen keinen mehr. Hör auf, hör auf, ich kann es nicht mehr hören, die Lage war noch nie für uns so schlimm. Die Grünen essen doch nur Bio-Möhren und wir sind wieder stumm, palimm palimm." 13. Millionen von Hammerwerfern sind es leid Tag für Tag für ihr Tun geächtet zu werden. Es gibt kaum eine Gruppe von Lebensverachtern, die so gemieden werden wie die Hammerwerfer. Versöhnt sie mit eurer Liebe. Nur so kann man der Gefahr, die von ihnen ausgeht, Herr werden.

HAMSTERRAD: Hamsterräder sind schön. Es stört nur der Hamster.

HAND: a. Er hatte einen Schuh in der Hand. Natürlich fragt man sich, was der Schuh in einer Hand soll, wenn man zwei Füße hat, die einen langen Weg vor sich haben. Später hörte ich dann, dass er von einem Schuster kam und nun diesen reparierten Schuh seiner Freundin zeigen wollte. Das erklärte alles, machte aber nicht die erste Verunsicherung ungeschehen. b. Ich sah eine Frau, die trug in der einen Hand eine Zigarette und in der anderen ein Baby. Vielleicht war es diese Anordnung, die ihr Leben in aller Schlichtheit beschrieb. c. Sie hatte mich in der Hand, wegen eines Vorfalls in meiner Jugend, wo ich nicht ganz bei Sinnen war. Nun musste ich lebenslang bei ihr im Haushalt helfen, allerdings lud sie mich danach zum Kaffeetrinken ein, welches ich nicht so genießen konnte, weil ich danach wieder alles spülen musste. Sie stellte sogar unter unsere Tassen Untertassen.

HANDCREME: Kennen Sie „NIVEA MEN", die neue Handcreme für Männer? Heute wollte ich sie ausprobieren, aber „haste nicht gesehn" zog sie sofort ein. Da gab es keine Vorwarnungen, Absprachen oder eine behutsame Annäherung. Ich hatte kaum den Satz auf der Dose gelesen: „Zieht schnell ein", da war sie schon eingezogen. Schon vor dem „ein", war sie weg. Futschikato, Tschüssikowski. Das war kein flüchtiges Vergnügen, eher eine Besetzung eines fremden Landes. Ich meine, bei mir im Hause

Illustration: „Hammerwerfer" – Der Hund des Hammerwerfers (Text S. 75)

ist vor einem Jahr eine Familie eingezogen, die hat ihre Umzugskartons immer noch im Flur stehen. Aber meine Creme, ratzfatz, eingezogen. Ich hatte mir „NIVEA Men" gekauft, weil sie, so vermittelten es die Werbebilder, von Surfern benutzt wird. Gerade Surferhänden scheint es wichtig zu sein, dass ihr Verfall gestoppt wird und man darauf achtet, dass keine Falten an Zeige- und Mittelfingern entstehen, egal wie hoch die Wellen einem entgegenschlagen. Schnell einziehende Handcremes haben Nachteile. Früher, in Zeiten als Männer-Handcremes noch nach und nach einzogen, haben die Eingecremten ihre Hände weit von sich gestreckt, damit man bloß nicht irgendwo Fettflecken hinterlassen konnte. Wenn die Frau gerufen hat: „Schatz, kannst du mir beim Abwasch helfen!", hat man gesagt: „Geht nicht, meine Hand-Creme zieht gerade ein." Rief sie: „Schatz, kannst Du den Kindern bei den Hausaufgaben helfen?", konterte man: „Um Himmels Willen, meine Hand- Creme macht doch die ganzen Hefte fettig." Eine Handcreme ist ein Pflegeprodukt. Ich bin mir nicht sicher, ob NIVEA mit dem Schnelleinzug die richtige Botschaft rüberbringen kann. Pflege will genossen sein. Da kann man nicht drei Sekunden pro Hand ansetzen, und alle sind happy. Wie soll denn da der Preis von „NIVEA Men" gerechtfertigt bleiben? Sie kennen das, da kommt der Handwerker zu Besuch, weil man keinen Strom hat. Der geht in den Keller, macht ne neue Sicherung rein und sagt: „Gern geschehn, 150,- Euro." Nein, so geht das nicht. Das weiß der Handwerker auch, dass man sein Geld verdienen muss. Alles braucht seine Zeit. Dem hohen Reparaturpreis muss eine angemessene Vorleistung voran gestellt werden. So ist es üblich, dass der Handwerker erstmal zu ihnen kommt, sagt: „Ach so, der Strom ist weg", dann auf dem Dachboden nachguckt, im Kühlschrank sucht, im Gartenhaus was umräumt. Läuft also überall rum, macht die Lichtknöpfe an und aus, sagt dann kopfschüttelnd: „Da tut sich nichts", bis er endlich im Keller verschwindet, dreimal seufzt, dann den Sicherungskasten sucht, stolpert, sich in der Nase bohrt, ihn dann aufmacht, ein wenig ratlos aus der Wäsche schaut, wieder seufzt, und schließlich die Sicherung austauscht. Wenn er dann das Licht anmacht und es überall hell wird, muss er sagen: „Da ham wa aba Glück gehabt. Das war knapp vor der Totalzerstörung. Macht 150,- Euro." Dann geben sie ihm natürlich 200,- Euro, auch weil er sich alleine in den Keller getraut hat. Ich denke manchmal, wenn die Cremeprodukte wirklich so gut sind, wie sie sich anpreisen, dann brauchte man sie irgendwann nicht mehr. Dann könnte NIVEA dicht machen. Deckel drauf, Creme zu. Auftrag erfüllt. Wir schließen. Wir sind die Creme de la Creme. (Siehe auch: „CREME")

HÄNDE: (Sätze wie Romane) Er hatte das Gefühl, er dürfe nicht mit nassen Händen den Schalter berühren. (Verworfene Alternativsätze: Er hatte das Gefühl, er dürfe nicht mit nassen Händen ihre Schulter berühren. Oder noch besser: Er hatte das Gefühl, er dürfe nicht mit nassen Händen ihre wertvollen Briefmarken berühren.)

HANSAPLAST: Mein Hansaplast Pflaster ist 1 Meter lang, 6 cm breit, und bis zum April 2026 benutzbar. Ich weiß, dass es nur ein Pflaster ist, aber diese lange Anwendungsgarantie ist schon beruhigend.

Illustration: "Hamsterrad" (Text S. 76)

Ich schäle nun die Kartoffeln ganz anders, und wenn ich mich rasiere, werde ich sogar leichtsinnig. Das Pflaster, mit seiner nicht verklebenden Wundauflage, schützt meine zwei linken Hände. Ich blicke ganz anders in die Zukunft. Wenn es was zu sägen gibt, melde ich mich als erster und bei Bohrarbeiten bin ich sofort vor Ort. Bis zum April 2026 bin ich in guten Händen und kann was riskieren. Verzeiht also bis dahin mein Draufgängertum, ihr Arschgeigen.

HÄSSLICH: Es ist immer beruhigend, wenn man Leute trifft, die auch hässlich sind.

HANDSCHUHE: Handschuhe verliert man nicht, wenn es kalt ist, sondern nur, wenn es plötzlich warm wird. Auch einen Regenschirm vergisst man nicht, wenn es regnet, sondern nur, wenn plötzlich die Sonne scheint. Auch das Tempotaschentuch vergisst man nicht, wenn man Schnupfen hat, sondern nur, wenn man keinen Schnupfen hat. Auch die Sehnsucht nach dem Glück ist am größten, wenn man unglücklich ist.

HANDTUCH, DAS: Heute hab ich noch gedacht/ ach wie schön ist doch ein Handtuch./ Nasse Menschen können aufatmen/ deutlich trockener hinterlässt das Handtuch/ tausende von Duschern und all die schwitzenden Tennisspieler,/ Charismatiker, die wissen: Nass sein ist eklig.// Handtücher nutzt man auch als Werbefläche:/ Henkel trocken./ Ich lege immer unter die Babies meiner Tochter ein Handtuch/ und rufe nach dem Wickeln: Enkel trocken!// Großes Handtuch – kleines Handtuch/ alle trocknen damit ab/ Großes Handtuch – kleines Handtuch/ gut, dass ich ein Handtuch hab// Hannelore trocknete ich mal ab,/ als sie ganz nass war./ Na sagte ich, da hast du aber Glück,/ dass ich da bin. Man geht nicht/ total nass/ in die Kälte, das ist/ ungefähr genauso schlau wie Coca Cola trinken vor dem Einschlafen./ Handtuchnutzer wissen das.// Man trocknet sich auch nicht mit einem nassen Handtuch ab, außer man hat zuviel Zeit und will damit provozieren.// Natürlich wäscht eine Hand die andere, aber wer trocknet sie ab?/ Da schaut man ganz schön dumm aus der Wäsche./ Jetzt aber nicht das Handtuch werfen.// „Hallo, man kann öhh das Handtuch auch/ als Platzwart nutzen, wenn man woanders, öhh,/ nennen wir es Fremde, öhh,/ damit eine Liege annektieren will als eigenes/ Territorium. Schon auf dem Mond,/ unsere Astronauten öhh hissten ein CIA Handtuch. Das ist kaum bekannt, um ganz klar zu stellen/ hier gelten öhh die Moralvorstellungen ihrer Besitzer.//Auch wenn es vorher aus einem Hotel geklaut wurde."/ Das haben Handtücher und Strümpfe gemeinsam. Sie verschwinden. Sie verschwinden unbemerkt und kaum einer vermisst sie. Oder haben Sie Lieblingshandtücher? Lieblingsstrümpfe? Ich habe heute einen linken Strumpf an, den habe ich noch nie gesehn. Ich kenne Handtücher, das könnten auch Ihre sein. Vielleicht haben Sie heute meinen linken Strumpf an und alles geht reihum? Weiß man's?// Hundert mal Dank, HT, dass es dich gibt/ auch ich bin oft nass/ nie wüsste ich, was ich tun sollte./ Duschen wäre eine Qual/ Trinken, egal was, ein Balanceakt./ Haare nass, Hände nass/ alles nass./ Neptuns Tränen verwirren/ die Damenwelt./ Träume weiter, wart auf die Sonne Nasskatze./ Unfassbar trocken,/ charmant abgerubbelt, wird man nur vom/ Handtuch.//

Illustration: "Hühner im Schnee" (Text S. 86)

HANDY: „Man will doch nur, dass das Handy geht und einen niemand anruft", sagte sie.

HARALD: Also mit dem Harald kann ich kein Verstecken spielen. Einmal habe ich mit dem Harald Verstecken gespielt und rufe noch: „Eins Zwei Drei Vier Eckstein alles muss versteckt sein, hinter mir und vor mir gibt es nichts", will dann los gehen und den Harald suchen und wer steht da vor mir und hält sich mit beiden Händen die Augen zu? Harald. Und dann flüstert er immer, als ob es ihn gar nicht geben würde, dass ich ihn doch erst woanders suchen müsse. Ich meine, dann kann ich ja lange suchen. Da kann ich ihn ja bei der Bushaltestelle suchen, da ist der Harald nicht. Da kann ich ihn bei dem Stromkasten suchen, da ist der Harald nicht und beim Fahrradständer, wo er sonst immer ist, ist er jetzt ja auch nicht. Er steht ja vor mir und hält sich mit beiden Händen die Augen zu. Ich meine, da habe ich auch nur Nerven. Da nehme ich ihm dann die Hände vorm Gesicht weg und sage: „Jetzt hab ich dich aber." Und dann geht es los. Da ist der Harald dann immer am Heulen und wenn ich dann endlich von ihm einen Ton rauskriege, dann sagt er, dann sagt er, dass das Verstecken spielen mit mir keinen Spaß machen würde. Also ich weiß nicht, was ich mit dem Harald machen soll. Vielleicht gehen wir mal ins Freibad oder ins Kino, aber mit dem Harald Verstecken spielen mache ich nie mehr.

HÄRTE: Ich habe keine Scheu vor meinem Hund zu weinen, aber ich hoffe sehr, er beurteilt mich mehr nach meiner Härte.

HASEN: Padermann sprach mit sich selber: „Früher ging man mit Hasen spazieren. Man wusste es nicht besser", sagte er zu sich. „Hasen waren in aller Munde. Man band ihnen ein Halstuch um und fütterte sie mit Möhren. Sie mümmelten auch so schön, man hielt das für Zustimmung. Nach dem Hasen setzte sich als Lebensbegleitung die Ente durch. Eine Ente gehörte zum guten Ton in fortschrittlichen Kreisen. Später kam dann der Hund dazu und bellte." Padermann schaute sich um. Ein Eichhörnchen lief über den Weg. Es war sonst niemand da, der sein Selbstgespräch belauscht hatte.

HAUSTÜR: Wenn irgendjemand meine Haustürklingel betätigt, dann ziehe ich immer meine Arbeitshandschuhe an, damit mir niemand zwischen Tür und Angel meine Zeit raubt und denkt, ich hätte nichts zu tun. Manchmal rufe ich dann sogar nach oben: „Wuchte schon mal den Tresor aus der Wand. Ich komme gleich mit dem Schweißgerät."

HAUSTÜRSCHLÜSSEL: Padermann war erstaunt den Haustürschlüssel in seiner linken Hosentasche zu finden. Er fand ihn sonst immer in der rechten Hosentasche. Sein ganzes Wertesystem fußte auf der Erkenntnis, dass alles seinen Platz und jemand sich was dabei gedacht hatte. Konnte es sein, dass er gestern seine Hose falsch herum angezogen hatte? Oder drehte sich plötzlich die Welt gegen seinen Willen und nicht im Uhrzeigersinn? Weilte er in England ohne es bemerkt zu haben?

Illustration: "Hundemuseum" (Text S. 88)

HAWAII-TOAST-HYMNE: „Oh du Hawaiitoast. Da kommt zusammen, was nicht zusammen gehört: Schinken, Ananas und Kraft-Scheiblette. Ihr seid die Bremer Stadtmusikanten der Lebensmittelindustrie." „Wo drei Loser in meinem Namen zusammen sind, da bin ich mitten unter ihnen", sagte der Toast." „Wo drei Loser in meinem Namen zusammen sind, da bin ich mitten unter ihnen", wiederholte er.

HELL: Wenn es draußen nicht hell geworden wäre, hätte ich gar nicht bemerkt, dass im Badezimmer noch die Rollladen runter sind.

HELDEN: „Ein Held, der stirbt, ist ein größerer Held als der, der nicht stirbt", sagte Padermann. Trotzdem konnte sich Padermann nicht dazu durchringen in den Löwenkäfig zu steigen, in dem Padermann seine Sonnenbrille verloren hatte.

HERBST: Die Vögel kreisen über dem Golfplatz und versammeln sich. Wollen sie uns schon verlassen oder haben sie ein neues Spiel entdeckt und üben sich im Zielen und wollen Löcher treffen?

HERZ: (Spruch um große Entfernungen zu überbrücken) Herz kann warten.

HERUMSTEHEN: Das Herumstehen muss wieder geübt werden. Dieses verträumte Herumstehen, dieses Ich-weiß-nicht-was-man-machen-soll-Herumstehen. Dieses Nicht-von-dieser-Welt-sein-Herumstehen und nicht wissen, wo man ist. Es geht nicht an, dass jeder nur noch aufgereiht in einer Schlange steht und wartet, bis er dran ist. Manche können aus dem Stand einen Salto schlagen. Was soll das? Nicht herumstehen können, aber einen Salto schlagen. So haben wir nicht gewettet. Was konnte ich früher herumstehen. Man hat mich sogar so beschrieben. „Der steht gerne herum", hat man gesagt und dabei die Augen verdreht, als wäre Herumstehen etwas, das der Gemeinschaft nicht gut tut. Heute hört man auch: „Was stehen Sie da herum? Haben Sie nichts zu tun. Das Herumstehen schadet dem Image unseres Hauses." Gott liebt den Herumstehenden. Engel umkreisen seinen Standort. Die Botschaften der Weisen werden ihm offenbart. Es ist erstaunlich, wie wenige Menschen herumstehen. Wissen sie nicht, dass sie das Leben verpassen?

HERZ EINER TÖPFERIN: (Neufassung 2023) „Gewinnst du das Herz einer Töpferin, gehört dir auch ihr Geschirr", sagte der Elefant.

(Siehe auch „HAIKUS")

HILFE, KLEINE: Es beruhigt manchmal, nicht in ein Schaufenster zu schauen.

HIMBEEREN: Ich habe das Gefühl, dass wir die Himbeere falsch einsetzen. Man hat immer ein schlechtes Gewissen, wenn man sie isst.

HIMMEL: Hallo Himmel, alles blau? Unter dir steh ich. Wenn ich jetzt nach oben schau, wird mir schwindelig. Hallo Himmel, alles klar? Und die Sonne scheint. Was noch gestern Regen war, ist heut gut gemeint. Hallo Himmel, oh wie groß, stehst du über mir. Wenn dann ziehn die Wolken los, zieh ich auch mit dir.

HINTERGRUND, IM: Na, sind sie auch so bedeutend geworden, so vorzeigbar, so meinungsbildend? Haben sie auch auf jede Frage eine Antwort und wissen genau, was sie wollen? So bedeutsam, so unglaublich und so schön? Ich habe es nicht geschafft. Aber manche müssen auch im Hintergrund stehen, weil die wissen, wo der Verbandskasten ist, und darauf achten, dass nicht so viele Bierkisten vor dem Notausgang stehen. Das ist vielen gar nicht so klar: Ohne Hintergrund gibt's keinen Vordergrund. Das ist eine „Win-win-Situation", eine „Er-win-Situation". Viele denken, vorne und hinten ist nur eine Frage der Perspektive und wohin man schaut. Deswegen ist beim Unterhemd, dort wo hinten ist, ein Lätzchen. Vorne stehen die Blumen, hinten die Mülleimer. Vorne posiert der charismatische Sänger, hinten tobt sich der Schlagzeuger aus. Ich habe sogar ein Unterhemd, wo vorne groß „VORNE" draufsteht und hinten „HINTEN". Wenn ich einen Unfall habe, weiß der Arzt sofort, wie er mich drehen muss, damit er meinen Hintern findet. Villarriba ist vorne, da wird gefeiert, Villabajo ist hinten, da schrubbt man die riesigen Paellapfannen sauber. Das gehört zusammen. Es muss auch Menschen geben, die aus Paderborn kommen. Es kann ja nicht jeder aus Hamburg kommen, das wäre langweilig. Es muss auch Menschen geben, die in Villabajo leben und nicht in Villarriba. Ich bin sowieso lieber in der Küche und helfe beim Spülen, als mit allen tanzen zu müssen. Nur weil der SC Paderborn so schlecht ist, kann Bayern München so gut sein. Das ist eine „Win-win -Situation" eine „Er-win-Situation". Ich meine, wenn ich Bayern München wäre, kann ich auch 6:0 gewinnen, aber den Schwächeren mal gewinnen zu lassen ist doch die größere Leistung, oder? Die Gewinner müssen den Champagner verspritzen, die Verlierer dürfen ihn trinken. Ich denke, wir sind am menschlichsten, wenn wir scheitern. Schade ist nur, dass es uns dabei nicht so gut geht.

HINWEISE FÜR WANDERER: a. Die, die nicht im Kreise gehen wollen, müssen umkehren. b. Der Rückweg beginnt ab der Stelle, ab der man wieder nach Hause will. c. Der, der sich verläuft, findet auch ein Zuhause. d. Man kann die Wanderung auch mit dem Rückweg beginnen, wenn man beim Ziel anfängt. e. Man vermisst sein Zuhause noch mehr, wenn man in einem drittklassigen Hotel untergebracht wurde. f. Ist der Weg auch das Ziel, wenn man Rolltreppe fährt?

H-MILCH: Wer erinnert sich nicht daran, dass er von haltbarer Milch enttäuscht war? „Was nützt mir haltbare Milch, wenn sie nicht schmeckt?", sagen viele. „Das ist unhaltbar", sage ich. „Eine Milch für die Ewigkeit muss begehrenswert bleiben." Manche halten sie sogar fest und denken, damit würde man ihrer wahren Bedeutung gerecht werden. Haltbarkeit kennt keine Grenzen. Das ewige Leben steht in unserer Speisekammer. Es ist nicht alles haltbar, was man tragen kann. Meinen Hund kann man tragen, aber er ist nicht haltbar. Versuchen Sie's nur, wenn sie nicht soviel Wert auf ihre Finger legen. Das ist nicht haltbar. Mancher Schuss aufs Tor wäre haltbar gewesen, wenn der Torwart nicht vorher an die Gegenmannschaft verkauft worden wäre. Das ist nicht haltbar. Ist der Titel einheimsende Politiker noch haltbar oder sollte man ihn einfach weiterhin Doktor nennen, wenn es ihm so wichtig ist? Ist die Erde noch haltbar, Herr Doktor, oder läuft ihr Haltbarkeitsdatum langsam ab? Es ist an der Zeit alle Unklarheiten aus der Sprache zu löschen. Lasst uns nicht mehr einfach: „haltbare Milch" sagen. Lasst uns H-Milch sagen: Schluss mit der Sprachverwirrung. Wir leben doch nicht in Babylon. H wie haltbar, H wie hocherhitzt, H wie hoffnungsvoll, H wie Hölderlin. „Wo Gefahr ist, wächst das Rettende auch." Vorbei sind die Zeiten des Turmbaus zu Babel. Gott wohnt im Internet. Alle Erklärungen sind nun dort. Ich habe mal H-Milch getrunken und musste danach so lachen, dass ich wusste, das H steht für Humor. Vielleicht werden sich in Millionen von Jahren unangepasste Außerirdische, die unseren armen verlassenen Planeten besuchen und eine Packung H-Milch entdecken, fragen, was wir damit gemacht haben. Sie schmeckt nicht, sie riecht nicht gut, sie sieht nicht schön aus, man kann nicht darin baden und ihr besonderer Wesenszug scheint nur zu sein, dass sie ewig haltbar ist. Es ist doch gut für Mensch, Pflanze oder Tier, dass es etwas gibt, das uns zeigt, welche Eigenschaften das Leben braucht um ewig zu bestehen. Wenn wir auf alles, was unsere Sinne nährt, verzichten, dann können wir ewig leben. „Lasst uns H-Milch sagen und an haltbar denken, so hilft manches Klagen, um sich abzulenken. Lasst uns H-Milch sagen, H heißt Hund und Hirte, eine ohne Fragen „homogenisierte". Lasst uns H-Milch sagen, eine ganz gewitzte, sie liegt mir im Magen, Ultrahocherhitzte."

HÖLLE: Manche arbeiten nur in der Hölle, um später darüber klagen zu können.

HÖRT DENN DAS HIER NIE AUF: Hört denn das hier nie auf? Dieses Verliebtsein und dieses Glücklich-werden-wollen. Und dann, und dann, was machen wir dann? Hört denn das hier nie auf? Dieses Schauen, ob man jemandem gefällt, diese Blicke, die man sich zuwirft um sicher zu sein, dass sie einem gesonnen ist und vielleicht noch mehr? Hört denn das hier nie auf? Und dann, und dann, was machen wir dann? Hört denn das hier nie auf: Dieses Tollsein-wollen, dieses Schön-sein-wollen, dieses Stark-sein-wollen, dieses Gut-sein-wollen? Toller als der andere, schöner als der andere, damit die, deren Herz man erobern will, denken muss, der ist schöner als der andere, toller als der andere, besser als der andere. Hört denn das hier nie auf? Und dann, und dann, was machen wir dann? Hört denn das hier nie auf, dieses „Aufpassende", dieses „Zögernde", dieses „alles Akzeptierende", dieses „Heraushaltende", dieses „Kleingeistige"? Hört denn das hier nie auf? Und dann, und dann, was machen wir dann? Hört denn das hier nie auf? Dieses Armsein, dieses Alleinsein, dieses Kleinsein, dieses Kranksein, dieses Unglücklichsein? Hört denn das hier nie auf? Und dann, und dann, was machen wir dann? Im Grunde habe ich mein Leben lang nur gesucht, nur gesucht. Warum sollte ich dankbar sein? Hört denn das hier nie auf? Und dann, und dann, was machen wir dann?

HOSEN: Es ist schon erstaunlich wie viele Hosen es gibt, die einem nicht passen.

HÜHNER: Hühner im Schnee. Welch ein beglückendes Bild.

Illustration: "Hört das denn nie auf"

HUND: Es wäre besser gewesen, wenn mein Hund auch betrunken gewesen wäre. So war ich willenlos seinen Führungsqualitäten ausgeliefert. Kein Wunder, dass wir schließlich im Fressnapf landeten.

HUNDE, WAHRHEITEN ÜBER: 1. Hunde suchen oft die Nähe von Menschen, die Angst vor Hunden haben. Sicher ist sicher. 2. Auch der böse Hund braucht Wasser. 3. Am Anfang unseres Weges lief der Hund vor mir her, später war ich hinter ihm. 4. Komisch, dass einem so viel daran liegt, dass einen der eigene Hund mag. 5. Wenn ich den einzigen Hund in Paderborn hätte, dann wären wir beliebter.

HUND, ALTER: Der humpelnde Mann erzählte mir, dass sein Hund im Alter immer sonderbarer werden würde. „Jetzt versteckt er sich schon hinter Bäumen", vertraute er mir an. Ich dachte, dass ich auch mal so enden wollte. Wenn ich alt bin, werde ich mich hinter Bäumen verstecken.

HUNDEMUSEUM: Die Katzen hatten ein Hundemuseum gebaut. Man kann sich vorstellen, dass sie es dort mit der Wahrheit nicht so genau nahmen.

HUNGER: Ich hatte einen solchen Hunger, dass ich es nicht abwarten konnte, bis es was zu essen gab.

HUSSE: Eine Husse ist ein Überzug für Möbel. Sie wird in der Regel bei Sitzmöbeln eingesetzt, kann aber auch als Tischhusse bei Stehtischen oder Festzeltmöbeln Verwendung finden. Die Husse ist der Form des Möbels angepasst und meist auf textiler Basis gefertigt. Hussen dienen einerseits dem Schutz vor Verschmutzung oder Abnutzung und können andererseits als dekoratives Element eingesetzt werden. Sie sind somit auch dazu geeignet, alte Sitzmöbel aufzuwerten. So gibt es Hussen für Stühle, Tische, Stehtische, Sessel, Sofas und Gartenmöbel. Heiko Maas stand oft an einem Stehtisch, der von einer Husse aufgewertet wurde. Oft hatte man Sorge, dass er glaubte, man könnte sich daran anlehnen.

ICH: Ich habe mal gedacht, dass ich der und der wäre, dabei war ich immer nur ich.

IDYLLE: Heute morgen sah ich eine Frau, die einen Kinderwagen schob, in dem kein Kind saß. Neben Ihr ging ein Kind her, das auch einen Kinderwagen schob, in dem kein Kind saß. Bald würde das Kind in dem Kinderwagen der Frau sitzen und sie würde neben dem großen Kinderwagen auch noch den kleinen schieben müssen. Zum Glück war bis dahin noch Zeit.

IGEL: Erst als die Verkäuferin der Bäckerei Hermisch fragte, ob die beiden Brötchen zusammen in eine Tüte dürfen, war ihm klar geworden, dass dies gefährlich sein konnte. Durfte man das Tigerbrötchen zusammen mit dem Igelbrötchen in einer Tüte lagern? Er schüttelte den Kopf. Das konnte ein Unwetter geben, von dem sich die Südstadt lange nicht mehr erholen würde.

IM BETT: Ich muss mal lernen wieder liegen zu bleiben.

IM DUNKELN: Die Dinge standen im Dunkeln immer noch an der Stelle, wo ich sie im Hellen hingestellt hatte. Eine Orientierung wäre sonst nicht möglich gewesen.

IM GEFÄNGNIS: Ihm machte es Angst, dass an der Wand Kinderzeichnungen zu finden waren.

INFRAGESTELLUNGEN: Was wäre, wenn die Fernsehkünstler, die Moderatoren und Ansager, die Unterhalter und Informierer, wenn die sagen würden, wir glauben nicht mehr an dieses Medium. Wir haben unsere Zeit verschwendet, und was noch schlimmer ist, wir haben eure Zeit verschwendet. Wir wollen raus aus diesem Funkloch und wieder im Leben stehen und Angst haben. Wie wäre es denn, wenn die Juroren der Talentwettbewerbe, diese Schnösel, die dort hinter ihrer Zuhörtheke sitzen und es nicht für nötig halten beim Zuhören ihre Sonnenbrille abzusetzen und sich so in ihrer Arroganz aalen, dass alles was anders ist als sie, als unbrauchbar wirkt und abgelehnt werden muss. Wie wäre es denn, wenn die sagen würden, ich sehe keinen Sinn mehr in meinem Tun, ich kann mich nur entschuldigen für die Zurschaustellung meiner Langeweile und Sinnleere. Es macht mir auch keinen Spaß mehr eine Sonnenbrille zu tragen, um damit das Klischee zu bedienen von den Superstars, die anscheinend auch dann eine Sonnenbrille tragen müssen, wenn gar keine Sonne scheint, wenigstens nicht für einen Normalsterblichen, die denken, einen Star erkennt man daran, dass er eine Sonnenbrille trägt und deren größter Wunsch es ist, ihren Job bei der Autowaschanlage zu verlassen, ihren Job als Hutverkäufer zu kündigen, und den Platz an der Supermarktkasse zu verlassen, um mal als Star mit Sonnenbrille sich durch die Welt zu tasten, vom ewigen Glanz geblendet und unsichtbar für alle, die einem in die Augen schauen wollen. Wie wäre es, wenn die Hunde sagen würden, wir holen den Stock nicht mehr für euch, den ihr mit Schwung weggeschmissen habt. Ich sehe keinen Sinn mehr in diesem Tun. Ich will nicht mehr den Waldboden absuchen, der voller Stöcker ist, um diesen einen Stock zu finden, den ihr dorthin geschmissen habt. Ich bin es leid euch den Stock zu bringen, den ich aus der Weite der Landschaft gerettet habe und den ihr dann lieblos entsorgt, als hinge nicht auch ein Stück Herz von mir an diesem Stock. Wie wäre es denn, wenn die Politiker und Handlungsträger sagen würden: „Wir können nicht mehr. Wir haben aufgegeben die Welt zu verstehen. Wir sind mutlos und enttäuscht, drum wählt lieber den und den, die wissen, wie wichtig Veränderungen sind und glauben, was sie sagen." Wie wäre es, wenn sie zugeben würden, dass sie selbst den Politiker der anderen Partei für besser halten, aber nun zusehen müssen, dass sie selbst gewählt werden, nur weil sie die besseren Wahlplakate haben und es geschafft haben glaubwürdiger und menschlicher rüberzukommen, weil sie keinen Schirm benutzt haben und man sah, wie nass sie geworden sind. Als wäre das Akzeptieren des Regens auch das Akzeptieren der Wirklichkeit.

INSEKT: Das kleine Insekt, dass im Sekt verreckt, weiß nicht, wie lecker der Sekt doch schmeckt. Im Sekt das Insekt, vielleicht nicht verreckt, wenn es den ganzen Sekt schnell selbst aufleckt.

INUIT: Lieber Nadermann, danke für die Bücherpost. Gibt es etwas schöneres als Bücherpost? Ich freue mich, dass Du beim Kultverlag Reclam veröffentlicht hast. Ich werde Deine Geschichte bald lesen. Sie liegt noch da, wo ich alles hinlege, was ich unbedingt machen will. Auch die Entenbestellungskarte von "Witwe Bolte" liegt da. Da kann ich vom 1.11. bis Weihnachten eine Grillente bestellen. Welche Möglichkeiten man immer hat. Ich habe gerade nachgeschaut, ob man noch Eskimo sagen darf. Zum Glück darf man in Alaska noch Eskimo sagen, aber sie wollen dort nicht Inuit genannt werden. Ich hoffe, es geht Dir gut und wir bleiben im Kontakt. Bis bald, Padermann

(Siehe auch: „RAHMSPINAT")

Illustration: "Ich" (Text S. 89)

JA: „Ja, er war so traurig geworden, dass er niemals mehr ein Kotelett essen wollte."

JAHRE, SCHLIMMSTEN DIE: „536 war womöglich das schlimmste Jahr für Europa – und der Beginn von der vielleicht schlimmsten Epoche aller Zeiten", sagte Padermann. Es wäre damit über gewesen als 1918, als Krieg und Spanische Grippe Millionen Menschen hinwegrafften. Auch 1349 fiele gegenüber diesem Jahr ab, obwohl damals der Schwarze Tod halb Europa auslöschte. Historische Aufzeichnungen aus Europa, dem Nahen Osten und Ostasien beschreiben, dass der Himmel damals verdüstert war. Die Sonne konnte sich tagsüber nicht durchsetzen und schien nur matt durch einen permanenten Nebel. Klimadaten zeigen, dass die durchschnittlichen Sommertemperaturen um 1,5 bis 2,5 Grad Celsius fielen, was das kälteste Jahrzehnt der letzten 2300 Jahre einläutete. Aus China meldeten Überlieferungen, dass selbst im Hochsommer Schnee fiel. Weltweit fielen Ernten aus, oft über mehrere Jahre hinweg. Dann brach 541 die Justinianische Pest aus und forderte zahlreiche Opfer unter der geschwächten Bevölkerung – sie galt als eine der Ursachen für das Ende des Oströmischen Reichs. „Am allerschlimmsten war natürlich meine Scheinheirat mit Sybille", sagte Padermann. „Dagegen war das Ende des oströmischen Reichs ein Kindergeburtstag."

JORIEN: Er konnte sich noch daran erinnern, dass er sie nicht ins Auto gelassen hatte, als es in Strömen geregnet hatte, nur weil sie sich vorher gestritten hatten und sie dann vorgelaufen war und schon am Auto stand, als es anfing in Strömen zu regnen. Und dass er dann so getan hatte, als würde er den Schlüssel nicht finden und sie dann beide total nass geworden waren, er sogar noch mehr als sie, auch wenn das unlogisch klingt. Aber an ihr tropfte immer alles ab wie von einer Teflonpfanne. Dafür wurde sie mehr von Mücken gestochen. Wenn er neben ihr herging, ließen ihn die Mücken in Ruhe und stürzten sich nur auf sie. „Wenn ich da bin, gibt es noch nichtmals einen Regenbogen", sagte sie und tatsächlich konnte er keinen Regenbogen am Himmel sehen, obwohl es regnete und gleichzeitig die Sonne schien. „Aber ich bin doch hier", sagte er.

JUGEND: Wer es in seiner Jugend langsam angehen lässt, kommt auch im Alter gut voran. Wer es in seiner Jugend nicht übertreibt, wird im Alter nichts vermissen. Ein Leben auf Sparflamme kann sich auszahlen, wenn nichts mehr da ist, was einen wärmen kann.

JUNG: In der Zeit, wo ich hätte jung sein sollen, hatte ich keine Lust dazu.

Illustration: "Jugend"

K: Obwohl ich den gesamten Text sorgfältig gelöscht hatte, blieb doch ein K über. K wie Klette.

KAFFEE: Als ich nicht mehr schlafen konnte, habe ich endlich so viel Kaffee trinken können wie ich wollte und musste nicht befürchten, davon nicht mehr schlafen zu können.

KAFFEEMASCHINE, DIE: Seitdem ich die unendlichen Fähigkeiten meines Computers entdeckt habe, empfinde ich den Aufgabenbereich meiner Kaffeemaschine doch als sehr überschaubar. Sie macht halt Kaffee. Das kann ich auch. Und dann diese Geräusche: Als würde man sie zur Arbeit zwingen. So spricht man im Schlaf, oder? Wie schlicht ihr Gemüt und einsam ihr Dasein. Sie ist die Blockflöte unter den Küchengeräten. Zum Glück weiß ich stets, wo ihr Filter dann hin muss. Es ist dort, wo beim Känguru der Beutel sitzt – nur höher. Hinten das Wasser und vorne der Kaffee, da kommt zusammen, was auch zusammengehört. Sie gibt stets nur ab, auch wenn sie bekommt, gibt stets sie nur ab, auch wenn sie bekommt. „Leben ist Geben und Verwandlung. Wasser zu Kaffee, das ist die Handlung!" Unglaublich wie naiv sie ist. Sie würde sogar Tee mit sich machen lassen. Meine Kaffeemaschine dampft immer, wenn es ernst wird, als ginge ihr die Puste aus. Als gebäre sie unter Schmerzen mit letzter Kraft und im Auftrag eines höheren Wesens, und das trotz Krupphusten, uns eine Tasse Filterkaffee. Ihr Stöhnen und Seufzen beim Tropfen und Mischen lässt uns erahnen und wie sie zischen: „Ich brauche mal Pause, ich brauche Entfaltung, ich brauch mal Urlaub, ganz sicher Entkalkung." Einmal, da wollten wir in Urlaub fahren. Meine Frau hatte sich schon bei den Vorbereitungen so verausgabt, dass wir uns eigentlich trennen wollten. Die Kinder wären auch allein klar gekommen, wenn wir ihnen den Computer gelassen hätten. Schließlich saßen wir doch alle im Auto und wollten losfahren, da fiel mir die Frage ein, die seit Menschengedenken die Weisen und Seher dieser Welt erschüttert hat: „Haben wir die Kaffeemaschine ausgestellt? … Haben wir den leuchtenden Anknopf, den Stern aus Bethlehem, der uns im Dunkeln den Weg zu der Erlösung zeigen will, ausgestellt und verbannt ins Reich der Dunkelheit?" Ich lief also wieder ins Haus hinein. Machte die Küchentür auf und warf einen Blick auf sie. Da stand sie nun auf der Küchenarbeitsfläche direkt neben dem Toaster, als könnte sie kein Wässerchen trüben. Sie wirkte wie der gläserne Aufzug eines modernen Hochhauses. Zugelassen für zwölf Tassen Kaffee. Sie stand einfach nur da und wartete auf mich. Ich erinnerte mich plötzlich an diese Geschichte aus der Bibel von den zwei Zahnstochern, die auf einem Berg ankamen und einen Igel sahen und der eine Zahnstocher sagte: „Wenn ich gewusst hätte, dass hier auch ein Bus rauf fährt, dann wäre ich nicht zu Fuß gegangen." Und da war ich auf einmal so gerührt. Da war ich so gerührt wie ein Espresso mit drei Stückchen Zucker. Ich wusste auf einmal, diese Kaffeemaschine würde alles für mich tun, und sei es auch nur Kaffee. Seitdem gilt: Nicht ohne meine Kaffeemaschine. „Leben ist Geben und Verwandlung. Wasser zu Kaffee, das ist die Handlung!" Und natürlich war ihr Anknopf Aus.

KAKERLAKEN: Auf dem Kakerlakenlaken/ lagen dreißig Läuse/ angelten mit einem Haken/ hundertvierzig Mäuse/ Wenn dann die Libellen bellen/ stimmt gleich jeder Dackelton/ um die Stimme zu verstellen/ an dem Hundetelefon//

KÄLTE: Wissen sie, wie man der inneren Kälte entkommt? Man wälzt sich im Schnee.

KAMPFHUNDE: Ich habe eine Bekannte, die hat einen Kampfhund. Eigentlich ist sie eher eine entfernte Bekannte. Zum Glück muss ich sagen, gerade wenn sie mit ihrem Kampfhund herumläuft. Wenn ich sie kommen sehe, mache ich immer einen großen Bogen, auch wenn sie das nie versteht. „Jaja,", ruft sie dann immer. „Dabei ist er so artig." „Das dachte ich mir schon", rufe ich dann, „aber sicher ist sicher. Ich meine, wenn eine große Bombe entschärft wird, räumt man doch auch das ganze Stadtgebiet. Wenn die Schwiegermutter zu Besuch kommt, hängt man doch auch vorher ihre selbstgemalten Bilder an die Wand. Da geht man lieber auf Nummer sicher." Ich glaube schon, dass ein Kampfhund von jemandem gemocht werden kann, aber wer traut sich ihn zu streicheln? Vielleicht kann man die Kampfhundangst etwas vermindern, indem der Kampfhundbesitzer ihm einen Kosenamen gibt und ihn nur noch Mausi nennt. „Mausi, lass den Mann in Ruhe!", klingt doch irgendwie tröstlicher. Wenn ein Kampfhund nicht mehr Kampfhund heißen würde, sondern Quatschmachhund, wäre der Bogen, den man sonst um ihn machen würde, auch kleiner.

KANINCHEN: Das heilige Kaninchen hatte keiner Seele was getan.

KARRIERELEITER: Welch ein Gedrängel auf der Karriereleiter. Alles strebt nach oben. Die Guten und die Schönen messen sich im Einklang mit den Vollkommenen. Da ist mir der Arschkriecher lieber, der nimmt wenigstens, um schneller zum Ziel zu kommen, die Abkürzung durch das Industriegebiet,

KARTOFFELN: Mit Kartoffeln geht man nicht zart um. Es ist das Vorrecht der Eier, obendrauf in der Einkaufstüte zu liegen.

KARTOFFELSALAT: „Zu was isst man Kartoffelsalat?" „Wieso, man kann doch Kartoffelsalat auch als Hauptmahlzeit essen." „Sie meinen ohne Würstchen, ohne Frikadelle?" „Sie können Kartoffelsalat mit Senf essen." „Nur mit Senf? Da würde mir was fehlen." „Essen sie Kartoffelsalat draußen, mit einem Plastiklöffel, direkt aus der Verpackung." „Das hat etwas!"

KARTON: Es gibt Männer, die können keinen leeren Karton tragen, wenn sie dabei gefilmt werden und so tun müssen, als wäre er schwer.

KASSENBAND, AUF DEM: Eigentlich gebe ich mir immer Mühe alles schön aussehen zu lassen. Wenn ich an der Kasse im Supermarkt mehr Zeit hätte, würde ich auch meine Waren aufbauen, dass es so wirkt, als wäre man dankbar für Milch, Butter und Honig. Oft fehlt nur die Zeit alles so aufzureihen, dass nicht nur der Käse beim Käse liegt und der Schnuckerkram beim Schnuckerkram, sondern auch die Grillwürstchen beim Senf und die Bildzeitung bei den Kotztüten. Alles gehört zusammen. Alles wird zu einer Geschichte. Warum soll man das nicht zeigen? Glauben Sie nicht, dass auch die Kassiererin von einer kleinen Geschichte begeistert wäre? Ich habe mal das Brot sehr weit entfernt von den Brottüten aufbewahrt. Das tut mir heute noch leid. Auch die Butter hätte man lagern können in Nähe des Aufschnitts. Später endet alles im Kühlschrank in verschiedenen Fächern, hier hätten sie mal zusammen gelegen. Natürlich lagert man die Beileidskarte neben dem Streuselkuchen und den Blumenstrauß neben den Taschentüchern, damit Trauernde die Tränen über die Trostblumen gleich darin vergießen können. So kann man denken, so kann man planen. Man kann auch die Sahnefläschchen wie eine Mauer aufreihen, vielleicht zusammen mit der Erdnussdose, dass sie wie Soldaten in einer Reihe stehen und den Warentrenner ersetzen. Natürlich ist es auch sinnvoll aus dem neuen Kaffee, dem Kaffeefilterkarton und dem Kuchen eine Gruppe zu bilden. Wie schön wäre es, wenn auch die Kassiererin zuerst die Filtertüten, dann den Kaffee und zum Schluss den Kuchen eingeben würde. Ich glaube, es ist gut, wenn man eine gewisse Ordnung und eine gewisse Reihenfolge einhält. Man hilft so einer Vollkommenheit auf die Sprünge, die selbst noch nichts von ihren Zutaten weiß. Zum Schluss stelle ich oft eine Schachtel Pralinen auf das Band. „Das ist für Sie", sagte ich dann zu der Kassiererin. „Tippen sie alles auf meine Rechnung." Es ist doch so einfach glücklich zu sein.

KATZE: Angst macht so klein, damit man sich in einem Mauseloch verstecken kann.

KAVENTSMANN: Er hatte sich hinter den beiden Kaventsmännern versteckt. Sich eingeordnet hinter den Elefanten, die ihm eine Bresche in die Landschaft schlugen. So kam er sicher durch die Welt. So störte ihn nicht die Masse. Die Kaventsmänner wussten gar nicht, dass er hinter ihnen war. Warum auch. Geh dahin, wo die Dicken sind. Ihr Pfad ist der rechte Weg. Wer schlägt mir eine Gasse durch die Masse. Die Kaventsmänner bewahren mich davor, im überfüllten Supermarkt umgerissen zu werden. Niemand stößt mich an, drückt seinen Rucksack gegen meinen Bauch oder schiebt mir den Einkaufswagen in die Hacken. Die Kaventsmänner achteten darauf, dass alle einen großen Bogen um mich machen. Ihr seid meine dicken Helden. Am liebsten hätte er die beiden Kaventsmänner gefragt, ob sie telefonisch zu erreichen wären. Im Schlepptau von ihnen könnte er geborgen durch Einkaufsstraßen wandeln, behutsam auf Flughäfen warten und Buchmessen und Rockkonzerte in ihrem Schatten genießen.

Illustration: „Kaninchen", das heilige (Text S. 95)

KI: „Sprühsahne ist besser als keine Sahne", sagte der Roboter. Ich aber sage euch, die Sprühsahne ist die KI des Kuchenwesens. KI steht hier für künstliche Inhaltsstoffe. Kein Wunder, dass der mit Sprühsahne bedeckte Kuchen jegliche Würde eingebüßt hatte.
(Siehe auch „SPRÜHSAHNE")

KINDER, ALLE: Alle Kinder fürchten sich im Dunkeln, außer Walter, der sitzt am Schalter. Alle Kinder machen etwas Vernünftiges, außer Rolf, der spielt Golf. Alle Kinder springen über den Graben, außer Peter, dem fehlt ein Meter. Alle Kinder essen gerne Pumpernickel, nur nicht Jürgen, der muss würgen. Alle Kinder liebe Paderborn, außer Gunter, der macht es runter. Alle Kinder achten die Mittagsruhe, nur nicht Frauke, die spielt Pauke. Alle haben Angst vorm Hausmeister, außer Udo, der kann Judo. Alle Kinder laufen hinter dem Sarg her, außer Hagen, der wird getragen. Alle Kinder essen Fleisch, außer Björn, der mag lieber Möhr'n. Alle Kinder haben eine Devise, nur nicht Otto, der hat ein Motto. Alle Kinder stehen bis zum Hals im Wasser, nur nicht Rainer, der ist kleiner. Alle Kinder kriegen eine Schwimmweste, außer Bianca, die kriegt den Anker. Alle Kinder gelangen übers Eis, nur nicht Vera, die war schwerer. Alle Kinder essen gerne Marmelade, außer Ute, die jobbt bei Stute. Alle Kinder werden gern gestreichelt, nur nicht Thorsten, der hat Borsten. Alle Kinder lecken ihr Eis, nur nicht Heinz, der leckt meins. Alle Kinder lesen die Tageszeitung, außer Klärchen, die liest lieber Märchen. Alle Kinder glauben an Gott, nur nicht Vanessa, die weiß es besser.

KIND: Gibt es Kinder, die heimlich erwachsen werden?

KINDERHÖRSPIELE: Gibt es etwas Schrecklicheres als Kinderhörspiele mit sprechenden Tieren?
(Siehe auch: „PHASEN")

KINDERSPIELPLÄTZE: Ich fand schon als Kind Kinderspielplätze langweilig. Auch als Erwachsener weiß ich nicht, wie man sich dort die Zeit vertreiben kann.

KLAGELIED: Ham wir uns nicht ewig einen Spaß gemacht/ nun wird alles wohl ein bisschen kälter/ Narren geben auf und werden ausgelacht/ ham doch mal gehofft, sie werden älter// Wir bleiben über, wir bleiben hier/ die Welt wird trüber, die Welt wird Tier/ wer will uns zähmen, wer will uns was/ vorbei das Schämen, läuft ab der Pass// O wie federleicht, oh wie klar/ nun das Leben weicht: wunderwahr// O wie federleicht, o wie klar/ uns das Leben reicht, Hàlleluja// Sag noch einmal Dank, wen du getroffen hast/ sag: „Du alter Sack, ich danke dir/ Wir zusammen Dick und Doof, das hat gepasst/ du warst da und ich war hier"// Wir bleiben über, wir bleiben hier/ die Welt wird trüber, die Welt wird Tier/ Wer will uns zähmen, wer will uns was/ Vorbei das Schämen, läuft ab der Pass// O wie federleicht, oh wie klar/ nun das Leben weicht: wunderwahr/ O wie federleicht, o wie klar/ uns das Leben reicht, Hàlleluja// (für Ekki)

KLAPPSTÜHLE ABDECKUNG: Die Klappstühle Abdeckung ist umso wichtiger, wenn man einen hässlichen Klappstuhl hat.

KLARHEITEN: a. Das ist vielen bügelfreien Hemden nicht so klar, dass sie zwar bügelfrei sein sollen, aber aussehen müssen, als hätte man sie gebügelt.

Das macht ihren Reiz aus: Man muss sie nicht bügeln und trotzdem sehen sie wie gebügelt aus. Das macht auch den Charme der Erlebniswelten aus. Man denkt, man wäre in China, aber gefahren ist man nur bis Bad Honnef. Wenn ein bügelfreies Hemd aussieht, als hätte man es nicht gebügelt, dann kann ich mir auch ein normales Hemd kaufen und es nicht bügeln und aus ist es mit dem Job als Hemdenverkäufer bei Seidensticker. Ich habe einen Bekannten, der hat jetzt sein bügelfreies Hemd gebügelt, aber der schneidet auch manchmal Fleischwürstchen in einen veganen Erbseneintopf. Ich kannte ihn noch, da traute er sich auf einer Bouzuki ein irisches Volkslied zu spielen und trug Lederhosen, obwohl er aus Hessen kommt. Das ist vielen Kuchen ohne Zucker gar nicht klar, dass sie schon schmecken müssen wie ein Kuchen mit Zucker. Wenn ein Kuchen ohne Zucker nur aussieht wie ein Kuchen mit Zucker, aber nicht schmeckt, weil der Zucker fehlt, da esse ich doch lieber einen Kuchen mit Zucker und schenke den Kuchen ohne Zucker meiner Schwiegermama, die will sowieso abnehmen. Gibt es etwas traurigeres als einen verschmähten Kuchen? Das ist vielen Freunden gar nicht so klar, dass sie nicht nur Freunde heißen, sondern auch da sein müssen, wenn man traurig ist und man Hilfe bei einem Umzug braucht, selbst wenn man als Hobby Reptilien sammelt und die Anakonda nur zu fünft tragen kann. Das ist vielen Freunden gar nicht so klar, dass sie da sein sollten, wenn man traurig ist und sich allein fühlt, weil die Anakonda weggelaufen ist. Das ist auch vielen Kindern nicht so klar, dass sie später mal allein sein werden. Das hat ihnen keiner gesagt, dass dann keiner mehr da ist, der sich um sie kümmert und ihnen Gute-Nacht-Geschichten vorliest. Da werden sie überrascht sein, dass sie dann arbeiten müssen um Geld zu verdienen. Da reicht es nicht mehr „bitte bitte" zu sagen, brav zu sein und sie kriegen alles umsonst als Belohnung. Da kommen nicht automatisch zu Weihnachten die Geschenke und eine Scheibe Wurst gibt es auch nicht mehr umsonst beim Fleischer. Das ist vielen Kindern nicht so klar. Das ist ja auch vielen Menschen gar nicht so klar, dass es noch ein Leben nach dem Tode gibt. Dass das viele Rumtreiben vorher nur ein Vorspiel ist, ein Warming up. Das bessere Leben kommt ja noch. Man braucht also gar nicht so schnell „raff raff" alles an sich zu reißen, was Geld ist und wohlhabend macht. Das hier ist Teststrecke, ein Versuchsballon. Hier übt man nur, wie es klingt, wenn man singt. Der große Klang kommt dann noch. Können Sie zum Beispiel Harfe spielen? Das ist dem Leben gar nicht so klar, dass es schöner sein muss als der Tod. Ich meine, wenn das Leben nicht schöner ist als der Tod, warum soll ich es dann leben? Das ist dem Leben gar nicht so klar, dass es schöner sein muss als der Tod.

KLEIDERBÜGEL: Kunststoff-Kleiderbügel gehören in den Restabfall. Es gibt aber Ausnahmen, in der die Kleiderbügel anders definiert werden. Wenn die Kleiderbügel beim Kauf von Kleidungsstücken oder nach der Reinigung dem Kleidungsstück beigefügt sind, zählen sie zu den Service-Verpackungen und können im Gelben Sack entsorgt werden. Bewahren sie diese Service-Beigaben aber auf und nutzen sie als normale Kleiderbügel, gehören sie wieder in den Restabfall. Das ist so, wie wenn Sie ihre Geliebte heiraten und ihre Ehefrau einfach wieder eine Bekannte wird, so ändern sich die Begriffsbestimmungen durch die gesellschaftlichen Einsätze.

KLEINE: Das Kleine war eh´r da, das Große kam später. Das Kleine hieß Gudrun, das Große hieß Peter. Das Kleine macht Sorgen, das Große hat Mut, doch erst kommt der Morgen und mir steht dein Hut.

KLIMAANLAGE, DIE: Die Klimaanlage, die kühlt alle Tage, ich fühle mich wie in Sibirien. Vielleicht gibt's nun eine Eisbärplage, ich bin schon am zittern und frieren. Die Klimaanlage, die Großkampfansage an schweißtreibende Tage und Wochen. So hört man nicht meine Hitzeklage und dass ich vor Wut auch schon koche.

KLUGE, ALEXANDER: „Wir sind dafür gemacht, mit anderen in Austausch zu treten. Das hat nichts damit zu tun, irgendwie unverletzlich zu sein, im Gegenteil. In einer Inszenierung von Christoph Schlingensief singt eine 83-jährige Sopranistin Isoldes Liebestod. Sie singt jede Note richtig, aber die brüchige Stimme kommt von den Stimmbändern einer 83-Jährigen. Vom Panzer der Perfektion befreit, hat Wagners Musik eine unglaubliche Schönheit. Man kann Wagners Musik lieb gewinnen, wenn sie beschädigt wird durch die Zerbrechlichkeit der Menschen." (taz, Sept. 2021)

KNACKFROSCH: Ich habe meinen alten Knackfrosch gefunden. Ich irrte durch Bereiche meines Kellers, in denen ich tatsächlich Wesen vermutete, die nicht zurückgrüßen würden, wenn man sie grüßte. „Ich tue dir nicht, du tust mir nichts", ist die Devise. „Tun wir so, als gäbe es uns nicht." Plötzlich hörte ich ein „Knick Knack" und erschreckte mich so, als wäre ich auf eine Klapperschlange getreten. War das möglich? Hatte in diesem vergessenen Biotop ein Knackfrosch überwintert und die Jahre meiner Demaskierungen unbeschadet überstanden? Oh du mein Knackfrosch, wo warst du gewesen? Wie war es möglich, dass ich ohne dein Knacken meinen Frieden gefunden habe? War ich abgebrüht geworden? Schreckte mich ein bellender Hund nicht mehr? Entlockte mir ein davonfliegender Luftballon keine Tränen? Fürchtete ich kein „Buh", mit dem mich ein Kind in Panik versetzen wollte? Buh! Gut, die Welt hat sich gewandelt und über manche Geräusche, die uns früher in Schrecken versetzen konnten, lachen wir heute. Hatte dieses Knacken des Knackfrosches seine Wirkung verloren? Spielten wir nur noch das Erschrecken darüber, um das Kind, das uns damit erschrecken will, nicht zu enttäuschen? „Knick knack, knick knack, zicke zack, altes gutes Menschenpack, ich mache aus dir Rinderhack. Schluss mit lustig, ab der Lack." Ich bin manchmal erstaunt, wie wenig dieses Knacken dem Quaken eines Frosches ähnelt. Gibt es überhaupt ein Lebewesen, das bekannt dafür ist Knacklaute auszustoßen? Okay, mein Cousin Walter kann damit nerven, wenn er sich die Finger ausknackt. Ich meine mich auch zu erinnern, dass Heinz Rühman im Film „Die Feuerzangenbowle" ein „Knick Knack. Knick Knack." näselt, wenn er Theo Lingen als Physiklehrer imitieren will. Einmal versuchte ich mit diesen Knick-Knack-Geräuschen einen Einbrecher in die Flucht zu schlagen. Leider kam er dann zu mir und nahm mir meinen Knackfrosch weg. Der wird sich wundern.

Illustration: „Kopf" – Die Gedanken sind Brei (Text S.104)

KOAN: Eines der bekanntesten Kōan ist von Hakuins Sekishu „Was ist das Klatschen einer Hand?" Ein Kōan ist im japanischen Zen-Buddhismus eine kurze Anekdote, die eine beispielhafte Handlung oder Aussage eines Zen-Meisters darstellt.

KOCHKÄSE, ÜBER DEN: Am Kochkäse scheiden sich die Geister. Viele finden seine Aufwertung durch Kümmelkörner misslungen, als wollte man Fußgängerzonen durch Wackelenten beleben. Kümmelkörner sind keine Liebesperlen. Auch ich hatte mal eine Freundin, die durch Piercings in Nase und Bauchnabel einen ähnlichen Weg gegangen ist um versteckte Hinweise auf ihr Innerstes zu geben. Also, ich mag an Kochkäse so, dass ihm der Anschein von Unberührtheit wichtig ist. Er überspielt seine Inbesitznahme, durch einen einfachen Rückzug. Da lässt sich niemand bedauern, da hält sich keiner mit Klagen auf, da tut einfach jemand so, als wäre nichts passiert und zieht sich zurück. Sind da Selbstheilungskräfte am Werk? „Kochkäse ist unser Glück, zieht er sich auch stets zurück. Ist das nur ein Neuanfang, alles Leben ist Gestank." Auch ich ziehe mich manchmal zurück, wenn mein Chef mich auf dem Kieker hat und lasse mich erst wieder sehen, wenn sich die Wogen geglättet haben und er einen neuen Zugang zu mir gefunden hat. Man kratzt doch den Kochkäse aus seinem Plastiktopf, reißt tiefe Krater und Risse in seine Oberfläche, und eh' man sich versieht, zieht sich der Rest wieder zusammen zu einer makellosen Ebene, ganz gelber See, vom Mond beseelt, ein gesichtsloses Smiley, außer die Kümmelkörner liegen zufällig an den passenden Stellen von Augen, Mund und Nase. Apropos, wenn etwas, das gut schmeckt, durch seinen Geruch davon ablenken will, dann kostet es schon Überwindung sich ihm trotzdem zu nähern. Wie weit würden wir gehen, wenn das, was wir mögen, einen Umweg einfordert? Ich war mal mit einer Frau zusammen, die sowohl Mitglied in der FDP war als auch nach dem Sport nie ein Deo benutzt hat, aber was konnte sie küssen. Es muss nicht alles gut riechen, was schmeckt. Wissen Sie, ich mag an Kochkäse, dass er sich nicht entstellen lässt, er achtet auf sich, er gibt nicht auf, er besteht auf seiner Vollkommenheit. Schade ist nur, dass die Erde diesem Beispiel des Kochkäses nicht folgen kann. Die Erde bleibt bei einem Eingriff aufgerissen und zieht sich nicht wieder zusammen zu einer makellosen Oberfläche wie der Kochkäse, und Hambach bleibt Hambach, Lützerath Lützerath. „Kochkäse ist unser Glück, zieht er sich auch stets zurück. Ist das nur ein Neuanfang, alles Leben ist Gestank."

KOCHWÄSCHE: Hatte Jesus jemanden, der sich um seine Wäsche kümmerte?

KOHLENSÄURE: TRi TOP macht sowieso, was es will.

KOMPLIZIERT: Frauke Dinsbeck sprach nicht mehr mit Padermann. Er hatte nach dem Abendessen ausgerufen, dass er sie für kompliziert halten würde. „Was bist du kompliziert", waren seine genauen Worte gewesen und sie hatte daraufhin den Tisch von sich geschoben, war aufgestanden und hatte grußlos das Lokal verlassen. Danach herrschte Funkstille und kein Entgegenkommen glättete die Situation.

KOMM SÜDEN KOMM OSTEN: Komm Süden, komm Osten/ das Ziel stets vor Augen/ kein Rasten, kein Rosten/ die Freiheit aufsaugen// Wir sind doch die Ritter/ die großen Verkünder/ wir beichten bei Twitter/ „Erlöse uns Sünder"// Das Reisen heißt Beten/ Gott zieht uns im Schlepptau/ Ein Strampeln und Treten/ hilft Rap Mann und Rap Frau//

KONTRABASS: Der Kontrabass gibt mir Widerworte. Er tut so, als wäre ich nicht da und zieht sein eigenes Ding durch. Ich mag es nicht, wenn Kontrabassisten auch noch auf einem Stuhl stehen, um ihre Überlegenheit auszuspielen.

KONTRABASSDEKORATION, DIE: Heute sah ich das Porträt einer Frau, die einen Kontrabass vor sich hielt. Ich fragte mich, ob sie überhaupt Kontrabass spielen kann: Der Kontrabass konnte auch nur Deko sein. Vielleicht hatte die Fotografin einen Kontrabass in ihrem Studio stehen und dachte, ihr Model soll einfach einen Kontrabass vor sich halten, dann wirkt alles lebendiger. In der Tat kann man froh sein, wenn man auch ohne Kontrabass lebendig wirkt und die Aufmerksamkeit auf einem Foto nicht zu teilen braucht. Es ist schon erniedrigend, wenn man einen Kontrabass spielen muss, der nie „Danke" sagt. Ich meine, die Fotografin hatte vielleicht in ihrem Studio auch eine Bratsche liegen, aber es sieht immer ein wenig bemüht aus, wenn man sich eine Bratsche an den Hals klemmt. Die Hälfte der Betrachter denkt sowieso, das ist eine Geige und der Rest wundert sich, dass man die Bratsche an den Hals geklemmt hat. Es sieht so aus, als müsste man ein ewig hungriges Baby stillen. Später gestand mir die Fotografin, dass ihr Freund Kontrabassist gewesen war und nur seinen Kontrabass dagelassen hatte, als er verschwunden war. Sie hat ihn schon nach drei Wochen Abwesenheit für tot erklären lassen, weil er ohne seinen Kontrabass nie einen Schritt vor die Tür gemacht hatte. Er nahm ihn sogar mit ins Kino und fuhr ihn beim Einkaufen in einem Einkaufswagen herum. Sie selbst habe mal Klarinette gespielt, aber nach dem Vorfall mit dem Kontrabassisten habe sie kein Instrument mehr anfassen können. Sie beginne erst wieder jetzt sich daran zu gewöhnen, dass die Klarinette immerhin kein Saiteninstrument ist. Ich habe ihr dann einen Witz erzählt: „Macht sie einfach nur Getöse, nennt man sie auch Klariböse. Aber spielt sie gut, ich wette, nennt man sie auch Klarinette." Sie fand das aber nicht lustig und versteckte sich weinend hinter ihrem Kontrabass.

KONZERT, KLASSISCHES: In einem klassischen Konzert kann man ein Puddingteilchen essen, wenn Werke von Händel gespielt werden. Man sollte aber darauf achten, dass das Fingerablecken nicht die Geiger vom Pizzicato ablenkt. Gerade das Tragen eines Fracks oder eines Smokings gibt dem Schlemmen eine offizielle Note. Das ist Volksnähe, die beim Essen einer kantigen Nussecke nicht aufkommen kann. Auch die Musiker der Wiener Klassik, Joseph Haydn, Wolfgang Amadeus Mozart und Ludwig van Beethoven unterstreichen das Bedürfnis zu schwammigen Kuchenarten. Es ist kein Geheimnis, dass ein Ochsenauge gut in eine Barockkirche passt. Das Ochsenauge gewinnt durch Marzipan an Bedeutung. Sein Name gibt ihm dann diese Strenge, die auch ernsten Motiven gut zu Gesichte steht. Zum Glück. Dass man mal ein Gebäck Ochsenauge nennen konnte, ohne einen Shitstorm in den sozialen Medien heraufzubeschwören, steigert den Genuss.

KOPF: Sie wusste selbst im Dunkeln, wo sein Kopf ist. Sie würde beim Küssen immer ins Schwarze treffen.

KOPF: In meinem Kopf herrscht Gedankenfreiheit.

KOPFKISSEN: Viele fragen sich, warum wir Deutschen ein Kopfkissen mit den Ausmaßen 80 x 80 im Bett haben. Die Franzosen bevorzugen Kopfschmeichler im Format 65 x 65 oder 50 x 70 Zentimeter, den Schweden reichen 50 x 60, den Dänen 60 x 63. Die Österreicher kommen den Deutschen größenmäßig näher, halten sich aber mit 70 x 90 Zentimeter vom deutschen Quadrat fern. Die Schweizer, in ihrem Bestreben es allen recht machen zu wollen, bevorzugen drei Größen. Nur wir Deutschen sind dafür bekannt auf riesigen Kopfkissen zu ruhen, die fast die Hälfte des Bettes ausmachen. Man darf aber nicht vergessen, dass wir Deutschen das Land der Dichter und Denker sind. Wir denken sehr viel und ruhen danach unseren schweren Kopf auf einem riesigen und weichen Kissen aus. Auch unsere Regeln zur Mülltrennung sind so entstanden.

(Siehe auch: „KLEIDERBÜGEL")

KÖRPER: Es ist normal, dass man sich auch beim Anziehen sinnvollen Reihenfolgen hingibt. Ich ziehe mir relativ früh die Strümpfe an. Ich denke, man darf den Körper nicht zu lange in Unwissenheit lassen, was ihn an dem kommenden Tag erwarten wird. Die Füße sind sensibel, sie können ihren Unmut über den ganzen Rest ergehen lassen. Es ist gut, wenn sie durch das Anziehen der Strümpfe wissen, dass sie an dem Tag geschützt sind und nicht im Vordergrund stehen. Man tritt doch dann ganz anders auf.

(Siehe auch: „STRÜMPFE" und „UNSICHERHEIT")

KOTELETT: Also an einem Samstag Vormittag ein Kotelett zu essen kommt mir nicht richtig vor. Das wäre ja vor der Arbeit. Ich wüsste da gar nicht mehr, was ich nach dem Kotelettessen machen soll. Auch beim Lieben Hammondorgelmusik: „Die größten Filmhits" zu hören, finde ich abwegig. Ich meine, wenn man verliebt ist, gerade am Anfang, dann kann man doch dazu keine Hammondorgelmusik „Die größten Filmhits" hören. Später, wenn man eingespielt ist, kann ich mir das schon mal vorstellen, aber sonst? Also Samstag vormittags Kotelett essen und beim Lieben Hammondmusik hören. Nein. Auch, dass ich den Kopf schüttele, wenn ich mit meiner Frau rede – das kann ich mir nicht vorstellen. Nicken ja, also mit dem Kopf nicken, ja. Das käme an, aber mit meiner Frau reden und den Kopf schütteln. Nein, außer, wenn man Ärger haben will, dann geht das schon. Also Samstag vormittags Kotelett essen, beim Lieben Hammondmusik hören und bei meiner Frau den Kopf schütteln? Nein. So weit sind wir noch nicht. So weit sind wir noch nicht gekommen. Also ne Torte mit ner EC Karte bezahlen, könnte ich mir auch nicht vorstellen. Das ist ne Torte, die zahlt man mit nem Schein, einem richtigen Geldschein, das leuchtet allen ein. Ich zahl doch nicht ne Torte mit ner EC Karte, das finde ich unhygienisch. Das mache ich mit nem Schein und lass mir das Kleingeld zurück geben. Mit dem Kleingeld kann man sich dann ein

Brötchen kaufen. Das ist in Ordnung, aber mit ner EC Karte eine Torte kaufen. Nein. Okay, wenn es ein Käsebrötchen ist, belegt mit gekochtem Schinken, drapiert mit Tomate, Gurke und Mayonnaise. Da ist es egal. Da kommt es dann auch nicht mehr darauf an die Form zu wahren. Das kann man auch mit ner EC Karte bezahlen, aber sonst? Also Samstag vormittags Kotelett essen, beim Lieben Hammondmusik hören und bei meiner Frau den Kopf schütteln. Nein. So weit sind wir noch nicht. So weit sind wir noch nicht gekommen. Gott fragen, ob ich ihm helfen kann? Da käme ich jetzt auch nicht drauf. Stellen Sie sich vor, er sagt ja. Ich benutze ja auch keine Fremdwörter, wenn ich meinem Hund was erklären will. Es reicht doch ein „Sitz" oder „Fass" oder „Platz". Ich will doch auch, dass wir uns verstehen.

KRÄNE: Wie schön, wenn Kräne an verlassenen Baustellen eine Mörtel-Mischmaschine in unerreichbare Höhen gezogen haben. Man sieht dann sogar eine Mörtel-Mischmaschine mit anderen Augen. Welch treffende Warnung an alle Baustellenabräumer: „Stehlt unsere Absperrlampen, reißt unsere Bauzäune um, schüttet unsere Farbeimer aus, aber unsere Mörtel-Mischmaschine bekommt ihr nicht." Es sieht natürlich auch gut aus, wenn Mörtel-Mischmaschinen bei starkem Wind einen trotzigen Tanz wagen. Besser kann man Freiheit nicht beschreiben. Sei frei wie eine Mörtel-Mischmaschine im Wind.

KRAFTSPORT: Ich würde Kraftsport machen, wenn ich davon nicht so viele Muskeln bekommen würde.

KRANKENHAUSCLOWN: Wenn ein Krankenhausclown in deinem Zimmer steht, ist es wirklich schlimm um dich bestellt. Auch das Treffen mit ihm ersetzt nicht die fachgerechte Untersuchung durch einen Arzt. Die Anwesenheit eines Krankenhausclowns bei der Operation wird nicht von allen Patienten gut geheißen. Ich habe mal einen Krankenhausclown zum Zigaretten holen geschickt. Da kam er mit Schokoladenzigaretten wieder. Da haben wir alle sehr gelacht.

KRATZBAUM, DER: Der Kratzbaum/ der Kratzbaum/ daran kratzt sich die Katz kaum// Und wirfst du mal den Ball weit weg/ bewegt der Hund sich nicht vom Fleck/ Und auch das Baby schläft zu viel/ und spielt nicht mit dem Playmobil/ Der Kratzbaum/ der Kratzbaum/ daran kratzt sich die Katz kaum/ warum das ist, errätst du nie/ sie hat ne Kratzbaum Allergie//

KRIEG: Padermann sagte: „Wenn wir nur die Alten in den Krieg schicken würden, würde er nicht so lange dauern." Wie kann Padermann nur so etwas sagen? Padermann ist natürlich noch sehr jung.

KRIEG: Eines ist sicher. Man trägt im Krieg keine Pantoffeln.

KRÜMEL: Kann es sein, dass man im Alter mehr krümelt? Liegt es daran, dass wir im Alter dem Kuchen nicht mehr gewachsen sind? Auf jeden Fall sollte man sich im Alter nach dem Kuchengenuss schütteln.

KUCHEN ESSEN: Kuchen essen und hungrig bleiben, wäre das nicht die Hölle? Gott lässt uns satt werden.

KUCHENGENUSS: Es ist wichtig, dass man beim Kuchengenuss auch seine Schwächen zeigt. Der Kuchen muss spüren, dass man jemanden vor sich hat, der das Verzeihen sucht. Eine gewisse Demut macht gerade den Verzehr von Blätterteighörnchen zu einem besonderen Gipfeltreffen. „Ich bin ein sündiger Mensch", sagt der Blätterteigverzehrer. „Im Grunde stehe ich nur im Weg." Man erzählt sich, dass Angela Merkel vor dem Treffen mit Putin immer ein Blätterteighörnchen gegessen hat. So war sie ihm moralisch überlegen. Putin selbst aß Frankfurter Kranz. Alles Unglück dieses Welt entsteht im Grunde durch eine falsche Ernährung.

KUCHENQUALEN: Ein Kuchen sollte niemals besser aussehen als er schmeckt.

KUCHENLAUF: Eines ist sicher. Einem Kuchen läuft man lachend entgegen.

KUCHENTHEKE, AN DER: An der Kuchentheke hatte sich eine Schlange gebildet. Beim Kuchenkauf sollte es nicht nach Reihenfolge gehen, sondern nach Hunger.

KUCKUCK: Was weg ist, kann auch schnell wieder da sein.

KÜHE: Es wundert mich nicht, dass man Kühe unterschätzt. Den ganzen Tag stehen sie auf der Wiese, kauen Gras und muhen dabei. Da kommt man schon auf dumme Gedanken. Ich las, dass Kühe Freundschaften schließen können. Das ist ein schöner Gedanke. Eine Kuh mag eine andere Kuh und ist traurig, wenn sie den Blick von ihr abwendet. Kühe spielen auch gerne miteinander Verstecken. Alle Kühe verstecken sich und eine Kuh muss sie suchen. „Muh, ich komme!" Ich frage mich nur, wo verstecken sich Kühe? Ist es nicht sehr leicht eine Kuh zu finden, wenn sie nur hinter einer anderen Kuh steht? Verstecken spielen macht mehr Spaß, wenn man sich nicht sofort findet.

KÜHLSCHRANK: „Ich brauche jemanden, der meinen Kühlschrank abtaut", flüsterte der Mann. „Ich habe gehört, Sie machen so was." Ich schüttelte den Kopf. „Lassen sie mich Ihren Rasen mähen, bei einem Auto die Reifen wechseln oder einen alten Birnbaum beschneiden", sagte ich, „aber Kühlschrank abtauen, traue ich mir schon lange nicht mehr zu." Er schaute mich entgeistert an. „Ich habe Kinder", fügte ich hinzu. Es gibt immer Augenblicke im Leben eines Mannes, wo er seinen ersten Kühlschrank abtauen muss. Da wird der Kälteregler auf null gestellt und alles Licht erlischt und die Geräusche verstummen. So stelle ich mir auch das Ende der Welt vor. Die Kälte ist ein Bereich, der uns wie der Schatten, die Nacht und Iglo Fischstäbchen an den Tod erinnern. Ich riss das Eisfach auf. Welch arrogante Verbitterung mir entgegenschlug. Das war kühler als das Lächeln einer Zahnarzthelferin. So kalt ist nur der Tod. Ein leichter Nebel stieg von der Kühlpizza auf und der Todeshauch der erstarrten Bachforelle hüllte mich ein. Die Türen von Kühlschrank und

Altamira 15.000 v. Chr.

Aldimira 2023 n. Chr.

Illustration: „Kuchen"-Jagdszenen

Eisfach standen auf und waren weit geöffnet. Wer hat da nicht Angst vor Vandalismus und Plünderungen? Aus welchem Jahrhundert wohl der schockstarr gefrorene Spinat stammte? Plötzlich entdeckte ich im tauenden Eis eine kleine Erbse und dachte, welche Schätze da wohl zu Tage treten werden. Ich habe mal bei einer Nachbarin den Eisschrank abgetaut. Sie war gerade verliebt gewesen und wollte die Stimmung nicht durch das Abtauen eines Eisschranks gefährden, zumal er in ihrem Keller stand. Ich betreute den Tauvorgang und ergraute in der Zeit um Jahrhunderte. Ich sah aus wie ein Schneemann. War ich plötzlich Aushilfsfahrer vom Eismann-Lieferservice geworden? Da musste ich an meine Ehefrau denken, die am Anfang so kühl gewesen war, dann aber so weich wurde, dass sie den Anforderungen des Alltags nicht mehr gewachsen war. Kommen Sie, man muss sich mit dem Abtauen beeilen. Man muss damit fertig werden, bevor Milch und Joghurt schlecht werden und der Quark umkippt. Seinen ersten abgetauten Kühlschrank vergisst man nicht. Ich habe damals geweint und aus meinen Tränen Eiswürfel werden lassen. Es gibt nicht viele Handlungen im Alltag, wo man dem Sinn des Lebens so nahe kommen darf.

(Siehe auch: „KNACKFROSCH")

KÜMMERN: Ich habe immer gedacht, wenn man alt wird, kommt einer und kümmert sich um einen. „Klingeling." „Wer ist denn da?" „Ich bin's. Ich wollte mich um dich kümmern." Wäre das nicht beruhigend? Man wird alt und ehe man sich versieht, steht da einer und kümmert sich um einen? „Kann ich mich um Sie kümmern?" „Warum nicht? Sie scheinen ein guter Kümmerer zu sein." Dass man also nach des Lebens Angst und Mühe in einen großen Sessel versinken darf und jemand kommt und legt einem eine Decke über die Knie?

KÜSSE: Ziel ist es natürlich, dass wir uns beim Küssen so nahe kommen, dass wir unsere Kussgeräusche nicht nachsynchronisieren müssen. Vertrauen wir dem Sound unserer Lippen. Gerade Kussszenen mit Untertiteln sind sehr unromantisch.

KUNST: Was erwarten die Menschen von der Kunst? Ist sie ein Einblick in unser Innerstes? Sucht man Verwirrung oder Erlösung? Reicht es manchmal schon, wenn der Künstler seine Kunst als Kunst empfindet oder braucht er den Betrachter als letzte Instanz dazu? Wer heute morgen schon die blaurosa Töne des Himmels gesehen hat, hat bestimmt wie ich gedacht: Gott wäre auch ausgesucht worden. Er hätte es auch geschafft, beim Wintersalon mit zwei Bildern ausgestellt zu werden. Großformatig und dann noch in echt. Er malt ja das Vorbild, an dem wir uns alle orientieren. Er inspiriert uns mit seinen Vorgaben. Wie oft höre ich: Das täuscht jetzt. Das ist nicht so wie es wirkt. Erlöse uns von unseren Selbstzweifeln. Wer einen Regenbogen mit einem Kugelschreiber malt, sprengt alle Grenzen. Er erschafft seine neue Welt. Und die Seele macht sich auf dem Bilde breit. Kürzlich traf ich eine 78jährige Frau, die bei Ulli Lottmann einen Zauberkursus mitgemacht hatte. Ich sagte: „Dann zaubern sie doch mal!" Sie sagte: „Ach Pech, ich habe heute nichts dabei." Ich sagte dann: „Ach so, Sie arbeiten mit Tricks." Natürlich arbeiten alle mit Tricks, aber wenn man verzaubern will, dann darf man sie nicht bemerken. Manchmal ist Kunst nur ein Weglaufen, ein sich Drücken vor den eigentlichen Problemen. Nur weil jemand einen Engel malen kann, ist er nicht gleich ein besserer Mensch. Große Kunst kommt vom Kotzen. „Ich sitze hier um dem Leid der Welt eins auszuwischen." Wenn wir uns zu sehr dem Kitsch hingeben, müssen wir aufpassen, dass wir nicht wehrlos werden, dass wir nicht wunschlos werden. Das richtige Leben im Falschen ist Verschwendung.

KURT: Wenn er nicht so unglaublich nett wäre, wäre er ganz schrecklich.

LACHE: Lache nicht vorschnell über jemanden, der einen Schritt zurückgeht! Er nimmt vielleicht nur Anlauf. (Sophronius Eusebius Hieronymus)

LANDSCHAFT, IN DER: Ein Strich in der Landschaft. Ein Punkt am Horizont. Ein Hund in der Landschaft. Ein Reh in der Landschaft. Kein Reh am Horizont. Ein Wunsch in der Landschaft. Ein Baum in der Landschaft. Kein Baum in der Landschaft. Ein Gott auf der Erde. Ein Mond am Himmel. Ein Mensch in der Landschaft. Noch ein Mensch in der Landschaft. Ein Streit am Horizont. Ein Mord in der Landschaft. Nichts in der Landschaft, außer Verwandtschaft. Da kommt die Polizei.

LANGE: Sie arbeitete in der Bäckerei Lange, kaufte aber ihr Brot bei Goeken. In was für verrückten Zeiten wir leben. Stellen Sie sich vor, dass Sie für die Bäckerei Goeken arbeiten müssen, aber dann ihr Brot in der Bäckerei Lange kaufen. Ich habe mal ein Brot bei Bäcker Hermisch gekauft und dies in der Bäckerei Kloke gegessen. Alles ist möglich, wenn man sich nicht zum Sklaven seines Geschmacks machen lassen will.

LAAANGSAM: Im Geschwindigkeitstaumel sind Bremser Störfaktoren. Sie sind bei dem Rausch nicht vorgesehen. Lassen wir darum das Wort „Langsam" als Bremslaut auftauchen. „Laaangsam" … So erinnert sich jeder, was zu tun ist. Ein schöner Nebeneffekt ist auch, dass der Laaangsam-Rufer sich selbst damit beruhigt. Mit dem Wort „Laaangsam" gibt man nicht nur eine Information weiter, sondern auch einen Klang, einen meditativen Klang. Er ist es doch, der den zu Schnellen beruhigen soll, damit er nicht abstürzt und für immer fort ist. Einem Tiger ein „laaangsam" entgegen zu brüllen, wenn er gerade zum Sprung ansetzt, ist keine gute Idee.

LATERNEN: „Wie heißt nochmal das Fest mit den Laternen?", fragte sie.

LAUFEN: Manchmal sollte man einfach weglaufen. Nimm die Beine in die Hand und lauf weg. Was stehen wir immer geduldig vor Menschen, die uns irgendeinen Unsinn erzählen. Lasst uns wieder mehr weglaufen. Distanz schaffen und jemanden stehen lassen. So gewinnt man an Boden.

LAUNE: (Sätze wie Romane) a. Als die ewig schlecht gelaunte Frau mal gut gelaunt war, wurde man sehr vorsichtig. b. Die, die nicht sterben mussten, hatten gute Laune. c. Schlecht gelaunt durch die Welt, manchen das gefällt, schlecht gelaunt Tag für Tag, wie ein Straßenbelag. Schlechte Laune und wie, ist wie Poesie. Schlechte Laune und Streit, verschönert die Zeit.

Illustration: "Leben" (Text S.112)

LEBEN: „Wann wird es denn endlich schön?", fragte der Greis.

LEBEN: A. Leben macht schmutzig. Leben ist ein ewiges Saubermachen. Selbst das Saubermachen macht schmutzig. B. Manchmal ist das Leben so schön, dass man richtig Angst bekommt. C. Die Einmaligkeit unseres Lebens verpflichtet uns nicht zu herausragenden Taten. Man sollte sich von seinem Schicksal nicht unter Druck setzen lassen. Ein erfolgreiches Leben kann auch im Hintergrund stattfinden. D. „In der kurzen Zeit, die ihm zum Leben blieb, hätte ich was anderes gemacht", sagte der Mann. „Aber er wusste ja nicht, wie jung er sterben würde", entgegnete ich. „Trotzdem", sagte der Mann, „man hätte es ahnen können." Ich nickte, sagte aber nichts. Man kommt schreiend auf die Welt, gestorben wird eher leise.

LEBENSBILANZ: Ich habe einen Bekannten, der bucht immer einen Aktivurlaub. Nichts gegen Aktivurlaub, aber ich finde, entweder ist es Urlaub oder wir sind aktiv. Obwohl, mein Bekannter ist Beamter, der ist mal froh, wenn er sich bewegen darf. Ich habe ihm gesagt, „Aktivurlaub? Dann lieber passiv rauchen, dann kann ich dabei sitzen bleiben." Was macht man, wenn die Frau gerne in Urlaub fährt und Sie wollen lieber zu Hause bleiben? Ganz einfach: Sie ziehen dorthin, wo alle in Urlaub fahren, dann sind sie dort zu Hause und ihre Frau ist dort immer in Urlaub. Was will man mehr? Andere fahren in Urlaub und dann regnet es. Das kann man zu Hause billiger haben. Das hört sich alles verblüffend an, aber warum müssen Lösungen immer kompliziert sein?

Ich habe meine Frau zum Beispiel auf einer Hochzeit kennengelernt. Okay, das war nicht unsere, aber man konnte gleich sehen, wie man es nicht machen sollte. Schon besser, wenn man zusammen passt. Habe ich auch dem Bräutigam gesagt. Manche Hochzeiten sind so teuer, dass man danach wieder bei den Eltern wohnen muss.

LEINENPFLICHT, DIE: Die Leinenpflicht gilt nicht nur für Hunde, sondern auch für ihre Besitzer.
(Siehe auch „LOCHER")

LENIGER: Besser mehr als weniger – Leniger, Leniger. Heizung, Lüftung, Sanitär – Leniger, Leniger. Das blaue L mit der Flammenkrone. Das Zeichen der Supermänner. Heizung, Lüftung, Sanitär – Leniger, Leniger. Warme Wohnung, gute Luft, und WC für SIE und ER – Leniger. Leniger

LICHT: Das Licht, dass man oben andreht, knipst man unten aus.

LICHTJAHRE: Licht kann sprechen. Licht hat Gefühle. Es vermehrt sich. Zwei Lichter werden zum Strahl, drei Strahlen funkeln als Discokugel. Es gibt Licht, das stößt sich ab, das will nichts voneinander wissen. Tag- und Nachtlicht zum Beispiel. Auch das Licht über dem Kind war nicht nur tröstlich. Manchmal steht man im Licht und merkt nichts davon. Licht macht nicht nur hell. Manchmal lenkt es auch ab und man findet nichts. Licht war nicht immer da. Coca Cola stellte es als erster an. Es war schon immer gut, dass man Romy Schneider sehen konnte. Andere hätten lieber im Dunkeln bleiben sollen.

Wir waren Lichtjahre voneinander entfernt, obwohl wir gut ausgeleuchtet waren. „Sag der Nacht, sie kann geh'n", sagte der Morgen. „Licht von dieser Welt. Licht von Dir."

LIEBE: Wenn mich alle so lieben würden wie mein Hund, wäre mir das doch ein bisschen zu viel.

(Siehe auch „Hund")

LIEBLINGSSTÜCKE: Kann man einen Straßenverkehr gern haben? Mag man seine Mülltonne für den Restmüll lieber, als die Mülltonne für den Gartenabfall? Ist es sonderbar, wenn man eine Lieblingsautobahn hat, auch wenn sie einen nur nach Hoffenheim bringt? Fährt man dort manchmal lang und fühlt sich jung? Gibt es eine Werbung, die Sie an Ihre dunklen Seiten erinnert? Ist es eine Werbung, die nur Jugendliche ansprechen wollte? Ich habe eine Lieblingstasse, die gar nicht schön ist, aber das ist eine andere Geschichte. „Ich möchte nicht wissen, welchen schwarz/weiß Film der sich gestern reingezogen hat." Er mochte die Zeitumstellung, wenn die Uhr wieder vorgestellt wurde, also der Zeiger von der Zwei auf die Drei gedreht wurde. Es würde dann abends länger hell bleiben. Konnte man die Welt zum Narren halten?

LIED: (Berndgeschichte 34) Wie Bernd einmal ein Lied sang: Der Bernd sang einmal ein Lied. „Oh Schubidi Dubidi Du." Da staunten alle. Keiner hätte erwartet, dass Bernd so schön singen konnte. Ohne Mühen traf er selbst die hohen Töne, von den tiefen ganz zu schweigen. „Das ist nicht gerecht", sagte ein Sänger einer bekannten Band. „Ich übe und übe und singe trotzdem wie ein Bagger." Bernd stand gerade auf der Bühne und sang einen Elvis Titel, den er ins Schwäbische übertragen hatte, eine Sprache, in der dieses Lied erst richtig zur Geltung kam. Der Sänger der bekannten Band grämte sich. „Er trifft jeden Ton", flüsterte er. „Wahrscheinlich kann er auch noch tanzen." Und wirklich, als wäre Bernd vom Blitz getroffen worden, tanzte er los. Er überschlug sich, er drehte sich, der Wind trug ihn … und wie. Da staunten alle und haben gelernt, die Welt ist groß, groß ist der Bernd.

(Siehe auch: „RISOTTO, CHINESISCHER FILM")

LIEBESFILMDREHBUCH: Der Liebesfilm wird ein Film, den man sich immer vorspielen kann, wenn man sich ungeliebt fühlt. Der Film will Kraft geben und was noch wichtiger ist: Er will Liebe geben. Er ist zu schön um wahr zu sein. Ein Mann oder eine Frau sind auf der Leinwand zu sehen. Sie sagen ihren Text auf. Es sind Sätze von Liebenden: „Ich liebe Dich." „Ich liebe keinen anderen so wie Dich." „Du bist mein/e Beste(r)." „Ich denke an Dich, wenn ich morgens aufstehe und denke an dich, wenn ich abends ins Bett falle. Ich denke an dich." „Wo bist Du?" „Ohne Dich ist alles grau und kalt." „Ich kratze mir für Dich die Augen aus." „Ich liebe Dich mehr als mein Leben." „Du bist mein ein und alles." „Ich bin der/die, der/die auf Dich wartet." „Gib nicht auf. Gib Dir Zeit. Ich bin schon auf dem Weg zu Dir." „Ich will Dich finden um Dich glücklich zu machen." „Du bist für mich bestimmt. Ich bin für Dich bestimmt." „Ich bin ein(e) Pirat(in) der Liebe. Ich entere Dein Herz." „Und ich bin nicht allein. Wir alle lieben Dich." (Jetzt sieht man noch andere Menschen auf der Leinwand, die einigen Sätze mehr Gewicht geben) „Du bist so wundervoll." „Wir wollen Dich alle haben." „Wir sind liebeskrank. Ein Wort von Dir und wir werden gesund." „Sag einfach ‚ja'" „Mein größter Schatz auf Erden bist Du." „In allen 4 Ecken soll Liebe drin stecken." „Du du liegst mir im Herzen, Du du liegst mir im Sinn, Du du leidest so Schmerzen, weil ich noch nicht bei Dir bin." (Zum Schluss sieht man nur noch wie alle Kussgesten von sich geben.)

LIEBLINGSTASSE: Er hatte eine neue Lieblingstasse. Sie war nicht schöner als die alte Lieblingstasse. Er musste sich erst zwingen sie zu mögen. Die alte Lieblingstasse stammte sogar von einem Freund, der sie ihm mal geschenkt hatte. Er hatte sie so oft benutzt, dass sich ein Kaffeerand auf ihrem Boden gebildet hatte, den man nicht mehr wegspülen konnte. Ein ewiger Knutschfleck. Im Grund erinnerte seine neue Lieblingstasse ihn nur an seine alte Lieblingstasse. So war es besser. Man durfte die Verantwortung Lieblingstasse zu sein, nicht auf eine Lieblingstasse abwälzen, man sollte sich einbilden noch eine Lieblingstasse zu haben, damit die eigentliche Lieblingstasse nicht von zu viel Zuneigung zerschlagen wurde. Er hatte eine Tasse von Söllner & Söllner aus Bad Wünnenberg geschenkt bekommen, die eine andere Form hatte, aber ansonsten seiner alten Lieblingstasse sehr ähnlich sah. Er füllte sich nun manchmal Kaffee in diese Söllner&Söllner-Tasse, damit der Druck von seiner „echten" Lieblingstasse genommen wurde. Wenn mal etwas mit seiner Lieblingstasse passieren sollte, dann hatte er immer noch die Tasse von Söllner&Söllner, die sich ein wenig unverdient diesen Titel erworben hatte. Wenn er ehrlich war, konnte die Söllner&Söllner-Tasse der alten Lieblingstasse nicht das Wasser reichen. „Lieblingstasse" kann es nur eine geben, das machte ihm seine Ersatzlieblingstasse klar, aber nun war er auf alles vorbereitet.

LINKSABBIEGER: Die Linksabbieger konnten einen Hauch eher abbiegen als wir Geradeausfahrer. Wer auch immer für die Ampelschaltungen verantwortlich war, hatte darauf geachtet, dass wir Geradeausfahrer den Linksabbiegern zuschauen mussten, wie sie einen Hauch eher nach links abbiegen durften. Solche Bevorzugungen im Straßenverkehr schaffen Unfrieden und untergraben die Moral. Seltsamerweise war dann die Linksabbiegerampelphase sogar länger als die Ampelfreigabe für uns Geradeausfahrer, aber dort fuhren wir auch geradeaus und bogen nicht links ab, um dann in der Innenstadt keinen Parkplatz zu finden.

LOCHER: Wie schafft es ein Locher, dass er sich trotz seines bizarren Aussehens unseren Blicken entziehen kann? Er ist das Kleingedruckte, das man nicht liest. Ein Chamäleon, das sich nur hervorhebt, wenn es den Bürotisch verlässt. Was ist unsinniger als zwei Löcher in ein Papier zu lochen? Muss man selbst die Verordnung zum Abheften von Papieren abheften? Der Locher müsste mit zwei O geschrieben werden, aber Humor ist bei einem Büroartikel nicht vorgesehen. Ist ein Lineal lustig? Versteht ein Anspitzer Spaß? Ich denke manchmal, dass ein Locher das ist, was die Astronauten auf dem Mond gefunden hätten, wenn sie besser nachgeschaut hätten. Manchmal entdeckt man, neben Tesafilm, Stempelkissen,

Löschpapier und Tintenpatronen, einen Locher und fragt sich, „Wofür war er noch mal da?" Bevor sich eine Antwort findet, ist der Büroalltag selbst ein Loch, das man abheften muss. Der Locher ist zu groß, um in der Krimkramsschublade zu enden und zu unbedeutend, um an einem allgemein vorgesehenen Ort auf seinen Einsatz zu warten. Er wirkt wie eine Attrappe für eine neue Konzerthalle, die ein Stararchitekt zu Anschauungszwecken zusammengeklebt hat. Nutzen ihn Kontrabassisten als Handmuskeltrainer? Brauchen ihn Dominas, um ihre Liebesdienste zu verfeinern? Ist er Kunst? Dient er Robotern als Kastagnetten-Ersatz? Manchmal schaut man auf einen Locher und befürchtet, „gleich springt er mir ins Gesicht". Besser man weiß nicht, zu was er gut ist. Er erschafft das Nichts. Ein kreisrundes Nichts. Lochen macht Spaß, aber Nicht-lochen auch. Ungehemmtes Lochen kann ein Kündigungsgrund sein. Was sollen die Löcher im Gummibaum? Wenn man die kreisrunden Papierschnitzel aus dem Locherauffangbehälter aus dem Fenster eines Hauses auf die vorbeihuschenden Passanten fallen lässt, regnet es Beamtenschweiß. Vielleicht sind unsere Erde und alle anderen Planeten des Universums nur Schnipsel eines gigantischen Lochers, der uns als Konfetti ins Nichts geschleudert hat. Machen wir uns nichts vor: Alles was Löcher hat, kann man abheften. Vielleicht ist ein Leitz-Ordner das bessere Zuhause. Wer im Leben kein Heim findet, hat immer einen Platz frei in der Bürokratie. Aus dem Fenster schauen kann man überall. „Lass doch sein das Rumgestocher, nutze lieber deinen Locher. Kocht zu Haus der Wasserkocher, loche lieber mit dem Locher. Auch privat hat Olli Pocher, stets zum Lochen einen Locher."

(„Die Stahlstifte, welche die Löcher in das Papier stanzen, bezeichnet man als Lochpfeifen. Ein Locher (oder Perforator) ist ein Hilfsmittel, um in einem definierten Abstand Löcher in den Rand von Papierbögen zu stanzen. Zweck der Löcher ist das Abheften des Papiers in einen Aktenordner, Schnellhefter oder Terminplaner. Der erste separate Handperforator („Phoenix") wurde 1901 von der Stuttgarter Firma Leitz verkauft, die zuvor bereits den nach ihr benannten Leitz-Ordner erfunden hatte." frei nach Wikipedia)

LÖFFEL: Ein kleiner Löffel, mag er noch so klein sein, spült sich nicht von selbst. Auch wenn man damit nur Joghurt gegessen hat, und sei es Biojoghurt gewesen, wird ein Löffel nicht von selbst sauber. Manche schmeißen ihn in das Spülwasser und überlassen ihn dort sich selbst. Ein kleiner Löffel, selbst wenn man damit Biojoghurt gegessen hat, muss genauso wie alles andere gespült werden. Was der Mensch schmutzig gemacht hat, muss er auch wieder sauber machen.

LÖSUNGEN: Im Urlaub kann ich immer am ungestörtesten arbeiten. Zu Hause stören die Kinder und wollen mit einem spielen.

LÖWEN: In manchen Kulturen gelten Löwen als gutmütig. Man nimmt sie mit ins Bett.

LUKAS 6,20: Man raucht schon lange nicht mehr, um anderen eine Freude zu machen.

MAILVERKEHR: Bitte denken Sie an die Umwelt, bevor Sie diese E-Mail drucken. Bitte denken Sie an das Parkleitsystem, bevor sie diese E-Mail löschen. Bitte denken Sie an Haribo Color-Rado, bevor sie diese E-Mail weiterleiten. Bitte denken Sie an Eichhörnchen, bevor sie diese E-Mail auswendig lernen. Bitte denken Sie an einen verschnupften Erdkundelehrer, bevor sie diese E-Mail vergessen. Bitte denken Sie an die Menschenrechte, bevor Sie diese E-Mail verändern. Denken Sie an ein Leben ohne Gott, bevor sie diese E-Mail verdammen.

MAMA: Später war sie erstaunt, dass man ihre Mama nicht überall mochte und aufatmete, wenn sie den Raum verlassen hatte.

MÄNNER, DICKE: Ich kenne dicke Männer, die ich noch niemals etwas essen sah. Ich frage mich nur, wie können sie ihr Gewicht halten?

MÄNNERKLO: Ein Männerklo muss immer ein wenig so aussehen, als wäre man nicht zum Vergnügen hier.

MANN, KLEINER: (Neufassung 2022) Ich denke noch heute bei Filmen, die erst ab 18 Jahren freigegeben sind, hoffentlich lassen die mich rein. Alles Gemeine, alles Fiese darf man erst ab 18 Jahren sehen. Es verwundert nicht, das man auch Fahrlehrer erst als Erwachsener sehen darf. Obwohl, was soll mich noch schocken? Ich war dreimal verheiratet. Viele fragen auch mal: „Wie groß sind sie eigentlich?", als wäre man beim Backen eingelaufen, als machte man nur Kurzurlaube in Entenhausen. Ich sage dann immer: „1,93." „1,93?" „Ja", sage ich, „aber man sieht es mir nicht an, wegen der großen Augen." „Und was steht in ihrem Ausweis?", „Dass ich 15 Minuten schwimmen kann", sage ich. „Wir meinen doch nicht den Freischwimmerausweis, sondern ihren Perso, ihren Pass." „Ach so?", sage ich dann. „Sie meinen den Perso, den Pass." Aber was soll da stehen? Das wurde doch alles vor 40 Jahren ausgemessen. Das waren andere Zeiten. Da bezahlte man mit D-Mark. Früher ging man zum Lachen in den Keller, heute ins Badezimmer. Die Jahre sind doch nicht spurlos an einem vorüber gegangen. Ich habe jetzt zum Beispiel ein sehr großes Auto, und auch sehr große........ sehr große...............Erinnerungslücken. Sagte jetzt ein Nachbar zu mir, Sie brauchen gar nicht auf mich herabzublicken und der ist 1, 85. Manchmal ist man groß, manchmal ist man klein, dass ändert sich. Mein Chef ist zum Beispiel 1 Meter 42 groß, da schauen alle auf, wenn er den Raum betritt. Meine Frau hat mich jetzt mit einem sehr kleinen Mann betrogen. Das hat trotzdem weh getan. Ich kenne kleine Menschen, die ein Pferd haben, damit sie mal auf mich herabschauen können. Gestern war ich noch beim Bäcker und wollte Brötchen holen, da sagte die Verkäuferin zu mir: „Ich gebe Ihnen ein Brötchen mehr, weil Sie nicht so groß sind." Was soll denn das? Verstehen Sie, das Kleine war eher da, dann kam das Große. Das Kleine ist der normale Zustand und das Große eine Auffälligkeit, die man beobachten muss. Das Kleine ist nicht verantwortlich für den Hunger in der Welt. Klein sein hat Vorteile. Man kann zum Beispiel kein Polizist werden oder Giraffenfriseur. Bei der Märchenaufführung von Schneewittchen und den sieben Zwergen weiß ich sofort, welche Rolle ich spielen soll. Ich stehe auf Fotos immer in der ersten Reihe. Wenn ich mir meine Schuhe zubinden will, muss ich mich nicht bücken. Ein kleiner Mensch kann sich leichter verstecken und die Katzenklappe als Notausgang nutzen. Manchmal bekomme ich beim Fleischer eine Scheibe Wurst umsonst. Ein kleiner Mensch ist gut im Geld aufheben. Wenn er stürzt, tut es nicht weh. Wenn es regnet, wird man später nass und hat Zeit sich unter einem Pfifferling zu verstecken. Ich kann mit fünf Flocken Schnee einen Schneemann bauen, der mir ähnlich sieht. Wenn ich im Restaurant esse, wirkt das teure Kotelett viel größer und man wird gelobt, wenn man seinen Teller aufgegessen hat und es am nächsten Tag nicht regnet. Ich bin schneller braun als große Menschen und brauche, wenn ich gut riechen will, nur einen Tropfen Parfüm von Yves Klein. Und wenn ich einen Kurzen trinke, dann habe ich gleich die Lacher auf meiner Seite. Auch der Smart kommt in der Stadt besser zurecht als der Landrover. Und Vorsicht: Das Kleine ist nicht zu unterschätzen. Wenn man sich überlegt, dass die Mücke die Hälfte der Menschheit weggerafft hat, dann sieht man das Kleine mit anderen Augen. Alles kann über sich hinauswachsen, auch der Humor und auch die Liebe.

MARLEY, BOB: Als der Weltstar im November 1980 durch Bayern fuhr, soll Rottach-Egern am Tegernsee ihn an seinen Geburtsort Nine Mile erinnert haben. Kurz zuvor war bei Bob Marley Krebs im Endstadium diagnostiziert worden. „Er hatte nur noch ein paar letzte Rastas, doch ihm wuchs neues Haar", erklärte ein Getreuer, der ihn mit einigen anderen im Februar 1981 in Rottach besuchte. Sie organisierten eine Feier zu Marleys 36. Geburtstag. Seinem letzten. Als Geschenk bekam er einen nagelneuen Mercedes SL500 – obwohl er sich in Jamaika für einen gebrauchten BMW E3 entschieden hatte: Für ihn stand das Kürzel für „Bob Marley and the Wailers". „Bild" titelte kurz darauf: „Kann neues Blut todkranken Bob Marley retten?" Die „schreibenden Vampire" hätten Marley sehr zugesetzt. „Die Paparazzi jagten Marley wie ein seltenes Tier." Die Zeitschrift „Musik-Express" forderte im Januar 1981 „Ruhe und Abgeschiedenheit": Damit er den Krebs besiegen könne, sollten „auch seine hingebungsvollsten Verehrer davon Abstand nehmen, zu ihm zu pilgern".(Aus dem Spiegel Mai 2021)

MARMELADE: Beim Auskratzen des Marmeladenglases dachte ich, dass immer etwas zurück bleibt. Auch nach der Liebe, auch nach dem Tod.

MARSCH: Er blies sich manchmal selbst den Marsch und das auf eine Art und Weise, dass er sich schäbig und ungerecht vorkam. Mit sich konnte er es ja machen. Warum war er zu sich so ungnädig? Er verzieh sich nicht den kleinsten Fehler. Er hat sich später bei sich entschuldigt, aber deswegen blieben seine Worte nicht ungesagt. Er hatte sogar zu sich

behauptet: „Du wirst immer mehr wie dein Vater", und das war das Schlimmste, was man ihm sagen konnte. Du wirst immer mehr wie dein Vater. Wenn man ihn verletzen wollte, dann brauchte man nur das zu sagen. „Ich spreche kein Wort mehr mit mir", hatte er sich noch am Abend zuvor bedroht. Er hielt das auch durch. Tagelang schwieg er sich an und sagte, wenn überhaupt, nur unbedarftes Zeug, aber die Zeiten, wo er sich was anvertraut hatte, waren endgültig vorbei. Man sollte mit sich selbst nicht zu hart ins Gericht gehen und man sollte sich verzeihen können, wenn die Entschuldigung von Herzen kam. Manchmal sagte man zu sich, im betrunkenen Zustand, Sachen, die kaum entschuldbar waren. „Du bist unausstehlich, wenn du betrunken bist", hatte er mal zu sich gesagt. „Man möchte nicht in deiner Nähe sein." „Ich rede überhaupt nur mit dir, weil es sonst niemand tut." Er kam sich wie sein eigener Stalker vor. Dauernd entdeckte er, wie er sich selbst beobachtete. „Dir sollte verboten werden über dich nachzudenken", sagte er dann. „Du hörst doch nie auf deine inneren Stimmen." Einmal hatte er mit sich selbst gesprochen und sich anvertraut, dass er den Klang seiner Stimme nicht ertragen könnte. Das hatte ihm viel ausgemacht, das hatte er sich ungern angehört, auch weil er zu sich in der Stimme von Udo Lindenberg gesprochen hatte, dessen Sprechweise er ungefähr nachahmen konnte. „Eh Alter, mäh deinen Rasen, gutes Gras bringt dich gut drauf." Natürlich kam er damit nicht durch. So konnte er sich nicht motivieren. Er kannte alle seine Tricks. Warum sollte auch Udo Lindenberg ein Interesse daran haben, dass er seinen Rasen mähte? „Ich spreche auch manchmal in der Kirche mit mir und denke, das ist Gott, der sich vor allen und in meiner Stimme outet." Gott kann zufrieden sein. Es ist immer gut, wenn man jemanden hat, der einem zuhört, wenn man was sagt.

MASCHINEN: Ich weiß schon lange nicht mehr, ob die Dinge wirklich aus sind. Manchmal sind sie an und man hört, was sie tun. Oft sind sie aber nur einsatzbereit und warten auf klare Ansagen. Ich weiß nicht mehr, ob der Trockner noch genauso viel Strom frisst, wenn er mit dem Trocknen fertig ist, aber noch an ist. Ich weiß auch nicht, ob er die ganze Wäsche noch einmal trocknen würde, obwohl sie schon trocken ist. Kennt er seine Grenzen? Ich weiß auch nicht, warum man die Waschmaschine nicht sofort öffnen kann, wenn sie den Waschvorgang beendet hat. Welche Gefahren stecken in dem abrupten Öffnen der Waschmaschine nach dem Ende des Waschvorgangs? Ich kenne das nur von Künstlern, die nach einem Auftritt so aufgekratzt sind, dass man sie am besten erstmal nicht anspricht, weil sie runterkommen müssen. Aber das ist eine Waschmaschine. Es gibt Maschinen, die kann man gar nicht mehr ausmachen, z.B. das Smartphone meines Sohnes. Da läuft den ganzen Tag laute Musik. Das hat auch keinen Lautstärkeregler mehr, das geht nur noch laut. Meine Tochter hat einen Freund, der weiß nicht, was ein Rasierer ist. Ich kenne jetzt strombetriebene Hamsterräder, da muss der Hamster nicht mehr selbst laufen. Der setzt sich einfach rein und denkt, er wäre Armin Hary. Ich kenne einen Papagei, der kann die Sprachsteuerung Alexa dazu bringen, dass sie ihm ein Lied vorsingt. Das ist doch entwürdigend, oder? Ich habe zu Hause eine Maschine, von der wusste ich jahrelang nicht, was es ist, bis meine Frau erklärt hat: „Das ist ein Staubsauger." Das war natürlich eine große Überraschung. Ich habe jetzt eine Kaffeemaschine gekauft, die geht immer von selbst aus. Das wusste ich vorher gar nicht. Die denkt, wenn ich zwei Tassen Kaffee getrunken habe, ist gut und geht von selbst aus. Einmal habe ich gedacht: Und was ist, wenn sie an bleibt? Ist sie dann kaputt?

(Siehe auch: „KAFFEEMASCHINE, DIE")

MATRATZENMONSTER, DAS: Ich hatte alles in Gedanken durchgespielt. Jeden Schritt plante ich voraus. Man bekommt nicht jeden Tag eine Matratze geliefert. Filtertüten bekam man geliefert, Duftkerzen, Gummienten, aber Matratzen? War ich bereit das Monster zu begrüßen, ohne mich lächerlich zu machen? Wer drückte einem schon eine Matratze in die Hand? Das ist ein Schwiegersohntest in den Augen des Orkans. Was würden die Nachbarn denken, wenn eine Matratze meine Durchfahrt blockierte? Ich hatte Platz geschaffen und meinen Wagen aus der Einfahrt gefahren. Ich hatte die Klingel angestellt und meine Mittagspause verschoben. Ich wollte da sein und fit sein. Vielleicht musste ich beim Tragen helfen oder wenigstens die Tür aufhalten. Ich wusste schon, in welcher Jacke ich Trinkgeld hatte und wollte in einem geeigneten Augenblick 10,- Euro aus der Innentasche ziehen und es den Anlieferern übergeben. Nun schaute ich regelmäßig aus dem Fenster und erwartete einen LKW, der von einem Mann in meine Einfahrt gewunken wurde. Wahrscheinlich würden zwei Männer aussteigen, die eine übergroße Matratze von der Ladefläche zogen, um sie neben meiner Haustür an die Wand zu lehnen. Ich hatte mir schon ausgemalt, wie ich die Männer gebeten hätte, diese Matratze ins Gästezimmer zu tragen. „Das soll ihr Schaden nicht sein", wollte ich sagen und ihnen 10,- Euro in die Hand drücken und vielleicht ein Bier anbieten oder einen Kaffee. Ich wartete also auf die Ankunft meiner neuen Betteinlage. Wenn der Hund nicht angeschlagen hätte, wäre alles noch mysteriöser gewesen. So wusste ich wenigstens, dass jemand da gewesen sein musste, als ich diesen kleinen Karton vor der Haustür fand. Wo war meine Matratze geblieben? Was war in diesem Karton, groß wie eine Kuckucksuhr? Überraschender Weise stand „Vorsicht Matratze" auf ihm. Ich war gewarnt. Aber drinnen konnte unmöglich eine Matratze mit den Ausmaßen vom 1,40 X 2,00 Metern sein. Beim Öffnen des Kartons stieß ich auf etwas, was in einer groben Plastikfolie eingewickelt war. Sah so eine Einlage für Bettnässer aus? Hatte ich mich vertan und etwas falsches bestellt? Schlief man jetzt auf dünnem Eis und musste zittern? Als ich die Plane vom Inhalt löste, empfing mich ein hämisches Seufzen, als hätte ich etwas gegen seinen Willen geweckt. Ich trat einen Schritt zurück. Mir schlug das Strecken des Monsters entgegen, das vor meinen Augen aus seinem tausendjährigen Schlaf erwachte. Der Inhalt des Kartons erhob sich vor meinen Augen, besetzte meinen Flur und drückte mich gegen den Gummibaum meiner Schwiegermutter. Immer mehr war zu erkennen, dass sich vor mir eine Matratze outete, eine Matratze in den Ausmaßen von 1,40 X 2,00 Metern. Ich kreuzte meine Arme und hielt sie schützend vor mein Gesicht. Schließlich stützte ich die Matratze so ab, dass sie gegen das Holzgeländer meiner Treppe fiel und es einriss. Welch trojanisches Pferd hatte ich mir da aufgehalst? Konnte man nun Matratzen in Zigarettenschachteln transportieren und schlief der Elefant in einer Streichholzschachtel? Ich rief sofort Lydia an, um ihr alles zu erzählen. Vielleicht konnte sie mir bestätigen, dass ich nur alt geworden war. Das würde alles erklären. Vielleicht hatte ich auch Glück und war einfach nur verrückt.

MAX, STRAMMER: Der stramme Max ist keine Speise. Er ist ein Auffahrunfall, ein „Stirb langsam 4" mit Bruce Willis, dargestellt durch Lebensmittel. Er ist eine sechsstündige Lehrerkonferenz und irgendwann stellt jemand eine Chipstüte auf den Tisch. Der stramme Max ist eine Provokation, ein Pornoschauen, während man eine Steuererklärung ausfüllt, und die Schwiegermutter schneidet einem dabei die Haare. Er ist Daniel in der Löwengrube nach einer viertel Stunde ohne Gottes Gegenwart. Er ist das Schuldeingeständnis eines Massenmörders, der dazu der Polizei alle Standorte zeigen muss, wo er seine Opfer vergraben hat. Er ist eine dunkle Seele im Herbst.

MEIN MANN UND ICH: (Ein Monolog für eine Frau, die neben einem Mann auf einer Bank sitzt) Mein Mann und ich fragen uns gerade, ob Sie nicht Ihr Auto besser einparken könnten, damit daneben noch ein Auto parken kann. Mein Mann und ich fragen uns gerade, warum Sie nicht so ein schönes Hemd tragen können wie mein Mann. Es würde so gut zu Ihrer devoten Ausstrahlung passen. Mein Mann und ich fragen uns gerade, welches Lied Sie da summen. Ist das Quatsch, um die Stille zu untermalen, oder zitieren Sie ein bekanntes Lied und können nur keine Töne treffen? Mein Mann und ich fragen uns gerade, warum Sie nicht hierher auf einem Pferd geritten kamen. Mein Mann und ich fragen uns gerade, warum Sie sich für diese kurze Hose entschieden haben. Mein Mann meint sogar, dass Sie keine kurzen Hosen tragen können, da Sie keine Waden haben. Mein Mann und ich fragen uns gerade, warum Sie uns nicht an Ihrem Eis lecken lassen. Sie genießen es so in aller Öffentlichkeit, dass allen anderen das Herzchen blutet. Man genießt nicht zu sehr in der Öffentlichkeit. Das schickt sich nicht. Mein Mann und ich fragen uns gerade, ob Sie wissen, dass wir Sie gesehen haben. Wir haben gesehen, was Sie getan haben. Mein Mann hat es gesehen und ich habe es gesehen, aber wir sagen nichts, weil wir uns für Sie schämen. Mein Mann und ich fragen uns gerade, ob die Frau an Ihrer Seite schon die Frau ist, mit der Sie alt werden wollen oder nur ein flüchtiges Erlebnis, dessen Auswirkungen Sie schon jetzt bereuen? Mein Mann und ich fragen uns gerade, ob Sie wissen, dass wir bei Ihrem Bücken die Ritze Ihres Pos sehen können oder setzen Sie diesen Effekt bewusst ein, um unsere Aufmerksamkeit zu erregen? Mein Mann und ich fragen uns gerade, warum Sie diese schwere Kiste alleine tragen müssen. Kennen Sie niemanden, der Ihnen dabei helfen kann? Mein Mann und ich fragen uns gerade, warum Sie Ihren Hund nicht anleinen? Trauen Sie sich nicht? Mein Mann und ich fragen uns gerade, warum Ihr Lachen so ansteckend ist, obwohl Sie sich über uns lustig machen. Mein Mann und ich fragen uns gerade, wie viel Schmerz Sie aushalten können? Kann es sein, dass Sie weinen?

MELODIEN: Wo kommen die Melodien her, die wir manchmal pfeifen? Ich meine nicht die Melodien der bekannten Lieder, die wir Tag für Tag vorgedudelt bekamen? Nein, ich denke an die Melodien, die entstehen, wenn wir mit dem Kopf ganz woanders sind. Ich meine die Hintergrundmusik unserer Träume. Das ist der Sound, der unseren alltäglichen Handlungen den passenden Rahmen gibt. Die aufgestaute Musik verändert den Trott unserer täglichen Handlungen. Wir sind der Kessel der pfeift, wenn das Wasser kocht. Mein Pullover wurde gehäkelt beim Anhören der 7. Sinfonie von Schostakowitsch und hat drei Arme. Sowas passiert, wenn man sich gehen lässt. Ich habe mal beim Rasenmähen einen Walzer gehört, nun sieht der Rasen dementsprechend aus. Marschmusik wäre da passender gewesen. Viele Menschen denken bei einem Blumenkohlessen an Bach, beim Aubergine Braten an Satie, bei dem Aufschrei einer Hotelklingel an Johann Strauß, beim Durchblättern eines Briefmarkenalbums an Brahms, beim Schlipsbinden an Strawinsky, beim Häkeln eines Bikinis an Rimski-Korsakow, links ist Rimski, rechts ist Korsakow und beim Bademantel Bügeln an Udo Jürgens. Ich ertrage Vivaldis 4 Jahreszeiten nur, wenn ich dazu eine reife Banane esse. Würde Bach eine gesungene Version seiner Orchesterwerke gefallen? Würde er sagen, ich hätte sie gleich für nur eine Gesangstimme einrichten sollen? Ich weiß es nicht. Musik ist schön, weil sie schon vor uns hier war. Man muss ihr manchmal nur zeigen, dass es keine Grenzen gibt und Freiheiten auch weh tun können.

MENSCHEN, DIE: „Daran muss auch ich mich erst gewöhnen", sagte Gott, „dass man Menschen trifft, die einen nicht mögen. Ich kann mich dafür nur entschuldigen, aber anders ging es nicht."

MERINGUES: Die Geschichte, dass es sich bei den Meringues um eine Schweizer Erfindung handelt, wird oft in der Schweiz erzählt. Ein italienischer Zuckerbäcker namens Gasparini soll die Meringues um 1600 in Meiringen, daher der Name, im Berner Oberland erfunden haben. Es gibt aber auch Hinweise, dass der Begriff erstmals im Jahre 1691 im Kochbuch des französischen Kochs François Massialots „Von der Last der Süße" auftauchte. Ich persönlich könnte mir vorstellen, dass Gott auf Nummer sicher gehen wollte. So ließ er die Köstlichkeit gleich zweimal erfinden, damit uns diese Kurzweil auf schweren Wegen nicht verloren geht und süßen Trost schenken kann in einem kaum aushaltbaren Winter. (frei nach Wikipedia)

MINENRÄUMER: (Eine Filmidee für Til Kuhles) Ein Mann und sein Gehilfe ziehen mit Minensuchgeräten über ein karges Feld. Sie sind in einem Zelt untergebracht oder in einem Wohnwagen. Sie sprechen kaum miteinander und wenn, dann nur belanglose Sachen. Eine Frau kommt dazu, die eine Dokumentation über die Minenräumer drehen will. Zum Schluss fliegt etwas in die Luft.

MINIGOLF: Es gibt nichts Einsameres als alleine Minigolf zu spielen.

MIRABELLEN: Natürlich hatte er seinem Nachbarn Herrn Abermann erlaubt seine Mirabellen zu pflücken. Der Baum hing übervoll und in die Krone des

Baumes wollte er auch nicht steigen. Als nun Herr Abermann pfeifend, mit sechs Eimern und einer Riesenleiter, in seinem Garten stand, war er erst überzeugt, dass die Mirabellen einen guten Abnehmer gefunden hatten. Unter seiner Obhut wären alle Mirabellen verfault und auf den Boden gefallen. So saß er auf seinem Balkon und schaute Herrn Abermann beim Pflücken zu. Es war etwa beim Füllen des vierten Eimers, als ihm sein Mirabellenbaum so entzaubert vorkam. War dies nicht auch ein kleines Einläuten des Herbstes, welches er gern noch ein wenig auf die lange Bank geschoben hätte? Die so forsch gepflückten Mirabellen fehlten ihm plötzlich und er hätte gerne die sechs Eimer kontrolliert, ob dazwischen nicht eine Mirabelle gelandet war, die irgendwie „unerlaubt mitgenommen" aussah. Natürlich hatte Herr Abermann für ihn einen Ast voller Mirabellen ungepflückt übrig gelassen. So hatten sie es abgemacht, aber nun tat Herr Abermann so, als wäre das ein besonderes Entgegenkommen von ihm, und dabei war es doch gar nicht sein Mirabellenbaum. Er hatte auch beim Probieren dieser übrig gelassenen Mirabellen den Einruck, dass sie nicht mehr so gut schmeckten wie vor der nachbarlichen Mirabellenbaumplünderung. Wie sollte er sich nun verhalten, wenn ihm plötzlich der Wunsch kommen würde, auch Mirabellen, die außerhalb seines übrig gelassenen Mirabellenastes lagen, zu essen? Da war ja nichts mehr, da war ja alles gepflückt und geplündert worden. Was wäre, wenn er plötzlich den Wunsch verspüren würde, Mirabellenmarmelade zu machen für seine Freunde und sich? Andererseits mochte er keine Mirabellenmarmelade und so war das letzte, was er sich auf ein Brot schmieren würde, Mirabellen. Trotzdem, seitdem sein Baum so leergeplündert in seinem Garten stand, vermisste er seine Mirabellen. War das immer so, wenn man sich von etwas trennen musste? Selbst wenn man gut darauf verzichten konnte? Herr Abermann ließ sich nun öfters bei ihm sehen und nervte mit seiner Dankbarkeit. „Alle mögen Mirabellen, außer Ellen", sagte er dann. Irgendwas musste man ja sagen.

MITSINGER: Man stellt auf der Bühne ein Radio an und sucht einen Sender, auf dem Musik zu hören ist, dazu singen dann alle mit.

MODERATOREN: Beim Radio können auch Sprecher arbeiten, die nicht gut aussehen und wenig Wert auf ihr Äußeres legen. Frankenstein arbeitete bei Deutschlandfunk Kultur. Das Phantom der Oper hatte eine eigene Sendung auf WDR 3. King Kong war Moderator einer Kindersendung beim HR 1.

MOHNKUCHEN: Der Mohnkuchen ist kein Kuschelkuchen. Man isst ihn nicht auf einem Kindergeburtstag. Kein Wunder, dass er in manchen Ländern verboten ist. Eine christliche Kaffeetafel sieht anders aus. Viele Torten geben Antworten, der Mohnkuchen stellt Fragen. Halten Sie dem Blick von Ochsenaugen stand? Trauen Sie sich einem Schweineöhrchen ihre Geheimnisse anzuvertrauen? Denken Sie beim Essen eines Amerikaners an Guantanamo? Ein Kuchen, der nicht das Edle im Menschen hervorlockt, sondern seine dunklen Seiten stillt, ist wie Urlaub in einer No-Go-Area. Wir chillen im Feindesland. Unter der Ladentheke, meist den Blicken der Allgemeinheit entzogen, tut sich eine Welt auf, in der es nicht nur Koblenz gibt, sondern auch Dinslaken. Wussten sie, dass die Beamten in Dinslaken ihre Beamtenbetten mit einem Dienstlaken überziehen? Wussten Sie, dass das Freibad in Dinslaken einen FKK-Bereich hat, in dem man aber Badekappen tragen muss? Wussten Sie, dass männliche Unterwäsche auch von Frauen getragen werden kann, wenn sie nicht so viel Wert auf ihr Äußeres legen? Wussten Sie, dass der Tod nicht das Ende aller Fragen ist, sondern der Anfang? Ich habe mal einen Mohnkuchen gegessen und und war nachher Mitglied in der DLRG, obwohl ich nicht schwimmen kann. O du Mohnkuchen, du verrückter Kerl. Vorsicht, sein Geruch zieht Menschen mit sonderbaren Neigungen an. Plötzlich kommt Ihre Schwiegermutter zu Besuch, Schimmel bildet sich im Kühlschrank und Ihr Vermieter will bei Ihnen einziehen. Es kann auch sein, dass Ihre Nachbarn Ihnen ein Geburtstagsständchen bringen, obwohl Sie nur Namenstag haben. „Wie schön, dass du geboren bist, Mohn. Wir hätten dich sonst sehr vermisst." Bevor ich einen Mohnkuchen esse, achte ich darauf, dass jemand da ist, der mich auffangen kann. Er ist schwer zu gängeln. Sahne beißt bei ihm auf Granit. Selbst Panflötenmusik prallt von ihm ab. Ich kannte Bauarbeiter, die auf der Baustelle Panflötenmusik hörten. Dementsprechend sah später das Haus aus und konnte nur als anthroposophisches Seniorenheim genutzt werden, wo man an jedem Nachmittag Windbeutel reichte. Der Mohnkuchen spielt in einer anderen Liga. Kann sein, dass Sie nach dessen Berührungen Kafka besser verstehen und die Musik von Metallica Ihnen Trost spendet. Auf jeden Fall haben Sie vom Tod genascht. Wer ihn überlebt, hat ab dann ein Heimspiel.

MOHNKUCHEN: (gereimt) Komm koste die Sünde der dunklen Macht/ gebacken nach des Satans Rezept/ lass los deinen Hunger und sachte, gib acht/ dein Schlingen wird von Bushido gerappt// Der Mohnkuchen ist ein Herrschaftsbeginn/ er schmeißt den dummen Kasper vom Thron/ Hier gibt's nur Verluste und keinen Gewinn/ und über allem schwebt Mohn, Gott Mohn// „Oh schlag mich, oh würg mich, du Teufel Mohn/ Ich suche das Böse, der Schmerz ist mein Lohn/ Ich suche das Neue, drum mich nicht verschon/ Du bist die Liebe, mein ewiger Mohn"// Drum iss ihn mit Achtung und sorge dich nicht/ weil jeder Rausch den Alltag entstellt/ Er nimmt dich zur Bruste und zeigt sein Gesicht/ denn ohne Rausch verkümmert die Welt// Das Mohnbrötchen wird oft als Einstieg gesehn/ man sieht danach Farben und alles ist bunt/ und streicht darauf dunkle Nougatcreme/ Nutella und Mohn? Das ist nicht gesund.// Der Mohnkuchen erstmal überrascht,/ er schmeckt ja ganz anders, und will auch mehr/ Es ist so, als wenn man Haschisch hascht/ als wenn man plötzlich ein anderer wär// So fällt der Mohnkuchen schon optisch auf/ hier isst das Auge nicht mit, sondern schielt/ Drum heimlich ihn unter der Theke kauf/ und find einen Bäcker, der mit ihm dealt// Und wenn man auf einmal drei Stückchen will/ vom Teufelkuchen mit ganz viel Mohn/ entdeckst du den wahren Overkill/ Man nennt das auch das Stockholm-Syndrom// Die schwarzen Engel und Luzifer/ die treffen sich zum garstigen Plausch/ und irgendein Freier schleppt Mohnkuchen her/ und alles wird Sünde und alles wird Rausch// „Oh schlag mich, oh würg mich, du Teufel Mohn/ ich suche das Böse, der Schmerz ist mein Lohn/ Ich suche das Neue, drum mich nicht verschon/ du bist die Liebe, mein ewiger Mohn"// Dem Mohnkuchen sind andre Torten egal/ „Was hab ich mit Sahnecreme am Hut?/ Für Mohnkuchenfans bin ich erste Wahl/ wer Qualen braucht, für den bin ich gut"// Drum iss einen Mohnkuchen niemals allein// lad Ärzte ein und den alten Pastor/ Die dir dann den größten Wahnsinn verzeihn/ und sing mit im diabolischen Chor:/ „Oh schlag mich, oh würg mich, du Teufel Mohn/ ich suche das Böse, der Schmerz ist mein Lohn/ Ich suche das Neue, drum mich nicht verschon/ du bist die Liebe, mein ewiger Mohn"// Der Mohnkuchen ist ein Reisen durch Nächte,/ wo man herumirrt und niemand kommt an/ Drum lies mir beim Untergang vor meine Rechte,/ denn wie sagt der Dämon: No risk no fun:// „Oh schlag mich, oh würg mich du Teufel Mohn/ ich suche das Böse, der Schmerz ist mein Lohn/ Ich suche das Neue, drum mich nicht verschon/ du bist meine Liebe, mein ewiger Mohn"//

MÖRDER: Wenn ein netter Mann einem Mörder sagt, dass er nicht mehr so viel morden soll, wird das oft von Mördern falsch verstanden. Manchmal morden sie dann sogar den netten Mann, obwohl der gar kein Geld hat. Unangenehm ist das allemal.

(Siehe auch „HAMMERWERFER")

MOND: Heute wurde ich wach, und bemerkte erschrocken, dass der Mond mich beobachtete.

MONDMÄRCHEN: Die Astronauten schwärmten davon, wie schön die Erde, der blaue Planet, vom Mond aus betrachtet, aussehen würde. Musste man erst in Urlaub fahren, um festzustellen wie schön es zu Hause war? Dass der Mond nicht annähernd so viele Entfaltungsmöglichkeiten wie die Erde bietet, hätte ich allen auch vorher sagen können. Da war die Erde eindeutig schöner. Gucken Sie sich doch den Mond an. Da gibt es keine Imbissbude, keinen Kiosk, keinen Blumenladen und keine Dixiklos. Und ich meine, aus der Entfernung sieht alles schöner aus. Ich habe jetzt gelesen, dass die Astronauten der Apollo-11-Mission „Good-Will-Botschaften" aus 73 Ländern dabei hatten, um den Außerirdischen die Scheu vor den Einwanderern zu nehmen. Ein guter Spruch zur rechten Zeit, zeigt deine Überlegenheit. „Worte statt Geschenke". Richard Nixon, der damalige Präsident der USA, sammelte diese Grußbotschaften und drückte sie Neil Armstrong in die Hand. Es wird erzählt, dass Richard Nixon einmal einkaufen war, um Zutaten fürs Waffelbacken zu holen. Er steht also im Supermarkt, holt den Einkaufszettel hervor und liest: „Herr, unser Herrscher, / wie gewaltig ist dein Name auf der ganzen Erde; / über den Himmel breitest du deine Hoheit aus", also den Psalm 8 aus der Bibel, den er eigentlich für die Good-Will-Botschaften ausgesucht hatte. Nixon wird blass und sagt: „Um Gottes Willen, jetzt stehen die Außerirdischen auf dem Mond, öffnen die Good-Will-Botschaften und finden meinen Einkaufszettel: „Butter, Zucker, Mehl, Eier, Salz, Backpulver, Milch", auf denen die Zutaten für das Waffelbacken verewigt wurden." Verstehen Sie? Da hat Nixon aus Versehen seinen Einkaufszettel mit der Grußbotschaft vertauscht. Wie peinlich. Was sollten denn die Außerirdischen über die USA denken, wenn die sich anstatt mit der biblischen Inanspruchnahme des Himmels mit einem Rezept für das Waffelbacken anbiedern wollen?

Aber vielleicht wären die Außerirdischen auch froh, neben all den aufdringlichen Grußbotschaften etwas Konkretes vorzufinden, mit dem man sich den Tag versüßen kann. Vielleicht würden sie dann später, wenn sie sich getraut haben, diese Waffeln nachzubacken, sagen: „Wer solche Waffeln backen kann, der weiß, was Liebe ist." Vielleicht käme so Frieden auf die Welt. Frieden schaffen mit mehr Waffeln.

MONSTER: Was hätte das Monster nicht alles werden können. Es bekam als Kind sogar Klavierunterricht.

MONTAG: Montag ist Glastag.

MÜLL: Früher hatte man keine Mülleimer. Man hinterließ die Dinge dort, wo man sie auch benutzt hatte. Es dauerte bis nach der Kreidezeit, bis man ein Empfinden dafür entwickeln konnte, was zu einer Landschaft passen könnte und was nicht. Was hat die Sardinendose auf einem Getreidefeld verloren? Warum isst Magda einen Apfel in der Würstchenbude? Spiegeleier schmecken am besten in einem Flugzeug, das noch nicht landen darf. Der Schnappmülleimer entstand durch ein Krokodil, dem die Ehefrau des Erfinders auf den Schwanz getreten war. Müll zeigt erstmal an, dass wieder Menschen in der Landschaft leben.

MÜLLEIMER: Man braucht einen großen Mülleimer, wenn man es schön haben will.

MÜLLEIMER, ABGERISSENER: Kürzlich stolperte er über einen abgerissenen Mülleimer. „Nun hätte man ihn brauchen können", dachte er. „Nun wurde er selber zum Gegenstand seiner früheren Funktion."

MÜLLEIMER: Gott war ratlos. Seitdem der Mülleimer unten stand, wusste er oben nicht mehr wohin mit dem Müll. Er hätte den Mülleimer natürlich wieder nach oben holen können, aber da störte er nur.

MÜSSIGGANG: Ich habe im Augenblick nicht viel zu tun, bin damit aber den ganzen Tag beschäftigt.

MUSIK: Er wusste nicht, wie man sich dieser Musik noch weiter nähern konnte. Er hatte alles probiert, damit sie ihm gefiel. Er hatte der Sängerin sogar auf dem CD Cover einen Schnurrbart angemalt, damit er ihrem öligen Gesang folgen konnte. Welches Getriebe wollte sie damit schmieren? Vielleicht musste er die Musik in einer unaufgeräumten Garage hören? Vielleicht kam sie dort besser zur Geltung. Vielleicht war sie überall fehl am Platze, wo die Wände gekachelt waren. Er hatte manchmal den Eindruck, dass sie gut zum Tanken passte. Also zu allen Dingen, die er sonst nicht gerne machte.

MUT: Der Mut verließ ihn im Laufe des Tages. Abends aß er nur noch Milchreis mit Zimt.

MYRIAM: Obwohl sie ihn hasste, schien sie ansonsten ganz nett zu sein.

Illustration: "Monster"

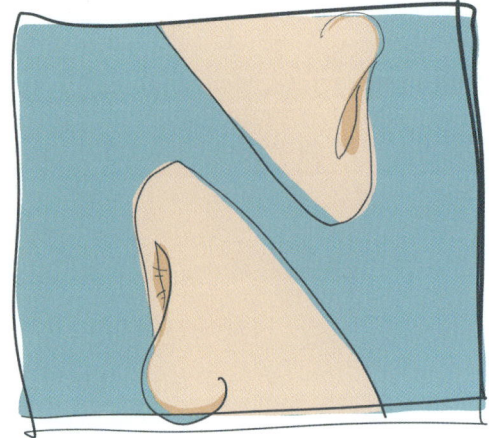

NABELSCHAU: Wenn ich mich mit kalten Händen berühren muss, ist das nicht sehr angenehm. Obwohl es meine eigenen kalten Hände sind, sind mir deren Berührungen nicht automatisch sympathisch. Da gibt es kein Entgegenkommen und keinen Zusammenhalt. Mancher Körper fremdelt dann schon und lehnt sich ab. Was der Daumen oft anstellt, muss man nicht kommentieren. Zum Glück kann man seine Hände auch einsetzen für Handlungen, die man selbst moralisch verwerflich findet. Ist der Mittelfinger der Kerl fürs Grobe? Es ist gut, dass das ausgiebige Händewaschen wieder eine Lobby hat.

NACHRICHTENPRECHERIN: Ich bemerkte, dass sich die Nachrichtensprecherin versprach, als ich das Radio ausstellen wollte. Wie konnte sie von meinem Ausstieg erfahren haben?

NACHTRAG ZUM PADERBORNER BROT: Das Paderborner Brot ist ein Hintergrundspieler. Ähnlich wie die Lippe ein Hintergrundfluss ist, der erst durch einen Zustrom von Alme und Pader zu einem Hauptfluss wird, erlangt auch das Paderborner Brot dadurch seine Bedeutung, dass es den auf ihm platzierten Aufschnitt hervorhebt. Belegt man es mit einem unbedeutenden Käse, wie zum Beispiel dem jungen Gouda, macht sich schnell Langeweile breit. Der junge Gouda ist ein Hintergrundkäse, er will nicht auffallen. Er wurde eigentlich für Menschen geschaffen, die keinen Käse mögen. Wenn zwei Hintergrundspieler zusammenkommen, dann haben sie gemeinsam die Ausstrahlung von Cindy und Bert. Das ist so harmlos wie eine Kaninchenband zu Ostern. Die gesamte FDP besteht nur aus Hintergrundspielern. Wenn die bei Pressekonferenzen nicht vor einem FDP Schild stehen würden, wüsste man gar nicht, dass dort die Hintergrundspieler der FDP zu sehen sind. Stellen sie sich Lassi ohne Lassi vor. Man starrt auf die leere Hundehütte und fragt sich, wer dort ein und aus geht. Das Paderborner Brot ist der ruhende Pol, auf dem sich ein Harzer Roller zusammenreißt und Würde zeigt. Das Paderborner Brot sorgt für ein Fundament, auf dem selbst die dicke Sülze mit ihrem dicken Hintern eine Form von Geborgenheit erleben kann. Das Zusammenkommen von Temperamenten ist das Geheimnis von glücklichen Beziehungen. Auch die Ehe von einem Ostwestfalen mit einer Rheinländerin könnte mit dieser Chemie funktionieren.

(Siehe auch „PADERBORNER BROT")

Illustration: "Natur" (Text S.132)

NÄSSE: Manche lassen nach dem Duschen das Licht an, damit die Nässe besser trocknen kann. Wir haben das so verinnerlicht, dass Nässe besser unter dem Einfluss von Licht trocknet und lassen darum das Licht im Badezimmer an. Natürlich trocknet die Nässe im Badezimmer auch im Dunkeln, aber das leuchtet uns nicht immer ein …

NATUR: Jetzt schwieg auch noch der Wind. Kein Sturm kam mehr auf. Kein Donner ließ sich hören, auch nicht von weitem. Was hat sie erzürnt, wer drängte sie zurück, was hat sie beleidigt, wer stellte ihren Sinn in Frage. Mir fehlt das Rauschen der Bäume, das Fallen der Blätter, das Aufsteigen der Drachen, das Schlagen der Wellen an den Strand. Alles wächst, alles sprießt, alles wächst, wenn man's gießt.

NETT: „Alle sind netter als man denkt", sagte das Arschgesicht, und küsste mich gegen meinen Willen.

NEUE WINDKLAGEN: „Viele tragen keine Hüte, wenn sie das Haus verlassen", klagte der Wind

NERV-NICHT-LITANEI: An manchen Tagen, wo man schnell genervt ist, aus den nichtigsten Gründen schnell genervt ist, sollten da nicht die, die einen sonst immer nerven, einfach zu Hause bleiben und sich selbst nerven? Wäre das nicht tröstlich, wenn die, die sonst immer kommen, um andere zu nerven, an diesen Tagen zu Hause bleiben und sich dort vor ihren Spiegel stellen und sagen: „Hast du keinen Friseur, den du nerven kannst?" Und sich dann selbst antworten: „Schon, aber der hat gerade zu." Wäre das nicht tröstlich, wenn zum Beispiel die Besserwisser, die immer und überall alles besser wissen, an solchen Tagen nicht auch noch andere nerven und einfach zu Hause bleiben und dort alles besser wissen? Dass sie zum Beispiel dort ihre Katze nerven und ihr den Kratzbaum wegnehmen und in den Hundezwinger stellen, damit sie mal weiß, wie das ist, wenn man sich nicht mehr kratzen kann. Wäre das nicht tröstlich? Wäre das nicht tröstlich, wenn an solchen Tagen auch die Überholer nicht mehr nerven würden und einfach zu Hause bleiben? Die Überholer, die einen dauernd überholen wollen, als gäbe es vor einem was, was sie sonst nicht bekommen würden. Die einen an der Käsetheke mit dem Einkaufswagen überholen, nur um vor einem noch den Käse auf dem Probierteller zu kriegen? Wäre das nicht tröstlich? Wäre das nicht tröstlich, wenn die Alleshasser mal nicht so nerven und einfach zu Hause bleiben und dort alles hassen, was ihnen über den Weg läuft? Sie könnten zum Beispiel ihre Pantoffeln hassen, „ich hasse meine Pantoffeln", oder ihre Fernsehzeitung hassen. Sie könnten das Programm vom Montag hassen und das Programm vom Dienstag hassen und wenn sie es sich richtig besorgen wollen, dann gucken sie es sich sogar an. Oder sie könnten ihren Kampfhund hassen, grrrrrrrrrr, wenn sie sich trauen. Wäre das nicht tröstlich?

NICHTKÖNNEN: Gibt es etwas Schöneres, als wenn ein Mensch, der nicht singen kann, ein Lied von Whitney Houston singt? Die Schönheit des Nichtkönnens wird oft unterschätzt. Nichtkönnen ist ein menschlicher Anfang, die Perfektion ein langweiliger Schlusspunkt.

Illustration: "Nerv-nicht-Litanei"

NOTAUFNAHME: Ich hatte gestern eine Zecke auf dem Rücken, die mir in der Notaufnahme entfernt werden sollte. Während ich noch im Wartebereich wartete, lief ein Mann in kurzen Hosen Richtung Ausgang. Ein junger Arzt mit Mundschutz und Kopfhaube folgte ihm. Er trug einen blauen OP-Kittel und rief, sichtlich bemüht kein Anzeichen von Panik aufkommen zu lassen: "Warten Sie Herr Gropius, wir sind noch nicht fertig!" Unbeirrt lief der Mann in kurzen Hosen weiter und blieb nicht stehen. Ich dachte nur, ich wäre auch gerne wie Herr Gropius, ich wäre auch gern geflohen, aber ich wüsste nicht, wohin man laufen kann. Vielleicht renne ich ihm das nächste Mal einfach hinterher.

NOTAUSGANG: Es gibt auch im Hades einen Notausgang. Wenn man gestorben ist, muss das nicht endgültig sein. Es gibt immer Notausgänge um dem Schlamassel zu entfliehen.

NOVEMBERSCHLAF: Ich freue mich, wenn andere Verkehrsteilnehmer mich am Verkehr teilnehmen lassen und mir nicht das Gefühl geben, ich störte oder behinderte die anderen. So wird jede meiner Ausfahrten ein Beweis für das hohe Niveau, das auf unseren Straßen herrscht. Natürlich fahre ich inzwischen langsamer als früher und auch meine Reaktionen kommen später als bei anderen. Ich empfinde es aber als ein Zeichen von Respekt, dass die anderen Verkehrsteilnehmer und Verkehrsteilnehmerinnen mich nicht einfach überholen, abdrängen oder anhupen. Viele begleiten mich gelassen und überholen mich nicht waghalsig oder zeigen mir den Stinkefinger. So zeigt man Respekt vor der Lebensleistung eines verdienstvollen PKW Fahrers. Ich bin 50 Jahre unfallfrei gefahren und kann meine Strafmandate an einer Hand abzählen. Ist das nichts? Ich möchte, dass die anderen Verkehrsteilnehmer wissen: Da sitzt ein Mann am Steuer, der hat sich um drei Kinder gekümmert und seinen Beruf so ausgeübt, dass andere Freude daran hatten. Nun fährt er noch immer Auto, um ein Teil des Verkehrs zu sein. Wir sind die Straße. Geben wir ihm das Gefühl, dass er dazu gehört. Er ist uns längst nicht egal und der nächste freie Parkplatz gebührt ihm.

NUTS: Ich sah jetzt meinen Nachbarn, wie er ein Nuts aß. Ich hatte nicht das Gefühl, dass es ihm schmecken würde. Warf er nicht die gelbe Verpackung einfach auf den Boden und spuckte die ganzen Nüsse aus? Ich kenne keinen Menschen, der von Nuts begeistert ist. Ich selbst kaufte mir jetzt mal ein Nuts, weil Milky Way ausverkauft war. Milky Way ist schon würdelos, aber Nuts? Nuts bekommen immer die Kinder, wenn sie vor der Haustür stehen und singen. Wenn ich spüre, dass sie sich Mühe geben, gibt es sogar ein Snickers. Es ist deprimierend, wenn die Kinder ganz lustlos ein Lied singen. Da können sie froh sein, dass sie überhaupt was bekommen. Nuts scheint es nur zu geben, damit man sich leichter für Duplo entscheiden kann. Es gibt Dinge, die man nicht braucht und trotzdem gibt es sie. Meerschweinchen zum Beispiel. Wer braucht im Ernst Meerschweinchen? Das Kuschelbedürfnis kann auch ein Hase stillen und der kann wenigsten mümmeln. Hinzu kommt auch noch, dass man Meerschweinchen nur zu zweit halten darf. Wie spießig ist das denn? Ich habe noch nie in einem Meerschweinchenkäfig erlebt, dass die

Illustration: "Novemberschlaf"

zwei dann irgendwas gemeinsam unternommen hätten. Lieber allein als gemeinsam einsam. Ein Meerschweinchen streicheln ist Vergnügen, aber zwei Meerschweinchen streicheln schon Stress. Zwei Meerschweinchen streicheln ist Arbeit. Ein Meerschweinchen hat nichts, was seine Existenz unter uns Menschen rechtfertigen würde. Obwohl, wenn es Angst hat, sieht es süß aus. Nuts hat's, sagt man. „Nuts hat's – Nuss an Nuss, ein ganzer Genuss!" Was hat denn Nuts? Hat Nuts einflussreiche Freunde? Mars und Bounty distanzieren sich von ihm, obwohl sie auch von Nestlé protegiert werden. Hanuta behauptete jetzt sogar, sie kenne Nuts gar nicht. Was hat denn Nuts? Selbst Heino, der sich ansonsten für nichts zu schade ist, weigerte sich für Nuts Werbung zu machen. Heino hat Bäcker gelernt, mehr muss man dazu nicht sagen. Man kann Nuts, im Gegensatz zu Knoppers, einer Waffelschnitte, zu jeder Uhrzeit essen, also auch um halb Zehn in Deutschland, aber warum soll man das machen? Nuts erinnert mich an UHU, sieht auch von Außen so aus. Alles klebt und ist von gestern. Nuts hat außer den ganzen Haselnüssen nicht wirklich ein Alleinstellungsmerkmal. Es gibt keine Zutaten, die ich nicht auch schon bei anderen Riegeln gefunden habe. Nuts ist die FDP unter den Schokoriegeln, ein auslaufendes Modell. Schmeckt Nuts denn nach etwas, was uns weiterbringt oder vervollständigt? Candycreme, Karamell, Haselnüsse und Milchschokolade müssten zusammen eigentlich einen anderen Eindruck hinterlassen. Schmeckt Nuts nicht, als wäre es auch für Veganer geeignet und ein kläglicher Versuch die Hölle als Familienparadies zu verkaufen? Brauchen wir bei der Orgie eine erwachsene Aufsichtsperson? War nicht auch mal Doris Day als vegane Alternative zu Marilyn Monroe gedacht gewesen? Ist Nuts Snickers in brav? Nuts riskiert nichts und entwickelt sich nicht weiter. Langeweile bringt uns nicht voran. Der, der alles hat, braucht kein Nuts und der, der nichts hat, vermisst es nicht.

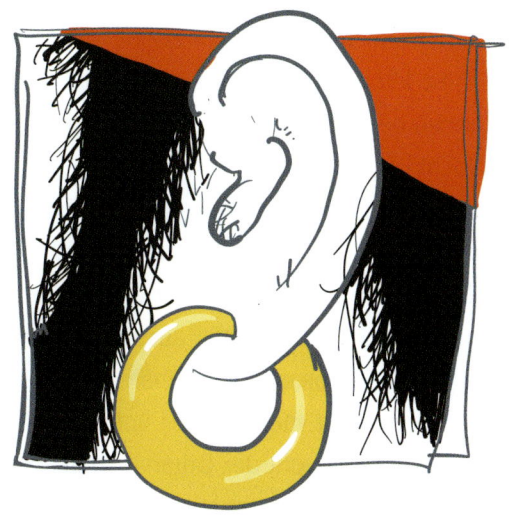

OBER, DER: Ich überlegte, was der Ober, der mir immer von den schlechten Eigenschaften seiner Gäste erzählte, von mir erzählen könnte, wenn er bei andere Gästen aus dem Nähkästchen plauderte. Wahrscheinlich würde er sich beklagen, dass ich ihn quasi eingeladen hätte, schlecht über seine Gäste zu reden und er dies sonst nie gemacht hätte. „Ich weiß doch, wie man sich als Servicekraft zu verhalten hat." Das wär noch niemals seine Art gewesen und nur meine passive Art hätte ihn zu diesen Frotzeleien ermutigt. „Ich hätte", so würde er klagen, „mit einer Atmosphäre von „gleich zu gleich" dafür gesorgt, als stände ich auch auf Seite der Dienstleister und würde alles verstehen, was sich die Bedienungscrew sonst nur untereinander im Hinterzimmer erzählen würde. Es ist nie gut, wenn das Schwein sich mit dem Koch anfreundet.

OBERFLÄCHE: Wie lange würde uns seine Frau heute erlauben miteinander zu reden? „Wir müssen oberflächlich bleiben", beschwörte er mich. „Jede Tiefe, der sie nicht folgen kann, macht sie missmutig."

OFFENOHRIGKEIT: „Bis zum Grundschulalter besteht bei allen Kindern eine sogenannte Offenohrigkeit", sagte Roth. „Sie haben eine Toleranz gegenüber nahezu allen Musikstilen unseres Kulturkreises, und das ändert sich erst ab dem achten Lebensjahr."

OHNE: Ohne meinen Hund hat mich niemand erkannt. Ohne meine Frau nimmt man mich nicht ernst. Ohne mein Auto fühle ich mich nackt. Ohne meine Kinder dürfte ich mich nicht im Pinkelbecken aufhalten. Ohne mein Geld hab ich niemanden, der mich liebt. Ohne meinen Zucker käme Bruno nicht zum Kaffeetrinken vorbei. Ohne meinen Kuchen könnte ich meinen Beruf als Bäcker nicht ausüben. Ohne meinen weißen Kittel wäre ich als falscher Arzt schnell aufgefallen. Ohne meine Kenntnisse über die Bibel hätte ich niemals Erzbischof werden können. Ohne meine schlechte Laune wüsste grade niemand, dass ich am Arbeiten bin. Ohne meinen Hunger hätte ich manche Köstlichkeiten dieser Welt niemals kennengelernt.

OHNE UND MIT: Ohne ist besser als mit. Ein Hamsterrad ohne Hamster ist besser als mit, gerade wenn man keine Hamster mag und es quietscht. Ein Hamsterrad, das quietscht, nimmt einem die Freude daran dem Hamster beim Weglaufen zuzusehen. Wo finden es eigentlich Hamster schön? In Hamsterdam? Im Sportstudio esse ich auf meinem Laufband immer Herrentorte, dann kann ich beim Tortenessen schon gleichzeitig die anfallenden Kalorien verbrennen.

Ohne ist manchmal besser als mit. Ohne ist manchmal besser als mit. Trompete spielen ohne Trompete kann auch besser klingen als Trompetenspielen mit, gerade wenn man keine Trompete spielen kann. Muss man denn alles, was nicht bei drei auf den Bäumen ist, mit einer Trompete begleiten? Ich hörte jetzt Il Silenzio auf einer Trompete gespielt und dachte, es heißt doch Il Silenzio, das Schweigen, die Stille. Apropos, wenn ich mal wirklich Stille suche, dann schiebe ich eine CD mit dem Trompetenkonzert von Johann Sebastian Krach in den CD Player und stelle den Lautstärkeregler auf 0. Was ich dann höre, ist Stille, wirklich die Stille. Ohne ist manchmal besser als mit. Ohne ist manchmal besser als mit. Ich sehe ohne Perücke besser aus als mit. Ich meine, wenn man einer Perücke ansieht, dass es eine Perücke ist, erfüllt sie nicht den geplanten Veränderungswunsch. Einmal klingelte ich bei meiner Nachbarin, um mir einen Föhn auszuleihen, und da wollte sie mir die Haare waschen. Da konnte ich ihr einfach meine Perücke in die Hand drücken und sagen: „Tun sie sich keinen Zwang an. Ich habe auch ein Gebiss." Ohne ist manchmal besser als mit. Manchmal ist es besser ein Lied zu singen ohne den Text zu kennen. Viele kennen ja sowieso nie den Text und müssen beim Mitsingen schon nach der ersten Strophe passen. Was höre ich oft in Nebenräumen sich Geburtstagsgäste abquälen, weil sie kaum über die erste Zeile des Geburtstagsliedes kommen. Warum eigentlich? Man kann doch alles mit den Zeilen „Heinrich Böll aus Köln am Rhein" überbrücken. Singen sie einfach zur Melodie „Zum Geburtstag viel Glück" den Ersatztext „Heinrich Böhöll aus Köln am Rhein, Heinrich Böhöll aus Köln am Rheihein, Heinrich Böhöll aus Köln am Rheihein, Heinrich Böhöll aus Köln am Rhein." So klingt ein Geburtstagslied friedlich und alle können beherzt mitsingen. Auch „Guten Abend gute Nacht" in der Heinrich Böll Fassung „Heinrich Böhöll aus Köln am Rhein, Heinrrich Böhöll aus Köln am Rhein." kann sich hören lassen, selbst die deutsche Nationalhymne bekommt mit diesem Text seine Würde zurück. Heinrich Böll aus Köln am Rheinheihein, Heinrich Böll aus Köln aham Rhein...usw" Ich sang jetzt sogar mal ein Lied von den Beatles auf diese Weise, obwohl der Original-Song „Yellow Submarine" mich immer wahnsinnig gemacht hat. Außerdem erinnert man so an einen großen Schriftsteller und die Stadt, ohne die er nicht leben konnte. Und das alles nur, weil man das Lied ohne den eigentlich Text gesungen hat. Ohne ist manchmal besser als mit. Ohne ist besser als mit. Manchmal ist es besser den 20. Hochzeitstag ohne seine Ehefrau zu feiern, als den 20. Hochzeitstag mit seiner Ehefrau zu feiern. Ich meine, wenn man schon 20 Jahre zusammen ausgehalten hat, dann sollte man an diesem Tag nichts mehr riskieren, was einen auseinander bringen kann. Ohne ist manchmal besser als mit. Ohne ist besser als mit. Hier stehe ich auf dem Foto neben meiner Schwiegermutter und da stehe ich auf dem Foto ohne meine Schwiegermutter. Ohne ist manchmal besser als mit. Ohne ist manchmal besser als mit: Bungeespringen ohne einen Abgrund vor sich ist manchmal besser als Bungeespringen mit einem Abgrund vor sich. Ich meine Bungeespringen mit einen Abgrund vor sich kann jeder, aber Bungeespringen ohne einen Abgrund vor sich ist eine Herausforderung. Meine Frau sagt immer, ich wäre ein Abgrund. Sie soll da nur aufpassen, sonst reiß

Illustration: "Onkel Tod" (Text S.140)

ich sie mit. Ohne ist manchmal besser als mit. Ohne ist manchmal besser als mit. Wasserballspielen ohne Wasser kann schöner sein als Wasserballspielen mit Wasser, gerade wenn man nicht schwimmen kann. Paprikasalat ohne Paprika schmeckt mir auch besser als Tomatensalat nur mit Tomaten. Ich weiß noch, wie der Dudelsackspieler seinen Dudelsack vergessen hatte und alle sagten: „Das ist nicht so schlimm, dann betrinken wir uns einfach so." Nicht die Wahrheit zu erkennen ist manchmal besser als die Wahrheit zu erkennen. Ohne Wahrheit lebt es sich manchmal besser als mit in einer gottlosen Welt. Ohne ist manchmal besser als mit.

ONKEL TOD: Wir sagen Onkel Tod „Hallo"/ du kommst uns viel zu früh/ wir sind doch noch so lebensfroh/ drum gib dir keine Müh// Wir sagen Onkel Tod „Mach's gut"/ und tu uns bloß nicht weh/ du stoppst sonst unsre Lebensglut/ als wärst du die Zahnfee// Wir sagen Onkel Tod „Sei lieb"/ wir haben dich so gern/ du nimmst was von uns übrig blieb/ die Seele bleibt beim Herrn// Kinder: Der Bäcker soll sich entschuldigen. Die Nussecken schmecken nicht. Man könnte mit ihnen vereiste Scheiben freikratzen. Bäcker stell dich deiner Verantwortung. Eine Nussecke ist keine Frisbyscheibe. Tritt zurück. Mach Platz für einen, der es besser kann. Wir sind es leid, enttäuscht zu werden. (Aus dem Film „Verzeih")

OPER: Der Mülleimer war so schön, dass man keinen Müll hineinschmeißen wollte. Herr Hemdsorgel war erstaunt, wie gut die Klofrau gekleidet war. Wollte sie nachher noch in die Oper? Später stand er neben dem WESCO Mülleimer und drückte rhythmisch die Pushtaste, als wollte er anfangen einen Rap zu singen. Am Abend schaute Herr Hemdsorgel aus dem Fenster. Er sah auf den Bürgersteig, wo sein Mülleimer neben denen der anderen stand. Er konnte nicht anders, als ein wenig stolz zu sein. Wie selbstverständlich sein Mülleimer in einer Reihe neben den anderen stand. Ihm machte es nichts aus, dass er nur halb gefüllt war. „Irgendwie ist das alles ganz große Oper", murmelte er überwältigt.

OPFER: Er floh vor ihr, dabei hatte sie ihn gar nicht verfolgt.

OZEANDAMPFER: Ein Ozeandampfer ist keine Arche Noah.

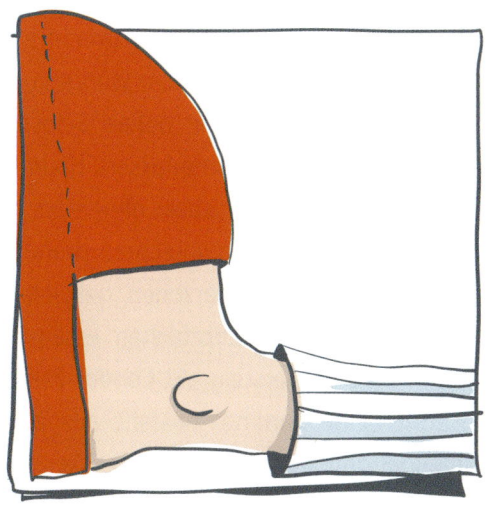

P: Das P ist ein starker Buchstabe.

PAAR: Ich bin bei einem Paar immer überrascht, wenn der Mann freundlicher ist als die Frau.

PAARE: Man sieht oft bei Paaren, dass sie in der Einschätzung des Wetters einer Meinung sind. Sie tragen die gleiche Kleidung, wenn es regnet oder ziehen sich warm an, wenn es friert. Es ist selten, dass der Mann mit kurzer Hose, T-Shirt und Sonnenbrille neben seiner Frau hertrottet, die mit Pudelmütze und Winterschuhen dem Winter trotzen will. Ein schönes Bild ist es, wenn ein Paar in ihrer Überzeugung eines nahenden Regens beide in Regenkleidung aus dem Haus gehen, während am Himmel strahlend die Sonne lacht und davon auch den ganzen Tag nicht ablassen wird. So zeigt man Geschlossenheit und Harmonie. Man muss nicht recht haben, wenn man sich einig ist. Ich schmiere mir auch manchmal Honig auf ein Wurstbutterbrot.

PADERBORN: Wenn die Leute nett sind, denkt man immer, sie kommen aus Paderborn.

PADERBORNER BROT: Unter den über 3000 deutschen Sorten nimmt das Paderborner Brot eine besondere Stellung ein. Es ist sein zurückhaltendes Wesen, dass dieses Brot so liebenswert macht. Es schiebt sich nicht in den Vordergrund wie manche Vollkornbrote, sondern lässt jeden Belag, der auf ihm ruht, sich entfalten. Wem beim Bütterken der Käse oder die Wurst wichtig ist, entscheidet sich für das Paderborner. Es ist wie wir. Es ist der André Wiersig unter den Brotsorten, die Gudrun Lump unter den Backwaren, die IG Metall der Herzen und das Symbol für ein gottesfürchtiges Leben. Das Paderborner Brot hat die Urgestalt allen Brotes, es ist der Anfang der Backkultur. Jeder Käse richtet sich nach seiner Form. Da hat man keinen Ausfall, keinen Verschnitt, keinen Verlust. Alles passt zusammen wie Deckel auf Pott, wie Kreditkarte auf Kreditkartenablesegerät. Wie oft muss man beim Kasseler Scheibe um Scheibe opfern, bis der mittelalte Gouda es optimal ausfüllt? Ganz anders das Paderborner Brot. Hier bildet Belag und Scheibe eine Einheit, so wie innig sich Liebende. Schon der Knust kann belegt werden. Auch die runde Salami fühlt sich auf einem Paderborner Brot wie zu Hause. Natürlich entstehen bei ihrer Nutzung vier salamifreie Ecken, Nothaltebuchten, aber so soll es sein. Nun kann das Salamibrot auch von Vegetarierinnen festgehalten werden, ohne dass sie von der Wurst kontaminiert werden. Das nennt man die Salamitaktik. Das ist wie das Auflegen einer LP auf einen Plattenteller. Salami auf Brot. Da kommt Musik raus und jeder Biss ist Rock'n Roll. Ein Paderborner

Brot ist kein Quickie, kein One-Night-Stand. Frische und Spontanität ist was für Kinder. Vollkommenheit braucht Zeit. Das Paderborner Brot braucht einen Tag um so zu werden, wie Gott es vorgesehen hat. Wir können warten, weil wir wissen was uns erwartet. Verbringen wir den ersten Tag damit es nur zu betrachten. Stellen wir uns vor, mit was wir es belegen werden, wenn es zum Verzehr bereit ist. Ein Paderborner riecht wie die Erde nach dem Sommerregen in der Südstadt. Es hat eine Ausstrahlung wie der Fanblock vom SC Paderborn nach einem Torschuss. Es wirkt wie die Innenstadt nach einem Durchmarsch der Paderborner Schützen. Es bietet ein Zuhause wie der Paderborner Dom nach dem Kommen der Trostsuchenden. Ein Brot darf sich nur Paderborner Brot nennen, wenn es mit Paderwasser gebacken wurde. Alles andere wäre Aneignung einer anderen Kultur. Die Rothobornpader wurde 1036 von Bischof Rotho geweiht. Das schmeckt man einfach. Teilen wir das Paderborner mit denen, die hungrig sind, und danken den Bäckern, dass wir etwas haben, das die Welt zu einem besseren Ort macht. Danke Bäcker Hermisch, danke Bäcker Kloke, danke Bäcker Mertens, danke Bäcker Lange, danke Bäcker Goeken, danke allen Bäckern und Broteschleckern.

(Siehe auch „NACHTRAG ZUM PADERBORNER BROT")

PANFLÖTENBLUES: Die Panflöte ist selbst schuld an ihrem schlechten Ruf. Wenn man hineinbläst, dann schallt es heraus. Thor Heyerdahl schiffte 1934 auf einer riesigen Panflöte nach Fatu Hiva und berichtete, wie der hivaschische Wind das Lied „El Condor Pasa" durch die Öffnungen der Panflöte pfiff. Ein Hit wurde geboren – und machte das Instrument weltweit angreifbar. Wer sein Existenzrecht auf nur einem Lied aufbaut, darf sich nicht wundern, wenn nach VHS-Panflötenkursen die hohen Selbstmordraten eine deutliche Spur hinterlassen. Heute kann man nicht mehr einkaufen gehen, ohne dass dieses Lied aus irgendwelchen Lautsprechern dröhnt oder sogar live in den Fußgängerzonen gespielt wird. Man kann doch kein Fischbrötchen essen, wenn jemand auf dem Bürgersteig „El Condor Pasa" herausposaunt? Eine Panflöte besteht aus zwanzig zusammengetrommelten Blockflöten. Da verbündete sich der Teufel mit Beelzebub, um gemeinsam Bambi aus dem Paradies zu jagen. Was sind 200 versenkte Panflöten? Ein Anfang. Muss man einen Poncho tragen um Panflöte spielen zu können? Wo ist die Aneignung einer anderen Kultur, wenn man sie mal braucht? Ich habe jetzt mal geweint, als ich der Panflöten-Version von „Imagine" lauschen musste. Wie kann man „Imagine" von John Lennon auf einer Panflöte spielen? Klingt nicht alles, was die Pan-Flöte aus ihren Pfeifen lässt, wie eine gottverlassene Version von „El Condor Pasa"? Ich sah jetzt, wie ein Panflötenspieler unsere Nationalhymne blies. Ich hätte sie gar nicht erkannt, wenn nicht manche der Anwesenden aufgestanden wären und angefangen hätten zu weinen. In Bad Driburg gibt es ein Panflötenorchester, das nur zu besonderen Anlässen spielt. Oft ist schon die Tatsache, dass dort ein Panflötenorchester spielt, der besondere Anlass. Panflötenspieler sehen immer so aus, als litten sie unter ihrer eigenen Musik. Sie nuckeln an den Enden ihrer Pfeifen, als suchten sie nach etwas Trinkbarem. Manche spielen auch so, als hätten sie es gefunden. Es gibt eine neue Generation von Panflötisten und

Panflötistinnen, die dem Instrument ein neues Image verpassen wollen. Sie tragen bei Konzerten Jeans und haben im Hintergrund eine Rhythmusmaschine laufen. Es gibt in Duisburg eine Fußgängerampel, die mit einem Panflöten-Dauerton reagiert, wenn ein Fußgänger den Zebrastreifen überqueren will. Sonderbarerweise erinnert auch dieser Panflötenton an eine minimalistische Umsetzung des Liedes „El Condor Pasa". Ich weiß auf jeden Fall, dass bei meinem Eintreffen in der Hölle Simon & Garfunkel dort warten werden, um mich mit ihrer Interpretation des Liedes auf ewige Höllenqualen vorbereiten zu können. Spielt Teufel, spielt.

PANTOFFEL: Seine neuen Pantoffeln waren so schön, dass er sie auch beim Fußballspielen trug.

PARADIES: Für das Paradies sollte man ein wenig Zeit einplanen. Das erschließt sich nicht an einem Tag. Wenn man Pech hat, regnet es auch gerade und irgendwo steht ein Mann und sagt: „Hier herrscht Helmpflicht."

PARADIES: „Ist die Erde das Paradies, aus dem wir wieder vertrieben werden können?", fragte sie. „Ja", sagte er. „Wir sollten aufpassen."

PARKPLATZ: Das Auto musste dort schon länger steh'n. Blätter lagen auf seinem Dach.

PARTY: Sie haben ja nicht nur laute Musik gespielt. Sie haben sogar laute Musik gespielt, die mir nicht gefiel. Sie haben ja nicht nur laute Musik gespielt, die mir nicht gefiel, sie haben sogar noch mitgesungen. Sie haben ja nicht nur laute Musik gespielt, die mir nicht gefiel und mitgesungen, sie haben auch noch später bei mir geklingelt und gefragt, ob ich mitfeiern will. Sie haben ja nicht nur laute Musik gespielt, die mir nicht gefiel, mitgesungen, und dann noch später bei mir geklingelt und gefragt, ob ich mitfeiern will. Es hat ja auch noch Spaß gemacht.

PARTYSCHUHE: Nach Auflösung der Party warteten noch einige hässliche Schuhe auf ihre Besitzer. Ich wendete mich angewidert ab.

PATTEX: Die Klebemasse von Pattex sieht nicht so aus, als könnte sie Spaß verstehen. Ist es nicht das, was Außerirdische bei ihrem Kurzbesuch auf der Erde hinterlassen haben? Bringt Pattex das zusammen, was zusammengehört? Auch ein Kontaktkleber kann sich irren. Wer den Pattex-Sekundenkleber ins Spiel bringt, sollte genau wissen, was er tut. Heutzutage darf ja nichts mehr zerbrechen, ohne dass Pattex auftaucht, um es wieder zusammenzukleistern. Wenn Pattex ins Spiel kommt, kann Uhu einpacken. „Geh zu Mama, Uhu, sonst klebe ich dir eine." Die Blumenvase von meiner Schwiegermutter sollte auf dem Boden zerschellen. Ihre Scherben waren ein Ausdruck meiner Gemütsverfassung. Man muss nicht alles wieder zusammenkleben, was auseinander gehört. Der christliche Gedanke des Teilens geht durch Pattex verloren. Ist Pattex der Antichrist?
(Siehe auch: „WAHRHEIT, DIE")

PAUKE: Wäre es nicht ein schönes Bild, wenn wir alle mit einer Pauke herumlaufen würden? Wir gingen scheinbar schwanger mit unserer Durchsetzungskraft. Bum Bum Bum: „Verdammt und zugenäht!" Man könnte einen Stein ins Rollen bringen und sich überall Gehör verschaffen. Bum Bum Bum: „Wir haben gesehen, was sie getan haben!" Auch einfachen Sätzen könnte man damit einen ungeheuren Eindruck verschaffen. „Wie geht's, wie steht's, was macht die Stromversorgung?" Das wäre eine Standpauke. Alle hätten eine Pauke um und begleiteten ihre Lebensanforderungen mit lauten und rhythmischen Schlägen. Bum Bum Bum: „Sind sie im Sitzen eingeschlafen?" Bum Bum Bum! „Mit ihnen muss man Tacheless reden." Bum Bum Bum! „Haben sie überhaupt keinen Anstand mehr?" Bum Bum Bum „Aus dem Weg, sie Narr!" Hängt euch eine Pauke um, Leute. Die Zeit ist reif dafür.

PAUSEN: Er blieb während des Spaziergangs immer irgendwo stehen und erzählte dann etwas, das durch das Stehenbleiben eine andere Bedeutung bekam ... Stehenbleiben... obwohl es sich dabei nur um übliche Erlebnisse handelte ... Stehenbleiben ... Er war genau der Mensch ... Stehenbleiben ... der immer die schöneren Urlaube erlebt hatte und einen Spezialweinhändler ... Stehenbleiben ... kannte, der ihm immer den Wein direkt im Herkunftsland abfüllen ließ ... Stehenbleiben ... Im Grunde machte es mich wahnsinnig, dass man ... Stehenbleiben ... nicht vorwärts kam. Später war ich enttäuscht, dass er keinen Geländewagen fuhr ... Stehenbleiben. Gehörten seine Abenteuer der Vergangenheit an? ... Stehenbleiben ... Ich dachte manchmal, ich wäre gern wie er, aber dann würde ich weitergehen.

PAVLOVA: Die Pavlova ist eine mit Sahne und Früchten gefüllte Torte aus einer Baisermasse. Sie gilt sowohl in Australien als auch in Neuseeland als eines der Nationalgerichte. Fest steht, dass die Torte nach der russischen Ballerina Anna Pawlowa benannt wurde, die Ende der 1920er Jahre in beiden Ländern Gastauftritte hatte. Das Besondere der Pavlova ist, dass nur die äußere Hülle hart wird, während das Innere weich bleibt. Dies wird durch die Zugabe von etwas Essig oder Zitronensaft sowie von Speisestärke bei der Zubereitung der Masse erreicht. Nach dem Backen wird die Baisertorte aufgeschnitten und mit Schlagsahne und Früchten gefüllt. Ich glaube, ich würde sterben, wenn ich meinen Gedanken erlauben würde sich dies vorzustellen. Traditionell ist die Verwendung von Passionsfrüchten. In Australien wird erzählt, dass der deutschstämmige Herbert Sachse als Küchenchef des Hotels Esplanade in Perth diese Torte im Jahr 1935 erfunden hat. Er soll dabei gesagt haben: „Sie ist leicht wie die Pavlova" und benannte sie nach Anna Pavlova, weil er sich beim Backen von dem Tutu der russischen Balletttänzerin inspirieren ließ. Nun gibt es einen Grund mehr Australien oder Neuseeland zu besuchen. (frei nach Wikipedia)

PERFEKTION: Gott ist für den Pfusch verantwortlich, der Teufel für die Perfektion.

PERFEKTION: Der Augenblick der Perfektion ist nie von Dauer. Perfektion täuscht und ist verdammt anfällig. Ich war mal kurz perfekt, habe mich dabei aber zu sehr geschämt.

Illustration: "Phasen" (Text S.147)

PFEIFEN: Ihm war eigentlich danach ein Lied zu pfeifen, aber ihm fiel keines ein.

PFERD: Sie ritt auf einem Pferd durch den Haxtergrund und führte lauthals Gespräche auf ihrem Handy. Eigentlich war es bekannt, dass man im Haxtergrund keinen Handyempfang hatte. Konnte es sein, dass man diesem Handicap durch das Reiten auf einem Pferd entkommen konnte? Ritten nun Geschäftsleute, Manager, Kommunalpolitiker und andere Persönlichkeiten nur noch auf einem Pferd durch den Haxtergrund, um von dort oben mit der ganzen Welt verbunden zu sein? Gibt es eine Pferdeausleihstation für Handybenutzer? Der Haxtergrund ist ein verwunschener Ort. Ein Handyempfang ist hier nicht nötig, da man andere Signale wahrnehmen kann. Gestern sah ich einen Mann, der sprach mit einem Hasen.

PFLEGER: Es gibt Menschen, die können gut pflegen und dann wieder andere, die können gut gepflegt werden. „Ich kann gut krank sein. Mir macht es nichts aus, wenn andere sich um meinen Blinddarm kümmern", sagte Ilona. „Ich weiß, wie man als Kranker zu gucken hat", sagte ich und wischte mir Tränen aus den Augen.

(Siehe auch: „KÜMMERN")

PHÄNOMEN, DAS: (Ein Vortrag) „Manche Phänomene springen einen an wie ein aggressiver Dobermann, andere dümpeln vor sich hin – obwohl sie die Welt verändern können. Es gibt Menschen, die akzeptieren Phänomene nur, wenn sie sie nicht verstehen. Nicht jede Frau ist ein Phänomen, aber manche sind auch zwei. Wer die Welt mit den Augen eines Kindes betrachten kann, ist überwältigt von den Ereignissen. Tatsächlich können einige Phänomene wissenschaftlich erklärt werden, während andere durch eine sonderbare Einfalt überzeugen. Sie verwundern durch eine Schlichtheit, die schon ein Teil ihrer Bedeutung ist. So kennen nur wenige Menschen das Glitzi-Schwamm-Phänomen. Der kratzfeste und antibakterielle Glitzi-Schwamm ist nicht nur dafür bekannt, dass seine Schwammseite aus Viskose besonders saugfähig ist, sondern auch, dass die spezielle Oberfläche der Scheuerseite tiefsitzenden Schmutz effektiv entfernt. Das ist schon ein Phänomen. Füllt man nun zehn der Vileda-Glitzi-Schwämme in ein Drahtbügelglas mit einem Füllvolumen von 500 ml, ist man erstaunt wie viele Schwämme auf engstem Raume ein Zuhause finden. Zehn saugstarke Schwämme können sich so zurücknehmen, dass dort alle einen Platz finden. Natürlich ist es im Glas eng, aber auch gemütlich. Wichtig ist doch nur, dass dieser Aufenthalt den kleinen Schwamm weder einschüchtert noch seine Putzkraft verringert. Verschließen wir nun den Drahtbügelbehälter und schauen uns den Inhalt durch das dickwandige Glas an. Eines ist sicher: Manche Familien mit vier Kindern haben im modernen Wohnungsbau weniger Platz sich auszuleben. Wie in einem Aquarium voller Kampffische warten die zehn Schwämme auf ihren Einsatz. Öffnen wir nun den Deckel vom Drahtbügelglas, geschieht das Unerklärliche. Die zehn Geschirrschwämme, die sich eben noch regungslos mit ihrem Schicksal abgefunden haben, atmen auf. Sie bewegen sich. Sie streben nach oben und haben Wünsche. Das ist ein Schieben und Werden, ein Drücken und Sein. Sie geben nicht nur ein Lebenszeichen von sich, sondern entfalten sich in voller Schönheit. Ungläubig schauen wir auf jeden neuen Schwamm, der sich aus dem Glas hervorquält. Schwamm für Schwamm, ein nicht endenwollendes Reinigungsteam strebt nach oben. Nicht ein Schwamm, sondern zehn waren dort untergebracht und lebten in Harmonie und Bescheidenheit zusammen. Ein Wunder. Wie passten so viele Schwämme in ein kleines Glas? Wie selbstbewusst sie sich uns entgegenschieben und stolz ihr Vileda-Glitzi-Schwamm-Tattoo präsentieren. Ich sage oft, das Öffnen einer Blume ist auch schön, aber dieses Naturschauspiel ist nicht dem Lauf der Jahreszeiten unterworfen. Wenn sich sogar Geschirrschwämme von ihrer besten Seite zeigen können, dann habe ich keine Sorge um den Fortbestand der Menschheit. Die Erde ist schön und ein Glitzi-Schwamm hilft uns dabei diesen Zustand zu erhalten. Das ist ein Phänomen. Natürlich haben Sie recht, wenn Sie sagen, was bin ich froh, dass ich zu Hause andere Probleme habe, aber so etwas gibt es auch, da können wir nicht die Augen vor verschließen. Und das einzige, was ich bedauere ist, dass ich nicht ab und zu mit Ihnen in Ihrer Küche stehen kann. Ich glaube, dass sich Ihr Verhältnis zu Ihrem Glitzi-Schwamm von Grund auf verändert haben wird. Nehmen Sie diese Herausforderung an. Sie können nur gewinnen: Da kommt etwas empor/ und haucht dem Leben Leben ein/ Da stellt sich jemand vor/ und will uns stets zu Diensten sein// Die Welt braucht einen Plan/ damit sie schön und sauber bleibt/ Ein Glitzi Schwamm spontan/ dann unsre Oberfläche reibt// Nicht ein Schwamm sondern zehn/ fanden im Vorratsglase Platz/ Das ist ein Phänomen/ vielleicht der Menschheit schönster Schatz."//

PHASEN: Manche Menschen haben die Phase, die der Entwicklungspsychologe „Animismus" nennt, nie überwunden. Als Kind glaubt man daran, dass alles, also Tiere, Puppen, Bäume und Gegenstände „beseelt, also menschengleich" ist. „Natürlich kann alles was beseelt ist, auch sprechen und verstehen". Kann es sein, dass sich darum manche Menschen weiterhin mit ihrem Auto, ihrem Hund oder einem Teddybären unterhalten können? Welch göttliche Gabe.
(Siehe auch: „KINDERHÖRSPIELE")

PINKELBEUTEL: Heute bekam ich eine Nachricht vom Amazon Paketdienst zugemailt: „Hallo, ihr Paket mit Jonhy Wees Pinkelbeutel wird zugestellt. Um die Sicherheit unserer Kunden und Zustellpartner zu gewährleisten, stellen wir jetzt Pakete vor Ihrer Haustür ab und nehmen einen sicheren Abstand ein, bevor Sie die Sendung entgegennehmen. Wenn Sie uns einen sicheren Ablageort mitteilen möchten, aktualisieren Sie bitte die Lieferanweisungen auf unserer Seite." Ich frage mich, ob sie diesen Aufwand auch betreiben würden, wenn es sich nicht um Jonhy Wees Pinkelbeutel handeln würde. Ich hatte gedacht, dass unsere Gesellschaft schon weiter entwickelt wäre und lockerer mit Jonhy Wees Pinkelbeuteln umgehen könnte. Welch schrecklicher Irrtum.

PIZZERIA: Konnte es sein, dass alle Gäste in der Pizzeria nur auf ihn warteten, um dann die Gäste zu spielen? Waren sie nur angestellt, um in dieser Pizzeria einen guten Ruf, den Ruf des Begehrtseins, vorzutäuschen? Konnte es sein, dass einer von ihnen an der Tür stand und wenn er ihn sah, laut rief: „Er kommt, er kommt!" Und alle dann so taten, als wären sie froh in der Pizzeria noch einen Platz ergattert zu haben, um bei lauschiger Musik und ausgesuchtem Essen einen schönen Abend verleben zu können. Er war skeptisch.

PLACE, IN MY: (Coldplay) Meine Frau hat mich verlassen. Was soll ich sagen. Mir scheint, als wäre ich nie bereit für die Ehe gewesen. Ich empfinde das Alleinsein natürlicher, wenn man wirklich allein ist. Jetzt kann ich beim Frühstück auch mal den Knust essen. Natürlich gibt der Mann der Frau den Knust. Er ist der Mann, sie ist die Frau. Ich meine, ich habe auch den Müll rausgestellt, sie hat ihn gemacht. Und sonntagmorgens musste ich immer ganz laut "In My Place" hören von Coldplay. Gibt es etwas schlimmeres als den Sonntag zu beginnen mit "In My Place" von Coldplay? Was macht man nicht alles, wenn man verliebt ist. Und in der Badewanne musste ich immer auf dem Stöpsel sitzen. Natürlich sitzt der Mann auf dem Stöpsel. Er ist der Mann. Sie ist die Frau. Ich habe sogar eine zeitlang geglaubt, das ist gesund. Nun habe ich das Bett für mich ganz alleine. Manchmal liege ich sogar auf ihrer Seite. Ich meine, was soll denn das, wenn der Platz da ist? Ich musste ja früher immer an der Wand schlafen, damit ich nicht abhauen konnte, wenn sie mir was vorlesen wollte. Ich lag immer an der Wand, quasi als Isolation. Nun liege ich auch mal auf ihrer Seite und bin immer als erster im Bad, was natürlich nicht so viel Sinn macht, wenn man alleine ist. Jetzt habe ich auch immer beide Kissen. Ich habe ja früher gar nicht gewusst, dass ich ein Kissen habe. Mein Kissen war ja immer weg, wenn ich es schön haben wollte. Nun habe ich auch mal beide Kissen und keiner weckt mich, wenn sonderbare Geräusche ihren Schlaf stören. Früher hat sie immer gesagt: „Schatz Schatz, es schleichen wieder wilde Tiger ums Haus, kannst du noch ein wenig lauter schnarchen, damit sie wissen, dass ein Monster mich bewacht."

PLATZ, DER: Manchmal überlässt man einem anderen seinen Platz. Da kommt jemand in einen Raum und sieht so aus, als ob er einen Platz braucht. Oft erinnert man sich dann an den Brauch, dass man dem, der einen Platz braucht, seinen Platz anbietet. Man steht auf und sagt: „Setzen Sie sich doch" und weist auf seinen Platz. Oft wird einem später erst klar, dass man danach stehen muss, wenn man seinen Platz abgegeben hat. Es kann sogar sein, dass man danach lange stehen muss und irgendwann sehnsuchtsvoll auf seinen Platz schaut, den man vorher so selbstverständlich abgegeben hat. „Warum habe ich so leichtsinnig meinen Platz weggegeben?", denkt man dann und hadert mit seiner überheblichen Großzügigkeit. Es fällt einem auch auf, dass die spontane Dankbarkeit des neuen Platzeinnehmers auch nicht mehr so groß ist wie am Anfang seiner Platzübernahme. Sogar die lobenden Blicke der anderen im Warteraum haben plötzlich etwas Spöttisches bekommen. Da hat er seinen guten Platz abgegeben und muss nun die ganze Zeit stehen, der Tropf, scheinen alle zu denken. Warum steht denn niemand auf und überlässt dir nun seinen Platz? Du bist doch auch nicht mehr der Jüngste und man sieht doch, dass du dich nun hinsetzen willst. Hast du nicht sogar geseufzt? Kann man eigentlich seinen einmal abgegebenen Platz wieder zurück verlangen? Gibt es beim „Platz-abgeben" ein Widerrufsrecht?

Illustration: "Platz"

PLÄTZCHEN: Als die drei Plätzchen aufgegessen waren, fehlte mir ein viertes.

PLASTIK: Mein Staubsauger hatte sich an einer Plastiktüte festgebissen. Nur mit größter Mühe schaffte ich es sie aus seinem Saugrachen zu ziehen. Das Geräusch, das dabei entstand, stammte nicht von dieser Welt. Ich war froh, dass ich dort nicht zu Hause war. In meiner Welt hütete man andere Geräusche.

PLÖTZLICH IN EINEM FREMDEN LAND: „Ich bin eingeschlafen und keiner hat mich geweckt."

POESIE: Ich sag zur Poesie auch manchmal Poedu/ Wir kennen uns seit Jahren/ das „Sie" kann man sich sparen/ Ich hör dir gerne zu/ Drum sag ich Poedu//

POLIZEI: (Neugestaltung aus dem „Ersten Eindruck 2018") Kürzlich wurde ich von der Polizei angehalten. „Aber Herr Nachtmeister", sagte ich. Manchmal ist es gut ein Gespräch mit einem Scherz zu beginnen. Das kann gerade in einer schwierigen Situationen das Eis brechen. „Aber Herr Nachtmeister", sagte ich also. „Ich bin doch hier nicht Schlangenlinien gefahren, weil ich besoffen bin, sondern weil ich im Radio Tangomusik gehört habe. Verstehen Sie, Herr Nachtmeister, die Leidenschaft, ich kann doch nachts nicht schlafen. Ich bin doch so traurig." Da hätte man doch bei einem geschulten Polizisten erwarten können, dass er nun sein erlerntes Mitgefühl auspackt, oder? Dass er sagt: „Ach so, Sie sind traurig. Das kenne ich. Da sieht die Welt manchmal grau aus und alle Hoffnung ist dahin." Da hätte man doch gehofft, dass der Polizist einen erstmal umarmt, tröstet und sagt: „Kommen Sie mal her. Das kriegen wir schon wieder hin. Ich umarme Sie erstmal." Er hätte auch seinen Kollegen einbinden können. „Schobermann, umarmen Sie ihn auch. Er ist traurig." Da hätte der mitfühlende Polizist einen doch auch zu sich nach Hause einladen können, um seine Menschlichkeit zu zeigen. „Wissen Sie was? Kommen Sie erstmal zu mir nach Hause. Da päppeln wir Sie auf. Meine Frau hat gerne Besuch und so bekämpfen wir Ihre Traurigkeit und Ihren Lebensüberdruss. Das Leben ist nicht nur schlecht und wenn ich das als Polizist sagen darf, manche Tiefschläge haben auch ihren heilsamen Sinn." Was soll ich sagen. Da haben sie mir trotzdem den Lappen abgenommen. Also das hätte ich auch gekonnt. Und am nächsten Morgen sollte ich zu Hause das Badezimmer sauber machen, da habe ich zu meiner Frau gesagt: „Geht nicht, habe gestern die Polizei getroffen, Lappen weg." Naja, auf jeden Fall habe ich aus diesem Treffen gelernt. Ich musste doch auch für meinen neuen Führerschein ein neues Führerscheinfoto machen lassen. Diesmal dachte ich, passe ich auf, jetzt lerne ich dazu und hinterlasse bei der nächsten Kontrolle einen guten Eindruck. Vor dem anstehenden Fototermin habe ich mir dann dermaßen einen getrunken, dass ich kaum gerade sitzen konnte und so wurde das Führerscheinfoto von mir gemacht und das kam dann in meinen Führerschein. Was soll ich sagen? Wenn ich nun angehalten werde, dann schauen die Polizisten immer auf das Führerscheinfoto und dann auf mich, reiben sich die Augen, schauen dann wieder auf das Führerscheinfoto und dann auf mich, reiben sich nochmal die Augen und sagen: „Der sieht ja immer so aus. Das ist ja unglaublich. Fahren Sie weiter, aber halten Sie die Spur." Und dann rülpse ich noch einmal und fahre singend nach Hause. Ist das ein guter Tipp oder ist das ein guter Tipp?

POMMESBUDE, DIE: (Über den Einfluss der Menüfotografie auf die Stammkundschaft von Imbissbuden) Der Pommesbudenbesitzer sah genauso aus wie eine seiner Frikadellen, die vor ihm in der Auslage lagen, so als hätte er sie erschaffen nach seinem Ebenbilde. „Machen Sie mir mal eine Frikadelle mit Senf? Natürlich mit Senf. Machen Sie noch mehr Senf drauf, noch mehr Senf, ich will sie nicht sehen." Der Senfhaufen neben der Bockwurst sah aus wie von ihr, als hätte sie den Gang zur Biotonne nicht mehr geschafft. Da müssen Sie ein Tütchen nehmen und alles aufwischen. Ein Senftütchen. Stellen Sie sich vor, da tritt einer rein? Und im Hintergrund rattert die Currywurst-Aufschneide-Maschine. Stück für Stück Currywurst Currywurst Ketchup Ketchup – aber bitte scharf! Der Kartoffelsalat ist eine der Speisen, die vorher schon so aussehen wie nachher, wenn er schlecht war. Ungemein schwer zu fotografieren, denn weiß bleibt weiß, auch in Farbe. Und das Kollege Gürkchen hat sich wieder unter den Kartoffeln versteckt. Typisch Gürkchen. Sagen Sie mal, Kartoffelsalat, könnten Sie sich vorstellen, neben der Bockwurst zu liegen? Ich habe schon mit ihr geredet, sie würde rücken. Natürlich würden Sie auch ganz groß auf dem Plakat erwähnt. Beilage: Kartoffelsalat! Und das Kollege Gürkchen hat sich wieder ganz bescheiden unter die Kartoffel gemischt. Typisch Gürkchen. Wie heißt eigentlich der Schnellkochtopf auf Italienisch? Garibaldi. Die Fritten ragen aus der Mayonnaise wie die übrig gebliebenen Skier einer abgestürzten Wintersportgruppe, schmecken auch so ähnlich. Sagen Sie mal, Sie holländische Tomate, wie schaffen Sie es, auf Fotos immer so gesund auszusehen? Ach so, Sie werden gedoubelt. Ich habe mal einen Hahn gegessen, der lag mir so schwer im Magen, dass ich davon eine Woche lang jeden Morgen um Punkt sieben wach geworden bin. Ich hörte dann später, dass das seine Zeit gewesen war. Sagen Sie mal, Herr Broer, sind hier die Portionen so klein oder haben Sie das Lokal vergrößert. Wissen Sie, was das Ende der Fast Food Kultur ist? Grillen mit Vegetariern. Man will doch nicht im Ernst über den Sinn des Grillens nachdenken müssen. Da kommen die da mit ihrem Maiskolben an und der Kräuterbutter und wir müssen unsere Würstchen an die Seite rollen, weil die Maiskolben Stunden brauchen, um überhaupt ansatzweise weich zu werden. Und wenn wir dann die Würstchen essen, dann müssen wir immer so tun, als würden die gar nicht so lecker schmecken, damit den Maiskolbenessern nicht das Herzchen blutet. Wenn Menschen Menschen essen würden, lebten wir alle viel vernünftiger. Das ist doch eine Frage des guten Geschmacks. Kommen Sie, Schnitzel. Das haben wir jetzt tausendmal durchgekaut. Mensch, Schnitzel, es gibt Zeugen, die haben Sie schon vor drei Wochen in der Auslage gesehen. Ich sag' Ihnen was, Schnitzel, die Mayonnaise ist umgekippt und will ihr Alibi nicht mehr bestätigen. Mensch, Schnitzel, warum wollen Sie Dr. Broer decken? Schauen Sie sich an, was er mit dem Rollmops gemacht hat. He da, lassen Sie den Spieß stecken, wo er steckt. Wir dürfen nichts anfassen, bis die Spurensicherung gekommen ist! Pommes Mayo, Currywurst und Coca-Cola. Schon bei der

Erwähnung dieser drei Speisen läuft einem das Wasser im Munde zusammen. Jugendlichen erklärt sich dieses Phänomen oft erst mit dem Zusammenwirken der Dreieinigkeit: Gottvater, Gottsohn und der Heilige Geist. Jede Speise für sich genommen ist ein Wunder, aber alle drei zusammen sind eine Offenbarung. Da spürt man den Schöpfungsauftrag, da meint es jemand gut mit uns. Und wie schön, dass diese drei Speisen – Coca-Cola schwarz, Currywurst rot, Pommes Mayo gold – auch noch an unsere Landesfarben erinnern und unser unschuldiges Wesen. „Essen Sie eigentlich jeden Tag hier? Das liegt an der Herdanziehungskraft" (Aus: „Der Einfluss der Menüfotografie auf die Stammkundschaft von Imbissbuden", 1989)

PORNOS, ÜBER: Gibt es eigentlich Pantomimen Pornos? Also keinen Stummfilm-Porno, wo man kein Seufzen hört, weil der Tonfilm noch nicht erfunden ist, sondern einen modernen Porno, der trotz aller technischen Möglichkeiten den Geschlechtsakt nur pantomimisch andeutet? Das muss doch saukomisch sein, gerade wenn es ernsthaft gemacht wird und man anregend sein will. Wurden Pornos schon mal als Hörspiel realisiert? Das müsste doch Sinn machen, gerade wenn man im Dunkeln sitzt. Im Schlafzimmer sieht man sich doch auch manchmal nicht und achtet nur auf das Atmen des anderen. Manche verstecken sich gerne unter dem Oberbett. Der pantomimische Porno läutete das Ende des Genres ein.

PORZELLANGEDICHT, KLEINES: Mit dem Geschirr jonglier: KLIRR!

POST: Warum wird bei der Post alles teurer? Warum wird nicht auch mal was billiger? Man könnte doch auch mal Geschenke machen und sich durch niedrigere Portokosten entschuldigen für manch schlechten Service und manch geschmacklose Briefmarkenmotive.

POST, AUF DER: Natürlich wusste er, dass Zeit keine objektive Eigenschaft unserer Welt war. Sie ist, wie Einstein in seiner Relativitätstheorie beschrieb, abhängig von Bewegung und Gravitation. Hier tat sich nur gar nichts. Der Stillstand war seiner Mission nicht förderlich. Seitdem vor 13,7 Milliarden Jahren das Weltall geboren wurde, spürte er den Abwärtstrend des Universums besonders heute.

PRÄSENZ, FEHLENDE: Ich habe so eine fehlende Präsenz. Gestern hat mir ein Echo nicht geantwortet, dabei habe ich nur gefragt: „Wie heißt der Bürgermeister von Wesel?", aber meinen Sie, da wäre was zurückgekommen? Nur so ein Gebrummel, als wären wir 40 Jahre verheiratet und ich frage beim Frühstückstisch, ob sie mir mal die Butter herüberreichen könnte. Ich mein, ich weiß auch, dass der Bürgermeister von Wesel nicht Esel heißt, aber hat sich das Echo inzwischen in die Politik zurückgezogen und lenkt nur noch ab mit Halbwahrheiten und Drumherumgerede? Was soll's, ich werde bestimmt kein Echo anschreien, es fällt ja sowieso auf mich zurück (zurück, zurück). Habe ich auch meinem Arzt gesagt: „Jetzt fühl ich mich schon so nicht vorhanden und dann hab ich so wenig Geld, und nun will hier keiner, dass ich mich ausziehe." Da hat er gesagt: „Der Nächste bitte!" Und ich dachte, das

ist doch genau wie in diesem Witz, über den alle lachen, außer ich erzähle ihn. „Als Mensch keine Schönheit, als Schwein zu kleine Ohren." Gestern stand ich stundenlang vor einer automatischen Glasschiebetür und trat dauernd auf den Boden, aber meinen Sie, die wäre aufgegangen? Zum Glück bekam ich irgendwann heraus, das war gar keine automatische Glasschiebetür, das war noch nicht mal eine Schiebetür, sondern nur das Schaufenster eines Hutgeschäfts, und ich wunderte mich schon, dass dahinter so viele Hüte hingen, die mir alle nicht gefielen. Ist denn eine ganze Epoche der Hutmode an mir vorübergegangen oder will keiner mehr, dass ich auch schön aussehe? Jetzt, wo ich endlich den Kopf habe, um einen Hut tragen zu können, sehen alle Hüte aus, als müsste ein starker Wind sein, wenn man sie aufsetzt. Inzwischen habe ich immer mehr Stellen am Körper, zu denen ich selbst nicht mehr hingelange. Es gibt Hinweise auf Stellen an meinem Rücken, wo noch niemals jemand war. Es juckt und kein Weg führt dorthin. Zwischen Schulterblatt und Schulterblatt entsteht eine unberührte Landschaft, ein Biotop, wo man andere braucht, die dort gucken und jucken. Übrigens ist das der Beweis dafür, dass der Mensch nicht alleine leben sollte, außer er hat einen Baum in der Nähe, einen Kratzbaum: „Der Kratzbaum, der Kratzbaum, dran kratzt sich auch die Katz kaum ..." Manchmal glaube ich, Gott weiß gar nicht, dass es mich gibt. Er soll bloß aufpassen, wem er seine Zeit opfert, sonst glaube ich nicht mehr an ihn. Dann gibt es ihn auch nicht mehr. Aber es ist ja sowieso niemand da, wenn man mal jemanden braucht. Wo bin ich denn, wenn man mich braucht? Ich muss doch irgendwo zu treffen sein. Ich will Ihnen sagen, wo ich bin, wenn man mich braucht, ich einsamer Held in der Warteschleife. Ich stehe in der Schlange vor der Käsetheke und wenn ich dran bin, ist mein Käse nicht mehr da. Ich stehe im falschen Stau auf der falschen Autobahn und erfahre das erst durch das Radio, wie peinlich. Ich verzweifle im Parkhaus vor der sich nicht öffnenden Schranke und meine Frau will nicht aussteigen, weil man dabei gefilmt wird und sie es nicht geschafft hat vorher zum Friseur zu kommen. Ich knie vor dem Passbildautomaten und warte auf mein Bild, das nicht herauskommt, und wenn es endlich herauskommt, sieht es mir nicht mehr ähnlich, weil zu viel Zeit dazwischen vergangen ist. Ich sitze vor dem Fernseher und schaue mir Filme an, die mir nicht gefallen, und dann schalte ich um und schaue mir Filme an, die mir nicht gefallen. Inzwischen habe ich sogar Lieblingsfilme, die mir nicht gefallen. Vielleicht muss man nur die richtigen Fragen stellen, um die richtigen Antworten zu bekommen. Immer wieder laut die richtigen Fragen stellen, um endlich laut die richtigen Antworten zu bekommen: „Gott bist du da?" „Ja!" „Was liegt zwischen Katze und Hund?" „Und!" „Wie heißt der Bürgermeister von Wesel?" „ESEL!"

PRAXIS HEMDSORGEL: Im Wartezimmer saßen Sodom und Gomorrha. Ich wusste nicht, was sie vorhatten. Eigentlich ging es ihnen den Umständen entsprechend. Nach den letzten Sitzungen hinterließen sie eigentlich einen guten Eindruck. Ich warf kurz einen Blick in ihre Akten: „Hallo Sodom, hallo Gomorrha. Alles klar bei Ihnen?" Die beiden schauten mich gar nicht an, als wären sie enttäuscht über mich. „Ich habe noch ein Gespräch, aber dann kümmere ich mich um Sie." Ich schloss die Tür des Wartezimmers, schnappte mir meinen Regenmantel und lief um mein Leben, aber Sodom und Gomorrha kann man nicht entfliehen. Sie saßen mir im Nacken.

PRIL: Ich habe mich als Spülmittel für Pril entschieden. Irgendwie habe ich mehr Vertrauen zu Pril als zum grünen Umweltfrosch. Gerade wenn es um die Beseitigung von Fett geht, will ich kein Risiko eingehen. Ich meine, was nützt mir die Rettung der Umwelt, wenn um mich herum alles in einer dicken Fettschicht erstarrt. Ein wenig schreckt mich nun aber das neue Auftreten von Pril ab. Das Spülmittel nennt sich ja nicht nur Pril, sondern Pril Kraftgel, so als müsste es sich selbst an seine besonderen Eigenschaften erinnern. Nun kommt es aber, es heißt ja nicht nur Pril Kraftgel sondern Pril Kraftgel Ultra Plus, als hätte es sich noch zusätzlich einen überall Eindruck machenden Adelstitel gekauft. Ich kann das alles verzeihen, verstehe nur nicht, warum sich Pril Kraftgel Ultra Plus auch noch unbedingt Pril Kraftgel Ultra Plus 5 nennen muss? Es ist mir schon klar, dass es damit seine spezielle Wirkkraft herausstellen will. „Ich bin Experte für, erstens, die Entfernung von Stärkerresten und, zweitens, fettlösend ist mein zweiter Vorname, und ich darf mich, drittens, Spezialist bei der Beseitigung von Eingebranntem nennen, und bin natürlich ‚viertens, ergiebig und gehe ‚fünftens, gegen schlechte Gerüche an." Eine der größten Eigenschaften von Pril ist seine Bescheidenheit. Wie heißt es so schön bei Pril: „Solange Pril an Ihrer Seite ist, können Sie mühelos hartnäckigen Schmutz und Fett entfernen und dabei noch Energie sparen." Was will man denn mehr? Ist es nicht das, was wirklich wichtig im Leben ist?

PUBLIKUM, REGELN FÜR DAS: Das Publikum wird gebeten während der Show keinen Pizzaservice anzurufen. „Hat hier jemand eine Pizza bestellt?" Es ist auch nicht erlaubt die Vortragswerke der Künstler mit einer eigenen Musik zu untermalen. Falls Sie sich am Spiel beteiligen wollen, seien Sie gewarnt: Die Rolle des Opfers ist noch nicht vergeben. Das war ein Scherz. Lautes „Hurra!"-Rufen und enthusiastisches Klatschen ist nur an den dafür vorgesehenen Stellen vorgesehen. Wenn Sie während der Show Ihr Lieblingsbuch lesen wollen, nutzen Sie dafür nur ein eigens mitgebrachtes Leselicht. Das Saallicht muss während der Veranstaltung runtergefahren werden. Umarmen Sie den Künstler bitte erst nach seiner Vorstellung. Übrigens, er unterschreibt nur Autogrammkarten, auf denen er selbst zu sehen ist.

PULLOVER: Beim An- oder Ausziehen eines Pullovers sollte man eine Sonnenbrille tragen. So ist das Abtauchen in den Pullover und das Auftauchen aus dem Pullover leichter zu ertragen. Die Augen werden weder von der plötzlich auftauchenden Dunkelheit noch von der plötzlich blendenden Helligkeit zu sehr übermannt.

PUNICA: Aus nach 45 Jahren: Die Produktion von Punica ist nach mehr als 40 Jahren eingestellt worden. „Punica" ist nicht mehr – wenn die Restbestände aus den Regalen verschwinden, ist nach 45 Jahren Getränkegeschichte Schluss mit Säften und Schorlen. Ist den Menschen nichts mehr heilig? Wer übernimmt nun die Punicaoase? Wann geht es Granini an den Kragen? (März 2023)

PUPSKISSEN: Scherzartikel können ein guter Ausgleich sein, um wichtig tuenden Menschen ihre Wirkung aufzuzeigen. Wer Kraft hat sich selbst auf den Arm zu nehmen, gewinnt an Leichtigkeit und entgeht der Diktatur der Gerechten. Wer sich nicht dreimal am Tag blamiert, macht etwas falsch und sollte sich schämen. Warum darf ein Erwachsener nicht mehr Klingelmännchen spielen? Ich habe eine Chipsdose, aus der eine Schlange schnellt, wenn man den Deckel entfernt. Ein Freund schenkte mir jetzt zum Geburtstag eine aufblasbare Gehhilfe. Haben Sie schon mal aufgekreischt, weil eine Plastikspinne in Ihrem Brotkasten saß? Wenn Bürgermeister Dreier seinen selbst gewonnenen Honig mit Chilli versetzen würde, wären viele seiner Parteifreunde überrascht und könnten durch unangepasste Vorschläge aufschrecken. Witz komm raus, du bist umzingelt. Dieser Winter ist nicht nur mit Kräutertee und Duftkerzen zu ertragen. Vielleicht ist das Pupskissen eine anarchistische Ausdrucksform, das noch stärker wirkt, wenn wir es Furzkissen nennen. Ein Bekannter machte mich auf einen Versand aufmerksam, der sich auf die Herstellung von Scherzartikeln spezialisiert hat. Warum verkauft Betten Wegener eigentlich keine Pupskissen? Scherzartikel spielen mit Übertretungen gängiger Verhaltensmuster und schockieren durch Nachstellungen peinlicher Körpervorgänge. Es muss nicht alles intelligent sein, was Spaß macht. Ich erinnere nur an das Wesen des Karnevals. Dem Pupskissen wird auf der ganzen Welt Gehör geschenkt. Auch nach Aufhebung mancher Schamgrenzen ist es immer noch komisch seine Flatulenzen in die Welt ziehen zu lassen. Ich möchte nicht wissen, wie oft schon Udo Olschewski ein Bombenkissen untergeschoben wurde, um ihn in Angst und Schrecken zu versetzen. Ich hörte sogar, dass in Schloss Hamborn Pupskissen eingesetzt werden, damit die Anthroposophie nicht den Kontakt zur Natur verliert. Wer sind wir, dass das Leben in der Gemeinschaft nur durch Vorschriften und Rituale zu regeln ist? Unser Streben sollte es sein, den Anforderungen des Alltags durch ein Pupskissen den Wind aus den Segeln zu nehmen. Der Peinlichkeit unseres Daseins kann man nur mit Peinlichkeit begegnen. Natürlich ist es lustig, wenn ein Würdenträger, der ansonsten als seriöser Mann auftritt, auf einem Pupskissen beweisen muss, wie sehr er Mensch geblieben ist. Wer sich selbst zu ernst nimmt, verdirbt anderen die Stimmung und verbreitet Angst. Stimmt eigentlich die Geschichte, dass Landrat Christoph Rüther jede seiner Besprechungen mit einem Schlagzeugsolo eröffnet, bevor sich alle setzen dürfen? Passen Sie auf, wenn Ihnen ein Platz angeboten wird. Schauen Sie unter sich, bevor Sie sich setzen wollen. Sollten Sie auf einem Pupskissen landen, nehmen sie den Weckton zum Anlass um zu zeigen, dass Sie lachend verzeihen können. Unsere Unvollkommenheit ist unsere größte Gabe, um der Peinlichkeit der Perfektion etwas entgegenzusetzen. Gähnen ist ansteckend, pupsen nicht.

(Siehe auch „SCHERZBRILLE, DIE")

PRIESTER: Wenn sich Priester treffen, erzählen sie sich dann, dass Gott zu ihnen gesprochen hat? Beichten sie, dass Gott ihnen anvertraut hat, dass er sie lieber hat als all die anderen Seelsorger? Sind Priester wirklich die, die wissen, wie gut Gott zu den Menschen sein wird? Ich habe mal einen Priester getroffen, der hat mir meinen Parkplatz weggenommen. Wenn Priester sich im Supermarkt an der Fleischtheke anstellen müssen, dann wirkt das sehr unheilig, gerade wenn sie Bauchfleisch einkaufen. Ich kenne keinen Menschen, der wirklich weiß, was ein Priester eigentlich den ganzen Tag macht. Wenn ihr Beten uns helfen könnte, müsste es uns eigentlich besser gehen.

PSALM: Ich will nicht immer sehn, wie alle kommen und gehn. Ich will nicht immer sehn, wie alle kommen und gehn. Ich will nicht immer hören, was jeder meint. Ich will nicht immer hören, was jeder meint. Ach wie schön es doch wär, wär alles leer. Ach wie schön es doch wär, wär alles leer. Bleib wo du bist, wo das auch ist. Bleib wo du bist, wo das auch ist.

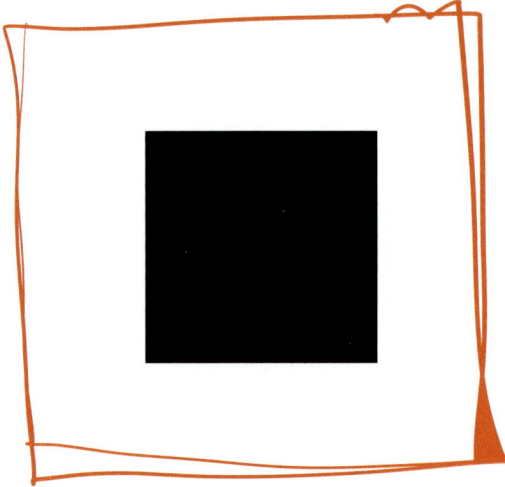

Q: Wie wenig das Q in der Welt der Buchstaben gebraucht wurde. „Wartet nur ab", sagte das Q, „Bei all den neuen Dingen in der Welt werdet ihr mal froh sein auf mich zurückgreifen zu können."

QUATSCH: Erst später fiel ihm auf, dass er sich beim Rasieren nicht geschnitten hatte. Lag in der Verträumtheit seine Chance heile durch den Tag zu kommen?

QUATSCH 2: An manchen Wahrheiten sollte man nicht rütteln. Einmal fuhr ich mit dem Zug auf Gleis 1 in Paderborn los und kam in Hannover auf Gleis 8 an, saß aber immer noch im gleichen Zug. Das verwirrt unnötig. Auch dass mein Spülmittel mehr nach Tulpe riecht, als die Tulpen, die ich im SÜDRING geholt habe, dient nicht dem Vertrauen in die Wahrheiten der Welt. Übrigens, die Leute, die den Unterschied zwischen „Das ist das gleiche" und „Das ist das selbe" erklären können, sollten sich eine Zeitlang zurück halten. Wir haben andere Sorgen und im Grunde ist das doch alles das gleiche.

QUENTIN, NACHDENKEN ÜBER DEN BÖSEN: „Finden Sie nicht, dass uns Kinder zu nah sind? Ist der Umgang mit uns zu empfehlen? Man sieht überhaupt keine Kinder mehr, die weit weg sind. Immer kommen irgendwelche Kinder uns nah und wollen was machen. Ist den Kindern nicht klar, in welche Gefahr sie sich begeben? Kann es sein, dass Kinder gar nicht mehr wissen, wie es geht mal weg zu sein? Sind wir ihre letzte Chance das Leben zu begreifen? Ich kann nicht erkennen, dass sie irgendetwas von dem was wir tun, ernst nehmen. Gestern streckte mir Quentin die Zunge raus. Es war ganz deutlich, dass er nicht wusste, in welcher Gefahr er sich befand.

QUIZSENDUNGEN: „Ich habe es lieber leichter", sagte sie.

RÄTSEL: Audrey Hepburn hatte ein Reh als Haustier. Der Mörder von John Lennon las bei seiner Festnahme den Fänger im Roggen. Muss man Sonnenblumen vor zu viel Sonne schützen? Wer hätte gedacht, dass mir mal Handke leid tun würde? Handke hatte keinen Handyempfang.

RAHMSPINAT: Die Verbreitung von IGLO-Rahmspinat lässt viele Wünsche offen. Sein tiefgefrorenes Erscheinungsbild ist weit von seinem ursprünglichen Aussehen entfernt. Kommt der Spinat aus Alaska und wurde aus ewigem Eis geschlagen? Eskimos essen den Spinat tiefgefroren – oder nehmen sie ihn zum Iglubau? Was wird aus Rahmspinat, wenn ihn niemand mehr auftaut? „Gefangen im ewigen Eis" ist kein Schicksal, das einem durch das Anhören eines Sommerhits erleichtert werden kann. Sind wir hier bei der Mafia, der Tiefkühl-Camorra? Man will sich doch die Spinatpflanze anders vorstellen als wie eine verunglückte Verzauberung. Der IGLO-Rahmspinat macht „Blubb", wenn er auftaut. Die gekochten Blätter helfen dann gegen Blähungen, seine Samen wirken abführend. Den Blubb will sich IGLO als Klingelton patentieren lassen, doch dadurch wird der Rahmspinat nicht niedlicher oder begreifbarer. Übrigens, die Empfehlung Spinat nicht aufzuwärmen geht auf einen Stoffwechselprozess zurück, bei dem Nitrat in Nitrit umgewandelt wird. Wenn Nitrat in Nitrit umgewandelt wird, wo bleibt dann aber die Liebe?

(Siehe auch: „INUIT")

RASCHI: Nimm in Einfachheit alles hin, was dir widerfährt.

RASENMÄHEN: Rasenmähen ist eine Kampfhandlung. Nicht zu verwechseln mit Teppichsaugen oder Schneeschippen. Der Rasen lebt und wehrt sich, selbst wenn er am Boden zu liegen scheint. Eine angemessene Schutzkleidung, nennen wir sie ruhig Rüstung, ist unerlässlich für den antretenden Rasenkrieger. Augengläser, Ohrenstöpsel, Schutzhandschuhe, festes Schuhwerk und Mutterwitz heißen die Kameraden im Kampf gegen den Rasen. Während Sie da noch sitzen und diesen Worten lauschen, wächst Ihr Rasen unter Ihnen ungefragt vor sich hin. Uns über den Kopf zu wachsen ist sein Auftrag. Ich sage immer, wehret den Anfängen. Stellen wir uns dem Kampf. Mit dem Alter entdecken Sie ganz neue Seiten an sich. Auch ich habe nicht immer nur Rasen gemäht. Ich habe gedacht, das Leben hielte anderes für mich bereit. Ich hatte mich bewusst geschont. Ich stand auf Abruf bereit. Wissen Sie, ich bin ein verwöhntes Einzelkind. Ich wollte meinen Tribut zurückzahlen an die Gesellschaft. Ich hatte gehofft, vielleicht werde ich Arzt, dann hätte man immer einen eigenen Parkplatz, Frauen tupften einem die Stirn. Das lässt man sich doch gefallen. Mein Traumberuf wäre Hausmeister gewesen. Gradlinig sein dürfen, Ordnung schaffen dürfen, laut sein dürfen, ohne gleich aufzufallen. Und dann bot mir mein Nachbar seinen Rasenmäher zum Verkauf an. Da griff ich zu und habe es bis heute nicht bereut. Rasenmähen ist eine Gemeinschaftshandlung. So, wie Busgesellschaften an Raststätten immer gleichzeitig auf Toilette müssen. Ein Phänomen, das noch gar nicht richtig erforscht wurde. Wie Flugzeuggemeinschaften im Flugzeug immer zur gleichen Zeit das Gleiche essen wollen. So treffen wir Rasenmäher uns immer auf das geheime Codewort: „Er wächst, er wächst!" Und dann geben wir Gas. Nur der Zusammenhalt ergibt einen Gesamteindruck. Man macht es doch in aller Öffentlichkeit. Man sieht zwar keinen, der zuschaut, aber glauben Sie mir, es schauen alle zu. Ich schaue doch auch zu, das ist doch menschlich. Verstehen Sie mich richtig, ich definiere mich nicht über meinen Rasenmäher, ich schiebe ihn, er zieht mich nicht. Ich bin seine Gehhilfe, nicht umgekehrt. „Herr Nachbar! Wir haben verstanden. Lassen Sie uns gemeinsam die Welt gestalten. Lassen Sie sie uns unseren Kindern wenigstens graskurz übergeben." Und wenn irgendein Außerirdischer mal unerwartet zu Besuch kommt, dann soll er wenigstens sagen: „Also wirklich, alles gut in Schuss hier. Das ist kaum zu toppen. Das sieht man von oben nicht so." Und wissen Sie was, meine Mutter spricht wieder mit Achtung von mir. Manchmal beim Rasenmähen rennt sie hinter mir her und tupft mir meine Stirn. Das lässt man sich doch gefallen. Und abends, wenn ich danach meistens völlig geschafft in meiner Hängematte liege und hin und her schaukele, dann kommt sie immer mit einer Flasche Bier und ruft: „Mein Held, mein Held, kommt der Rasen auch bestimmt nicht so schnell wieder?", und ich sage: „Mama, mach erstmal 'n paar Schnittchen", und dann schaukel' ich hin und schaukel' her und schaukel' hin und schaukel' her und höre dem Rasen beim Wachsen zu.

RASIERSCHAUM: Als der letzte Rasierschaum sich fast stöhnend aus dem Rasierschaumspender wand, wurde er ein wenig traurig. Sicher, er hatte vorgesorgt und auf der Anrichte stand schon die nächste Rasierschaumflasche, aber trotzdem wurde er traurig. „Wahrscheinlich bin ich wieder der einzige Mensch auf der Welt, der überhaupt so einen Abschied erwähnenswert findet, aber einer muss die Form wahren." Wenn etwas vorbei ist und für immer verschwindet, hat man traurig zu sein. Er wusste auch nicht, dass heute Freitag war, obwohl heute Freitag war. Durch das Einschmeicheln der vielen Feiertage war er gar nicht in dieser Wochenendstimmung, die ihn sonst überfiel. Vielleicht standen heute alle länger im Stau und man fand beim Einkaufen keinen Einkaufswagen, das könnte seinen Schmerz lindern.

RAT: Was ist das Leben schwer/ Drum pfeif drauf, drum pfeif drauf/ Es ändert sich nicht mehr/ Drum pfeif drauf, drum pfeif drauf// Alles ist grau und kalt/ Drum pfeif drauf, drum pfeif drauf/ Erst bist du jung dann alt/ Drum pfeif drauf, drum pfeif drauf// Es gibt nur selten Trost/ Drum pfeif drauf, drum pfeif drauf/

Drum trink dir einen, Prost/ und pfeif drauf, drum pfeif drauf// Du kennst nur Angst und Not/ Drum pfeif drauf, drum pfeif drauf/ und bald schon bist du tot/ Drum pfeif drauf, drum pfeif drauf// (pfeifen)

RAUCHER, DIE LETZTEN: (Als mein Vater aufhörte Zigarren zu rauchen, wusste man nicht mehr, was man ihm schenken sollte.) Die letzten Raucher sind scheue Wesen, die im Winter zitternd auf Balkonen stehen, notdürftig geschützt durch eine übergeworfene Decke oder eine Sonnenbrille, die sie tarnt. Die letzten Raucher, eine aussterbende Art, die ausgeschlossen wurde, nachdem man sie ein Leben lang von ihrer Einzigartigkeit überzeugt hatte. Ergab sich früher vor Haustüren und anderen Biotopen eine einzigartige Gelegenheit, laut schwadronierende Raucherrudel zu beobachten, so kommt dies immer seltener vor. In Smoking Areals, den letzten Raucherreservaten der Deutschen Bundesbahn, vergleichbar mit der immer kleiner werdenden Jazzabteilung einer Kaufhauses, finden sich Zeugen einer Art, von denen die Kinder nicht mehr glauben, dass man sie früher auf freier Wildbahn laut husten hören konnte. Hust Hust – leichter Raucherhusten. HUST HUST – schwerer Raucherhusten. HUST HUST Platsch – schwerer Raucherhusten mit anschließender Reviermarkierung. Wie soll man zukünftigen Generationen diese Lust erklären, die so viele beim Ziehen an einer Zigarette empfunden haben? Wie beschreiben, dass das Aufsteigen von Rauchsignalen auch immer ein Zeichen von Frieden und Geselligkeit war? Wenn wir früher in einen Raum kamen, in dem vorher Raucher saßen, dann wusste man, hier wurde gelebt. Hier wurde der Vernunft ein Schnippchen geschlagen. Hier feierten Piraten ihren Sieg über Recht und Ordnung. Ich kannte Männer, die konnten die fünf olympischen Ringe als Rauchkreise in den Himmel steigen lassen. Natürlich nur in schwarzweiß. Man war noch nicht so weit. Andere überzeugten durch eine schlichte Darstellung von Sophia Loren. (Erst die Rauchringe größer werden lassen) JETZT! Ich hatte einen Nachbarn, der konnte einen Löwen durch einen Rauchring springen lassen, wenn ich persönlich gerade nicht anwesend war. Ich weiß noch, wie das erste Rauchen einer Zigarette mit seinem Erzeuger oder seinen Freunden als Aufnahmeritual in die Erwachsenenwelt galt. Denn erst wenn einem richtig schlecht war, galt man als erwachsen. „Jetzt bist du soweit, mein Junge!" Was machen wir als nächstes? Ein Bankkonto eröffnen? Ich weiß noch, wie das Rauchen einer Zigarette als Zeiteinheit einer Arbeitspause akzeptiert wurde. So wurden wir Genießer. Frauen hatten sogar extra lange Zigaretten, um ihre Pausen länger hinauszukitzeln. Eigentlich klug gedacht. Ich weiß noch, wie ich mein Geld mit Babysitten verdienen musste. Wie mir die Eltern des Kindes versicherten, dass sie in spätestens 50 Zigarettenlängen zurück sein werden und man dazu dann parallel im Kinderzimmer diese 50 Zigaretten mitrauchte, auch um dem Kind die Angst vor der Dunkelheit zu nehmen. Man wusste es nicht besser. Ich weiß noch, wie das Rauchen einer Zigarette nach einem Liebesakt als Nachspiel akzeptiert wurde: „Denn nichts ist verdienter als sie. Die Zigarette danach. Wenn man wie satt im Bette liegt und sich fühlt wie das Krokodil mit der Entwicklungshelferin im Bauche." Was macht man denn da jetzt? Später waren die Raucher nicht mehr gut gelitten,

Illustration: "Raucher*innen"

besonders nicht bei den Nichtrauchern. Wobei man sehr oft vergisst, dass Raucher auch manchmal nicht rauchen, wohin gegen Nichtraucher nie rauchen. Wo bleibt denn da der Austausch von gegenseitigen Erfahrungswerten? Und wem verdanken wir den wohl klingenden Drehaschenbecher? Dem Raucher. Wem verdanken wir die Raucherecken? Wo man einfach mal so rumstehen konnte … Wo kann man denn heute noch so einfach herumstehen ohne tun zu müssen, als würde man auf den Bus warten. Wem verdanken wir die rührendste Begründung, um eine Frau verlassen zu können? „Schatz, ich bin mal kurz weg zum Zigaretten holen." „Nimm den Personalausweis mit." „Mach ich, Schatz" Ich kenne Männer, die haben nur geraucht, um aus den Schachteln der Zigarettenpackungen in der Weihnachtszeit einen Adventskalnder basteln zu können. Ernte 23 war der Tag vor Weihnachten. HB war Weihnachten „Heute Bescherung." R6 war Nikolaus, wobei dort mehr der Knecht Ruprecht betont wurde. Ich selbst habe jetzt aus meinem Zigarettenetui ein Q-Tips Ohrensäuberer-Set gebastelt und biete manchmal auf Partys die Q-Tips-Ohrensäuberer fremden Menschen an, um mit ihnen in Kontakt zu kommen. „Möchten Sie ein Q-Tip haben? Schöne Ohren muss man pflegen." Einmal sah ein Raucher, dem die Zigaretten ausgegangen waren, im Dunkeln einen letzten Artgenossen und machte sich auf, um diesen um eine letzte Zigarette anzuschnorren. Und dann war das Lichtzeichen der Hoffnung doch nur ein Glühwürmchen, welches sich für sein Liebesspiel in die völlig rauchfreie Welt verirrt hatte …

RÄUME: „Es gibt Räume, da dürfen Sie das nicht machen", sagte der Mann mit dem weißen Kittel. Herr Hemdsorgel hatte gerade angefangen sich zu strecken und wollte dann ausgiebig gähnen, um seine Müdigkeit zu zeigen. „Ist das so ein Raum?", fragte Herr Hemdsorgel. Der Mann nickte. „Das ist kein Gähnraum", sagte er. „Der Gähnraum ist am Ende des Ganges." Herr Hemdsorgel hatte den Urlaub nur angetreten, um seine Reflexe zu trainieren. Ihm war aufgefallen, dass er in letzter Zeit nicht lachte, obwohl vieles lustig gewesen war. Er schüttelte verwirrt den Kopf, obwohl er nicht sicher war, ob das hier erlaubt war. „Ist das denn hier ein Kopfschüttelraum?", fragte er. Der Mann mit dem weißen Kittel rieb sich mit großen Händen das Gesicht. „Sie sind hier fremd", sagte er, „da machen wir schon mal Ausnahmen, aber der Raum wird auch nicht zum Kopfschütteln genutzt." Er machte eine Pause, um Herrn Hemdsorgel die Möglichkeit zu geben eine Frage zu stellen, aber Herr Hemdsorgel blieb lieber stumm. „Dies ist ein Fensterschau-Raum", sagte der Mann mit dem weißen Kittel. „Man steht hier am Fenster und schaut heraus. Der gesamte Ausblick wurde nach den Entwürfen von Colani gestaltet." Herr Hemdsorgel schaute aus dem Fenster. Eine nackte Frau mit langen blonden Haaren saß auf einem Einhorn und ritt über eine Klatschmohnwiese. Er wollte anerkennend pfeifen, wusste aber, dass der Pfeifraum im Keller war und von ehemaligen FDP-Politikern genutzt wurde. Er schaute der Frau auf dem Pferd nach und spürte seine Reflexe erwachen. Typisch Colani, dachte Herr Hemdsorgel. Typisch Colani.

RECHTSCHREIBLEXIKON: Heuhte habe ich mein Rechtschreibleckicon endsorgt. War das zu frü? Bei den Büchern, die man im Zugunft nicht mer brauchen würde, schien es in der ersten Reie zu stähn. Da ich das Nachschlagwerk früher oft benutztt habe, bläterte ich es zum Abschiet noch einmal durch. Ich war erstaund, wie viele Wohrte es gab, die man falsch schreiben konnte. Nun stet es wieder in meinem Bücheregal und wird im Grunde zu wenig eingesetzt. Bücheregal wird übrigens mit zwei r geschrieben.

REGEN: Manchmal beneide ich Menschen, die einen Schirm haben.

REGINA HALMICH: Die frühere Box-Weltmeisterin Regina Halmich mag keine Torten mehr. "Ich kann keine Torten mehr sehen, weil ich dann ständig an diese Situation denken muss, wo ich damit von einem Stalker belästigt wurde", sagte die Karlsruherin dem Sender SWR3. Zwölf Jahre sei das her und habe drei Jahre gedauert. Ein Fan habe ihr nach jedem Auftritt aufgelauert und ihr eine selbst gebackene Torte schenken wollen. "Irgendwann wurde er so lästig, dass ich von einem Bodyguard geschützt werden musste", sagte Halmich dem Sender. Aufgehört habe das Stalking erst, nachdem sich der Mann in eine andere Frau verliebt hatte. „Natürlich bin ich Boxweltmeisterin gewesen", sagte Regina Halmich, „aber wer wird nicht schwach bei einer Torte? Ich wollte ja auch mein Kampfgewicht halten." Besonders war Halmich enttäuscht darüber, das vertraute sie dem Sender an, dass ihr Fan später ein Tortenbuch herausgegeben hat: „Das Regina Halmich Tortenbuch. Alle 84 verschmähten Torten." Mit allen Rezepten und vielen Fotos. „Auch von den Torten, die ich ihm ins Gesicht gedrückt hatte, gab es Fotos", sagte Regina Halmich. „Jede Torte, die ich heute sehe, erinnert mich an diese schweren Zeiten."

REICHTUM: Reich zu sein, muss heutzutage kein Nachteil sein. Auch schlichte Genüsse, die ihren Reiz darin haben, dass sie nicht so teuer in der Anschaffung sind, gesteht man den Reichen zu. Es kann Spaß machen, auch sparsam zu sein und sich arm zu fühlen. Ich sah jetzt einen Multimillionär, der stand selbst am Grill und wendete verträumt die Bratwürstchen. Eine Freundin von mir, die zwölf Windräder besitzt, fährt gerne Fahrrad und lässt das teure Auto in der Garage stehen. Ich sah sie jetzt mal, wie sie ihrem Mann mit einer Zeitung Luft zufächelte, obwohl sie einen Drei-Phasen-Ventilator auf dem Tisch stehen hat. Ich kenne einen Bankmanager, der duzt sich mit seinem Chauffeur. Eine Nachbarin von mir, die am Tag soviel verdient wie ich in einem Jahr, kümmert sich sehr liebevoll um einen Mischlingshund, um nicht den Bezug zum normalen Leben zu verlieren. Reiche lassen sich gerne von Menschen bedienen, die lieber reich sein wollen. Ich kenne einen Millionär, der sammelt Pfandflaschen. Er engagiert sich neuerdings in einer Bewegung, die dafür kämpft, dass auch Champagner-Flaschen sich dem Pfandsystem anschließen sollen. Es muss kein Nachteil sein, reich zu sein. Man kann auch ein erfülltes Leben unter Menschen führen, die im Arbeitsalltag Untergebene sind.

REISSVERSCHLUSS, DER: Der Reißverschluss, der Reißverschluss, schieb ihn doch hoch und dann ist Schluss. Und lässt du mal das Schieben sein, dann wird die Hose offen sein. Doch ist der Kuhstall zu lang auf, dann rast die Kuh zum Schlussverkauf.

(Siehe auch: „HOSE")

REISSZWECKE, DIE: Die alte Reißzwecke ist verschwunden. Soll ich sie suchen oder warten bis jemand „Aua" schreit?

RESTE, ÜBER: Oft fragt man sich, was macht man mit dem Rest? Zwiebeln sind oft zu groß, um sie vollständig in einem Salat zu verwenden. Man schneidet nur so viel von ihnen ab, wie man für den Beilagensalat braucht. Was macht man mit dem Rest? Natürlich gibt es Frischhalteboxen, in denen man die Reste lagern kann, aber irgendwann muß man sich trotzdem wieder die Fragen stellen. Was macht man mit dem Rest? Der Rest hat keinen guten Ruf. Was vorher uns als Ganzes inspirierte, wirkt nun als Rest unvollständig und unnütz. Wenn man Glück hat, landet er auf einer Pizza mit dem Namen „Allerlei" und wird so noch zu etwas Gutem genutzt. Verlangt es nicht das Gesetz der Menschlichkeit, dass man sich auch um den Rest kümmert? Früher hatte man manchmal einen 20er Film und konnte am Ende des Urlaubs auf eine Auslastung von 18 Fotos schauen. Natürlich will man den Film im Ganzen nutzen und fragt sich mit Blick auf die zwei restlichen Fotos, was macht man mit dem Rest? Eines der berühmtesten Restefotos ist sicherlich das Motiv der New Yorker Bauarbeiter, die auf einem Balken hoch oben über der Stadt Mittag essen. Das Foto wurde geschossen, um einen Film ganz voll zu bekommen. Auch Fotograf Arthur Sasse fing auf einem Restefoto die Reaktion des Physikers Albert Einstein ein, als er an der Feier seines 72. Geburtstags den versammelten Fotografen die Zunge rausstreckte. Das macht man mit dem Rest. Man macht das Beste draus. Ich frage mich oft, ob Gott, als er die Geschöpfe der Erde geplant hat, die Ideen, die er nicht beim Elefanten oder bei der Ameise unterbringen konnte, auf die Gestaltung des Menschen verwandte. So wurden wir geschaffen aus Resten. Auch Krieg, Zerstörung und Unwetter hinterlassen manchmal Reste, die aufrütteln und an das ursprüngliche Leben erinnern. Sie sind Denkmale einer anderen Ordnung, eines anderen Friedens und einer anderen Güte. Kann man nun die Reste nehmen und daraus etwas schaffen, das den Respekt der Menschen gegenüber den Abfällen seines Lebens verdeutlicht? Wie vollkommen waren die Bettwürste, die meine Mama aus den Ärmeln des alten Wollpullovers meines Papas gemacht hatte. Man schob sie sich unter den Kopf und konnte in den Himmel schauen und an meinen armen Papa denken. Aus den Resten der zerbombten Stadt Paderborn wurden am Rand der City eine Freizeitanlage und der Monte Scherbelino geschaffen. Die Erde ist in keinem guten Zustand. Sie ist selbst zum Rest geworden. Zum Rest einer überheblichen Lebensart. Was machen wir mit dem Rest an Zeit, der uns noch bleibt? Ich bin da guter Hoffnung. Man kann mit aller Liebe und allem guten Willen aus jedem Rest etwas Neues, Unerwartetes und Großartiges schaffen.

(Siehe auch „VERGÄNGLICHKEIT, ÜBER DIE")

RETTUNG: (Ein Satz wie ein Roman) Eine Rettung kann sehr trostlos sein. Ich sah schon Gerettete, die gleich wieder ihr Unglück planten.

RICHTUNG: Der Weg in die andere Richtung wäre schöner gewesen, aber da musste er nicht hin.

RITUALE, NEUE: „Wenn der Teller nicht leer gegessen wird, gibt es am nächsten Tag kein schönes Wetter." Solche Allgemeinplätze können nicht der Grund sein, den versalzenen Rosenkohl auf Mailänder Art aufzuessen, und auch der selbstbewusste Mailänder Koch steht lieber im Regen, als sich durch solche dubiosen Wettervoraussagen in seinen Kochkünsten beeinträchtigen zu lassen. So oder so. Nach einem gelungenen Essen ist es an der Zeit, den kulinarischen Zauberkünstlern zu huldigen. Manche Gäste glauben durch üppige Trinkgelder ihre Schuldigkeit getan zu haben, aber mundete der sizilianische Wein in seiner Trockenheit und Kühle nicht zu sehr dem Gaumen? Weinten wir nicht zu den Klängen von Al Bano und Romina Power, die so selbstlos von ihrer Liebe sangen, und grunzten wir nicht vor Befriedigung, als wir die Röhrennudeln schlemmten, die so unschuldig zwischen klein gehackten Zucchini- und Auberginenherzen trieben? Wurden wir nicht mit „Dottore" und „La bella còstola" begrüßt und glauben nun, uns dieser Atmosphäre entziehen zu können durch ein läppisches Trinkgeld, und geben statt 38 Euro 60 pingelige 40 Euro und sagen: „Stimmt so." Nein, das stimmt nicht so. Müssten wir nicht beherzt aufstehen und dem Speisenbringer unsere Hand entgegenstrecken und bewundernd sagen: „Geld ist nicht alles, Signore. Hier, nehmen Sie meine Hand. Diese Hand hat heute noch Kinder gestreichelt, Frauen zum Abschied gewunken und Autofahrergrüße erwidert." Hinterlassen wir doch ehrerbietig etwas Persönliches. Etwas, welches treu an uns erinnert. Hinterlassen wir einen Schuh. Vielleicht einen roten, weil Rot die Farbe des Wiederkommens ist. Hinterlassen wir einen Ehepartner, ein rot gewordenes Eheanhängsel, als kleine Aufmerksamkeit, als besondere Erinnerung, als Hilfe für den Koch. „Hier nehmen Sie meine Frau. Sie heißt Gudrun und hat es gerne, wenn man kuscht!" Sollten wir nicht nach dem Essen laut aufschreien? Uaaaaah! So laut aufschreien, dass der Koch in der Küche erschrocken zusammenfährt und gesteht: „Mamma mia, ich habe mich schon wieder übertroffen!" Könnten wir uns nicht die Kleider vom Leibe reißen? Wie es in alten Kulturen bei Schmerz- und Freudebekundungen oft gehandhabt wurde, als Ausdruck der Sprachlosigkeit. „Wir zeigen uns nackt und bloß, da Sie uns mit Ihrer Gastfreundschaft beschämt haben." Bedenken Sie den Werbeeffekt, wenn alle Gäste nackt durch die Türe in die Nacht enteilen. Oder als größte Unterwerfung unserer satten Dankbarkeit: Geben wir uns auf! Geben wir uns selbst! Legen wir uns auf den Tisch als gereiftes, menschliches Trinkgeld. Denn der gut gekühlte trockene Wein, die Herzensmusik von Al Bano und Romina Power, die kleingehackten Zucchini- und Auberginenherzen inmitten der Röhrennudeln haben uns so verändert. Wir wollen uns legen in die Hände dieses Kochs, dieses Speisenbringers und von Al Bano und Romina Power und besonders in die Hände von Romina Power. Wir kamen als Hungrige und wurden zu Menschen. Wir wollen wiederkommen dürfen. Ja, stimmen Sie mit ein in diesen Sprechgesang: Wir wollen wiederkommen dürfen! Wir wollen wiederkommen dürfen! Wir wollen wiederkommen dürfen! Bitte!

ROBOTER: Was kommt dabei heraus, wenn sich Menschen um die Robotermode kümmern? Die Robotermode steckt überall in den Kinderschuhen. Alt gewordene Roboter tragen oft die Mode von Teens auf, obwohl ihr soziales Umfeld längst zum Grau-in-Grau-Look übergegangen ist. Hat man sich bei der Entwicklung des Roboters eher auf sein Innenleben konzentriert, fallen nun viele Roboter durch ein unpassendes Äußeres auf. Ich sah mal einen Roboter, der trug eine Breitcordhose und hielt eine Pfeife in der Hand, als wäre er Günter Grass. Ich weiß nicht, was man sich dabei gedacht hat. Eine Huldigung müsste anders aussehen. Später hörte ich dann, das war tatsächlich Günter Grass gewesen, aber das soll nicht ablenken von den ursprünglichen Bedenken. Ich sah mal eine Roboter-Frau, die wurde Heidi genannt, weil sie eine blonde Perücke trug und mit einem zu kurzen Rock kokettierte, als wäre sie Heidi Klum. Tatsächlich sah sie aus wie ein Schuhkarton, aus dem zwei Beine ragten. Alles andere war Illusion und Wunschdenken. Will man so vermeiden, dass sich ein Mensch in einen Roboter verlieben kann? Im Grunde müssten die Roboter selbst ihre Mode entwerfen. Vielleicht trügen sie dann Lichterketten als Oberteile oder Hosen aus Zelluloid, auf denen alte Buster Keaton Filme gezeigt werden.

ROLLEN: Rollen sind bei der Post nicht gern gesehen, da sie wegrollen. Roll roll roll roll roll, rollt die Rolle durch den LKW-Frachtraum. Welch ein Kullern und Drehen, alles in Rage, nichts bleibt stehen. Wer Rollen mit Plakaten verschickt, muss mit einem gehörigen Wegroll-Porto rechnen. Alle, die Rollen versenden, wissen wovon ich rede. Sie sind die Gelackmeierten, sie werden am Schalter scheel angesehen. „Gehört diese Rolle zu Ihnen?" Ein Postbeamter erklärte mir mal, dass diese Rollen extra auf einen Rollator, ich habe das doch auch nicht für möglich gehalten, gerollt werden, um zwischen all den Paketen, Kisten und Verpackungsmaterialien dem Rollen einen Riegel vorzuschieben. Rolle sich wer kann? Wer nicht im Paketservice zu Hause ist, lacht natürlich über solche Probleme. Keiner weiß im Grunde, was zu tun ist, damit die Rollen nicht plötzlich wegrollen. Manche Rollen rollen derart schnell weg, dass die Post sie erst wieder in einem anderen Postleitzahlengebiet auffinden kann. Da gelten wieder ganz andere Rollbestimmungen. Das verursacht im Grunde die hohen Rollkosten. Machen wir uns nichts vor. Um die Zukunft von Rollen mache ich einen Bogen. Mir wurde jetzt eine Rolle als Rollkoordinator angeboten. Ich habe abgelehnt. Ich möchte nicht in einer Rolle stecken. Mir wird auch so schnell schwindelig. Ich lasse mir das Rollen, ich rolle nun dabei bewusst den Buchstaben rrrrrrrrr, ich lasse mir das Rrrrrrolen nicht verbieten. Rock'n Roll, Baby, ich sag nur: Rock'n Roll, Baby. (Der Sprecher kugelt sich ein und rollt über die Bühne hinweg ins Aus)

ROSINENSCHNECKE: Eine Rosinenschnecke ist natürlich ohne Rosinen kaum vorstellbar.

RÜCKHALT: Kann das Geschirr-Spülen Rückhalt geben?

RÜCKWEGSMÜDIGKEIT, DIE: (für W. Genazino) Wer bewahrt uns vor der Rückwegsmüdigkeit? Warum zäumen wir nicht den Weg vom Ziel aus auf?

Illustration: „Roboter"

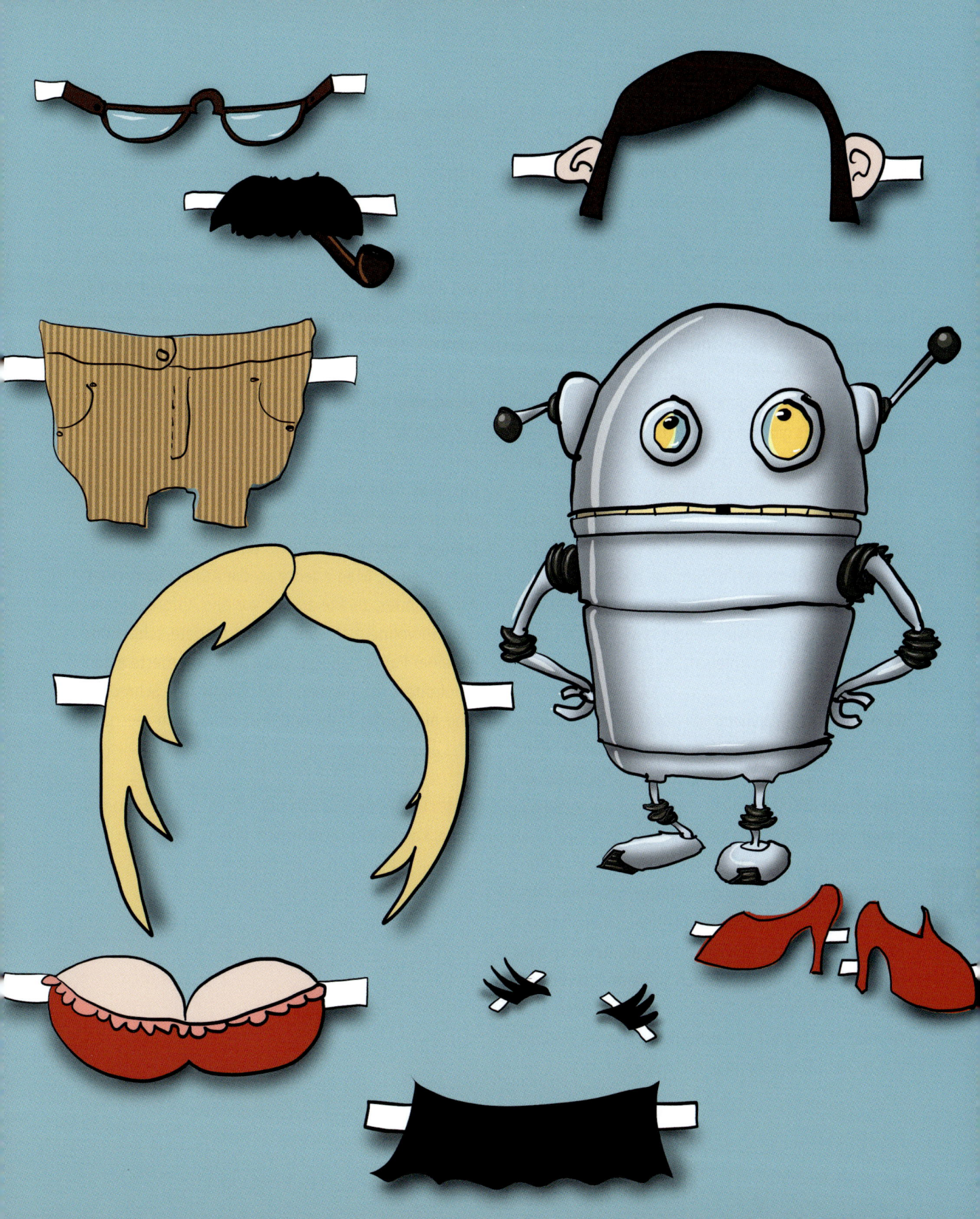

Die Rückwegsmüdigkeit kann etwas sein, wo man ein Café braucht, wo man die Füße auf den Tisch legen kann. Ist es sinnvoll, wenn am Ende der Schluss kommt? „Auf dem Rückweg werde ich immer müde", sagte Lulu. Der Rückweg erschien ihr länger als der Hinweg. Selbst wenn Lulu im Kreis ging, spürte sie genau, wenn sie auf dem Rückweg war. „Nichts lenkt mehr ab und zum Spielen habe ich keine Lust", fasste sie ihren Eindruck zusammen. Der Rückweg beginnt immer dann, wenn man nach Hause will. Man hat genug gesehen und aller Spaß hält nur auf. Es gibt ein Gedicht, dass einen vorwärts bringt. Alle sprechen es gerne, weil man dadurch vergisst, wie müde man ist. Man kann es beim Gehen zusammen oder alleine sprechen. Ratzfatz ist man zu Hause. „Der Rückweg ist jetzt gleich geschafft, wenn wir so weiter geh'n. Zuhause gibt es Apfelsaft, drum bleibe ich nicht steh'n." „Plötzlich war die Rückwegsmüdigkeit wie weggeblasen", sagte Lulu und trank von ihrem Apfelsaft.

RÜDIGER: (Bei Weyhers) Ich dachte erst, das wäre Rüdiger gewesen, aber dazu war er zu nett. Aber vielleicht war er es doch, ich meine, ich habe ihn bestimmt seit 40 Jahren nicht mehr gesehen. Vielleicht hat er sich verändert. Obwohl, er aß dort Grünkohl mit Würstchen und sagte mir, er äße gerne deftig. Rüdiger war immer eher der Salattyp gewesen. Alles musste leicht und begreifbar bleiben. Ich weiß noch, wie er früher sogar die Oliven daraus gefischt hatte. Kann man in 40 Jahren sich so verändert haben? Kann ein Mensch in 40 Jahren vom Salattyp zum Grünkohltyp reifen? Und natürlich war er für Rüdiger viel zu nett. Das kann man nicht spielen.

RÜGENWALDER MÜHLE: Gestern habe ich bei einer Werbung der Rügenwalder Mühle weinen müssen. Ich weiß nicht, ob ein Leberwurstbutterbrot eine solche Wirkung haben darf. Natürlich spielte auch die Untermalung durch Harfenmusik seine Rolle. Wer schützt uns vor dieser Zurschaustellung von Familienglück, bei der anscheinend ein Leberwurstbrot eine größere Rolle zu spielen hat als das gemeinsame Gebet.

RUMMEL: Auf dem Rummel gab es keine klassische Geisterbahn sondern ein Erlebnishaus, welches einen durch die Gänge einer Behörde führte. Man saß mit einer Tüte Popcorn in seinem Erlebnis-Car und sah zu beiden Seiten Beamte, die einen mit dem Zeigefinger lockten oder einem unausgefüllte Formulare hinhielten. Man erlebte so die Atmosphäre eines Arbeitsamtes, zuckte zurück vor den Anforderungen des Einwohnermeldeamtes und landete schließlich bei einer Polizeibehörde, die einen aufforderte einen Alkoholtest zu machen. So bekam der Schrecken eine alltägliche Note und war endlich im hier und jetzt angekommen.

RUNTER: Alles was ich vom Tisch auf den Boden stelle, kann nicht mehr runter fallen.

S: Ich bin doch sehr überrascht, wie weit es das S nach vorne geschafft hat. Ich hätte es im Alphabet eher hinten vermutet bei solchen Exoten wie X oder Y. Es würde mich nicht erstaunen, wenn S im nächsten Jahr ganz vorne mitspielen würde. S hat natürlich den Vorteil, dass mit Sex und Schlaf zwei starke Wörter mit einem S anfangen, die uns dauernd durch den Kopf geistern.

(Siehe auch „SO")

SÄGE: Natürlich klagte die Säge wieder am lautesten über das Abholzen der Bäume.

SAGGING: Rutscht die Hose soweit nach unten, dass man die Unterhose erkennen kann, bezeichnet man dies auch als „sagging". Wenn dies Padermann beim Staubsaugen passierte, sprachen alle immer vom „Padermannsagging".

(Siehe auch: „SENIORENBROSCHE")

SALZSTANGEN: Herr Hemdsorgel saß draußen im Gasthof Weyher. Die Sonne schien und alles war friedlich. Plötzlich bemerkte er die Unruhe seines Hundes und öffnete die Augen. Er sah nur noch die englische Mutter mit dem Kind auf sich zukommen. Das Kind trug einen Stoß Salzstangen in der Hand, an denen es nicht knabberte. Er wollte gerade darauf hinweisen, dass sein Hund unterm Tisch lag und total verfressen war, als ihm einfiel, wie ungenügend sein Englisch war. Er konnte weder die Salzstangen ins Englische übertragen, noch kannte er ein Wort für „verfressen." Natürlich schnappte dann der Hund nach den Salzstangen und fraß sie, haste nicht gesehn, auf. Das Kind war so überrascht über diesen Angriff, dass es zu weinen anfing. Herr Hemdsorgel war untröstlich. Er konnte immerhin die Situation mit einem „excuse me" retten. Später fiel ihm sogar noch „I'm sorry" und „My dog is a clown" ein. Trotzdem, der Aufenthalt im Café war verdorben.

SCHATTEN: Er hatte mich mit dem Schatten seines Autos überfahren. Es war zwar nur der Schatten seines Autos gewesen, aber immerhin. Für jemanden, der den Unterschied nicht kannte, hätte es ein schlimmes Ende nehmen können.

SCHAUFENSTERPUPPE: „Komisch", dachte Herr Hemdsorgel, „man sagt „die Schaufensterpuppe", auch wenn sie für Männermode herhalten muss."

SCHAUSPIELER: Es gibt Schauspieler, die können spielen, dass gerade das Telephon klingelt und sie davon wach werden. Es gibt Schauspieler, die können so tun, als wären sie ungeduldig, weil sie gleich

Besuch von ihrem Chef bekommen. Sie laufen hin und her und man merkt nicht, dass sie das nur spielen. Es gibt Schauspieler, die können so tun, als ob sie ganz großen Hunger auf ein Essen haben und das drei Mal, bis die Szene im Kasten ist. Ich kenne Schauspieler, die können so tun, als ob sie frieren, obwohl es draußen 40 Grad im Schatten ist. Die tragen dabei sogar einen Pelzmantel und hauchen sich dauernd ihre Hände warm. Ich kenne Schauspielerinnen, die sind im Film schöner als im echten Leben. Es ist erstaunlich, dass schlechte Schauspieler keinen Schauspieler spielen können, der nicht gut spielen kann. Ich kenne Schauspieler, die können so tun, als ob sie sehr unter dem Tod einer Kollegin leiden, obwohl sie gar nicht tot ist, sondern das nur gespielt hat. Gestern half ich einem Schauspieler, der eine Reifenpanne hatte. Ich dachte nur, was macht der in meiner Wirklichkeit? Ich hatte ihn mal in einem Film gesehen, da arbeitete er in einer Autoreparaturwerkstatt. Mir ist damals gleich aufgefallen, dass der Schraubenschlüssel für ihn ein Fremdkörper war.

SCHEINBUSHALTESTELLE: Eine Scheinbushaltestelle ist eine dem Anschein nach normale Haltestelle, die in der Regel mit einem Haltestellenschild und einem ausgehängten Fahrplan ausgestattet ist. Dieser Fahrplan ist fiktiv und es wird auch nie ein Omnibus an dieser Attrappe halten. Zum Teil sind Scheinbushaltestellen mit einer Sitzbank versehen. Die Scheinbushaltestellen werden in der Pflege von Demenzerkrankten eingesetzt. Menschen, die an der Demenz erkrankt sind, haben oft Störungen des Kurzzeitgedächtnisses und leben mit fortschreitender Erkrankung häufig mehr und mehr in der Vergangenheit. Sie wollen in die alte vertraute Umgebung zurückkehren oder alten Ritualen folgen. Deswegen sind sie unruhig und suchen eine Haltestelle auf, um auf den nächsten Bus zu warten, im festen Glauben, dass er sie von diesem Ort weg nach Hause bringt. (frei nach Wikipedia)

SCHERZBRILLE, DIE: Das Pupskissen war schon eine große Enttäuschung, aber die sogenannte Röntgenbrille schlug dem Fass den Boden aus. Man pries sie als Scherzbrille an, mit der man Menschen nackt sehen konnte, obwohl sie bekleidet waren. Auf der Illustration in dem Scherzartikelprospekt war eine Frau zu sehen, unter deren Kleid ihre Umrisse zu erkennen waren. Sollte es einen gnädigen Gott geben, der sein Amen zu einer Erfindung gegeben hatte, die uns Kindern einen Einblick in die Geheimnisse einer Nackten geben wollte? Mir schien die Brille genau dafür gemacht, um den kürzesten Weg in die Hölle zu finden. Ich war in einem Internat aufgewachsen und meine Kenntnisse über die Anziehungskraft von Mann und Frau waren rein theoretischer Natur. Es war nicht einfach zu ertragen, da die Liebe auch mit einem Begehren verbunden war. Das Glück schien abhängig zu sein von der Eroberung und der Gegenliebe eines anderen Menschen. Sollte diese Brille eine Hilfe sein mit dem unbekannten Objekt umgehen zu können oder nutzte sie einfach nur Unwissenheit und Triebhaftigkeit von uns Naivlingen aus? Die Brille hatte eine Spirale auf beiden Sichtfenstern aufgedruckt, die auslief in einem Loch, das alles, was sonst im Verborgenen lag, ans Tageslicht bringen konnte. Wahrscheinlich konnte man mit der Brille auch seinen Zahnarzt nackt sehen, aber wer wollte das?

Illustration: "Scherzbrille"

Leider war es ein wenig peinlich die Brille zu tragen, weil sie genau so aussah wie eine Erfindung, mit der man alle Frauen nackt sehen konnte. Wer wollte sich diese Blöße geben? Es war ja nicht die wissenschaftliche Neugierde, die einen trieb. Nach langem Nachdenken habe ich von der Bestellung der Brille abgesehen, auch weil sie erst mit 18 Jahren zu erwerben war. Heute denke ich gerne an die Zeit zurück. Wie aufregend es war sich vorzustellen, dass man mit dieser Brille durch die Westernstraße laufen würde und wahrscheinlich schon beim Rathaus wahnsinnig geworden wäre. Was gäbe ich dafür, noch einmal diese kopflose Sehnsucht zu spüren. Ich denke, die Hölle ist voll mit Leuten, die sich diese Brille bestellt haben, und einen Raum weiter sitzen die, die anderen ein Pupskissen unterschieben wollten.

(Siehe auch: „PUPSKISSEN")

SCHICKSAL: Der Aufprall der Raviolidose auf dem Mülleimerboden fiel zusammen mit dem Zuschlagen des Mülleimerdeckels. Gab es da Absprachen? Auf jeden Fall war das schön. Es gab einen Bumms, wo man zwei erwartet hätte. Kann ein Bumms ein Wohlklang sein? In diesem Falle ja.

SCHINKENBRÖTCHEN: Manche lieben das klare Harte, andere das weiche Sanfte.

SCHIRM: Sie hatte es unter dem Schirm gar nicht bemerkt, dass es aufgehört hatte zu regnen.

SCHIRME: Der Mann mit dem Regenschirm lachte den Mann ohne Regenschirm aus. Das hatten wir auch schon andersrum.

SCHLAFLOSIGKEIT: Der Kampf gegen die Schlaflosigkeit wird nicht wach gewonnen.

SCHLOSS: Es ist schon bemerkenswert, dass die Jugendlichen ein Schloss um ein Brückengeländer befestigen, um die Liebe zu einer bestimmten Person vor aller Welt zu bezeugen. Ist die Liebe nur noch zu bewahren, wenn wir uns ganz aufgeben, um im Glück des anderen auch unser Glück finden? Ist denn dann ein Schloss das Symbol, das uns den Zustand der ewigen Liebe am besten verdeutlicht? Spricht nicht das Schloss auch vom Eingesperrtsein und vom Gefangensein? Ich sah jetzt am Michaelskloster, vielleicht auch, weil dort eine Baustelle die Parksituation unmöglich machte, dass die Schülerinnen und Schüler der Michaelsschule ihre Fahrräder an das Geländer der Deelenpader befestigt hatten. Erst dachte ich, dass das ein neues Symbol für die Jugendlichen geworden ist, um zu zeigen, dass man verliebt ist. Ist es nicht immer auch der Wunsch zu zeigen, dass man durch die Liebe frei geworden ist und nun zu neuen Ufern aufbrechen kann? Ist dann nicht das Fahrrad ein gutes Symbol, das unseren verliebten Zustand bewahrt? Die Liebe ist ein dauerndes auf der Flucht sein. Gut, wenn man dann ein Fahrrad in der Nähe hat.

SCHMERZ: Der Schmerz bleibt jung.

SCHMETTERLINGE: Können Schmetterlinge lustig sein? Braucht eine Raupe Humor? Der Schmetterling war früher beliebter. Die Raupe trug Ketten.

(Siehe auch: „EICHHÖRNCHEN")

SCHMUSESTUHL, DER: (Der Schmusestuhl ist mit Fell oder einem Plüschstoff bespannt.) Es gibt Tage, da will man verwöhnt werden. Wie abscheulich das ostwestfälische Wetter sein kann und wie griesgrämig einem die Bewohner der Stadt vorkommen. Fehlt nur noch, dass mit seinem Chef am Tisch sitzen muss und der Stuhl, auf dem man Platz genommen hat, wackelt. Zum Glück gibt es den Schmusestuhl. Seine mit Kuschelstoff besetzten Flächen laden jeden zum Anlehnen und Ausruhen ein. Auf einen Schlag fallen alle Sorgen von uns ab und die Schmerzen sind aushaltbar. Wir sind gut aufgehoben. Der Schmusestuhl heißt uns willkommen. „Setz Dich erstmal", sagte die Frau zu dem Mann und drückte ihn auf den Schmusestuhl. „Du wirst bald wieder Vater werden." „Setz dich erstmal", sagte die Frau zu dem Kind und drückte es auf den Schmusestuhl. „Du fragst Dich sicher, wo die kleinen Kinder herkommen." „Setz Dich erstmal", sagte der Mann zu der Frau und drückte sie auf den Schmusestuhl. „Ich hatte heute ein Gespräch mit meinem Chef." „Setz dich erstmal", sagte das Kind zu seiner Mutter und drückte sie auf den Schmusestuhl. „Ich soll Dir diesen Brief von meinem Lehrer geben."

SCHMUTZ: Beim Reinigen seiner Ohren fiel ihm auf, dass das rechte Ohr wesentlich verschmutzter war als das linke. Seine Q-Tips Reiniger sprachen eine deutliche Sprache. Hatte der Rechtshänder schmutzigere rechte Ohren und der Linkshänder musste unter schmutzigeren linken Ohren leiden? So einfach ist der Weltdreck nicht zu erklären. Er hielt sich doch mit beiden Ohren zurück. Später hörte er es ganz deutlich: Der Schmutz kam von rechts.

SCHNEE: Manche denken, dass man sich im Schnee nicht schmutzig machen kann, weil er weiß ist.

SCHNEEBALL: Was hatte sie mit dem Schneeball vor? Ich ahnte Schlimmes.

SCHNELL: Viele können nur „schnell", alles andere trauen sie sich nicht.

SCHOKOLADENTORTE: Die Schokoladentorte ist die Rampensau unter den Süßspeisen. Teamplayer sehen anders aus. Da werden Holländer Kirsch und Frankfurter Kranz schnell zu Stichwortgebern. Sie spielt alle an die Wand. Wenn ich ein Hund wäre, würde ich mich in ihr wälzen, weil ich ein Mensch bin, muss ich brüllen lernen im Löwenkäfig: „Vielleicht sollte ich zum Tortenessen keine großen Löffel nehmen." Zum Glück gehört die Schokoladentorte nicht zu den gefährdeten Tortenarten. Man sieht ihr gleich an, was sie vorhat. Der Überraschungseffekt ist nicht auf ihrer Seite. „Nimm mich" ist ihr zweiter Vorname. Wer sich einer Schokoladentorte nähert, muss über Sahne wandeln können. „Grundgütiger, man geht doch nicht mit Brad Pitt essen und glaubt dann ungeküsst nach Hause zu kommen." Diese Torte tut nie so, als wäre sie unschuldig und müsste um Zehn im Bette liegen. Ich habe gehört, dass Eugen Drewermann sich nach dem Genuss einer Schokoladentorte von der katholischen Kirche losgesagt hat. Das Essen einer Schokoladentorte ist ein Selbstmordversuch, die Todsünde dagegen ein Kavaliersdelikt. Dass man überhaupt noch das Wort Schokoladentorte aussprechen darf, ohne einen gewaltigen Shitstorm auszulösen, grenzt an ein Wunder. Sie ist die Aneignung aller Kulturen, sie nimmt von allen das Beste, um selbst die Beste zu sein. Es gab die Schokoladentorte schon vor der Erschaffung der Erde. Über sie stolperte man im Garten Eden, nicht über einen Apfel. Lasst den Boskop in Ruhe. Was Adam und Eva aus dem Paradies gerettet haben, war der stramme Max, Netflix und das Schokoladentortenrezept von Doktor Oetker. „Meine Damen und Herren, diese Schokoladentorte weiß, was sie tut. Das war kein Sattmachen im Affekt. Da stand ein Plan dahinter, ein Vorsatz. Unschuld sieht anders aus. Wer die Schokoladentorte als einzige Wahrheit akzeptiert, verleugnet die Vielfalt der Kulturen. Ihr Genuss sollte erst ab 18 Jahren erlaubt sein. Sie ist schuldig im Sinne der Anklage." „Wer sich die Natur untertan macht, verdirbt sie. Darum meidet der Weise das Zusehr, das Zuviel, das Zugroß. (Laotse, Bäcker Mertens.)

SCHRITTE, FALSCHE: Ich wollte ein wenig langsamer fahren und drehte das Radio leiser. Das war ein falscher Schritt. Man kann ja nicht, wenn man abnehmen will, den Fernseher ausmachen. So kommen wir nicht weiter. Man kann auch nicht, wenn man Gitarre lernen will, ein Vogelhaus bauen. Das sind die falschen Schritte. Viele sagen, man weiß nicht wozu es gut ist, aber das kann ich Ihnen sagen, wenn jemand ein Vogelhaus baut, dann kann er nicht automatisch „Hey Joe" spielen von Jimi Hendrix. Obwohl „Hey Joe" spielen von Jimi Hendrix kann jeder. Er kann es nur nicht wie Jimi Hendrix spielen. Ich wollte mal eine Frau küssen und habe mir einen getrunken. Das sind die falschen Schritte. Das hat in dem Sinne nichts miteinander zu tun. Ich meine, das ist auch schön, aber so kommt man nie zum Ziel. Wenn man einen guten Wein trinken will, soll man sich nicht dabei ablenken lassen. Auch ich habe diese Geschichte nur geschrieben, weil ich nicht den Rasen mähen will. Das sind die falschen Schritte.

SCHUSTER KRÜGER: Heute verließ ich gerade den SÜDRING, als mir Schuster Krüger entgegenkam. Er grüßte mich so abwesend, dass ich ahnte, dass er mich nur wahrnahm, wenn ich meine zu reparierenden Schuhe zu ihm trug. Plötzlich fiel mir auf, dass sein linker Schuh geöffnet war und das Schuhband mit beiden Enden über den Boden schleifte. Ich überlegte kurz, ob ich ihn darauf aufmerksam machen sollte. Ich meine, Herr Krüger ist in Schuhangelegenheiten Vorbild und sollte stets mit gutem Beispiel vorangehn, ohne zu stolpern. Aber vielleicht, dachte ich mir, ist dies ja auch ein neuer Trend und man trug ab jetzt seinen linken Schuh offen. Konnte das sein? Irgendwann trug man ja auch freiwillig Löcher in den Hosen und fand es geil, wenn die Unterhose an einem herunterrutschte.

SCHÜTZENLIED: „Ein Schütze steht stets seinen Mann, auch wenn er nicht mehr stehen kann. Ein Schütze trägt auch ein Gewehr und damit schießt er hin und her. Und fühlst Du dich einmal allein, dann trete bei den Schützen ein."

SCHUTZBRILLE: Die Zahnarzthelferin setzte mir vor der Zahnreinigung eine Schutzbrille auf: „So, hier kommt noch das Schutzbrillchen und dann geht es los." Ich weiß, dass Sie mir durch die Niedlichkeitsformel den Schrecken vor der ganzen Prozedur nehmen wollte, aber wer die Verkleinerungsform einer Schutzbrille gebraucht, stellt auch ihren Nutzen in Frage. Kann ein Schutzbrillchen den vehementen Einschlag von Zahnstein abhalten? Die Schutzbrille wird ohne den Einsatz eines Deminutivchens ernster genommen. Man begrüßt den anrollenden Panzer ja auch nicht als Panzerchen, außer man sitzt in dem größeren Panzer.

SCHWÄCHE: Wie schwach musste man sein, wenn das Heben einer Kaffeetasse als mühsam erschien? Er trug in seinen guten Zeiten Kinder auf den Schultern und kroch mit beiden Knien durch den Sand. Er war mal so stark, dass er allen weismachen konnte, er könnte Waschmaschinen stemmen.

SCHWAMM: Ein guter Schwamm gibt nach.

SCHWARZWÄLDER KIRSCHTORTE: Die Schwarzwälder Kirschtorte ist ein Niedergangskuchen. Obwohl es eine Sahnetorte ist, wird ihr Geschmack durch die mit Kirschwasser aromatisierten Schokoladenbiskuitböden geprägt. Sie veredelt das Leiden und das Traurigsein und erinnert an eine Landschaft nach einem Sturm. Liegt es an den Schokoladenraspeln, die zur Verzierung die Oberfläche bedecken? Stehen die 16 Sahnetupfer mit der Kirschendeko für Bungalows? Die Schwarzwälder Kirschtorte sieht aus, als wäre sie verprügelt worden, als wäre sie von einem Ausschlag befallen. Man kann sie mit Handschuhen essen, aber auch im Sommer in einem abgedunkelten Raum. Die Schwarzwälder Kirschtorte bringt Ruhe in dein Leben. Sie liebt den Rückblick und erdet die Gegenwart. Sie ist ein Abschlusskuchen. Sie lässt keine Wünsche mehr offen. Der Schwarzwälder Kirsch macht alles zu einem Kopfschütteln, er veredelt den Rückblick. Er lässt einen gütigen Blick zu auf die Welt. Er ist die gelassene Wahrheit. Alles prallt ab vom Schwarzwälder Kirschesser. Die Schwarzwälder Kirschtorte ist der Pfarrer, der den Segen beim Auszug spricht. Er ist der Bürgermeister, der die Grußworte seiner Stadt vermittelt. Er ist der Arzt, der einem die Nachricht von der begrenzten Lebensdauer überbringt. Man sollte die letzten Tage füllen mit dem Essen einer Schwarzwälder Kirschtorte. Wenn alles egal ist, ist sie das ideale Beiwerk für den Untergang.

SCHWEIN: Es roch so deutlich hier nach Schwein, dass man sich freute keins zu sein.

SCHWERT: Der Mann steckte das kleine Holzschwert hinter seinen Hosengürtel und sah sofort bewaffnet aus. Wollte er für eine gute Sache kämpfen und dabei sein Leben verlieren? Mutig klopfte er an die Tür. „Kommen sie herein", rief der Papagei.

SCHWIEGERSOHNEMPFEHLUNG, DIE: Er kann gut Brot schneiden, sogar, wenn es ganz frisch ist.

SELBSTGESPRÄCHE: Er hatte sich mal verkabeln lassen, um seine Selbstgespräche aufnehmen zu können. Er glaubte lange nicht, dass er mit sich selbst sprach. Er dachte, die Leute schauten ihn nur an, weil er so schön war, dabei sagte er manchmal Sachen wie: „Da lachste Dich kaputt, das nennt man Camping." Er wusste gar nicht, dass er diesen Ausruf überhaupt inne hatte. Er sprach mal zu sich selbst mit vollem Mund. Da ging es um Sittenverfall und Verrohung auf dem Campingplatz. Manchmal ist es gut, wenn man sich selbst nicht verstehen kann. Ich kannte eine Frau, die schwieg mit sich selber, aber das wusste niemand, auch sie nicht. „Ich wusst' auch lange Zeit nicht, was ein Account ist, geschweige denn ein Provider, ich wusst' auch lange Zeit nicht wie ein Snickers schmeckt, geschweige denn ein Raider, ich wusst' auch lange Zeit nicht wer du bist, und nun weiß ich es leider." Ich konnte darüber auch nicht lachen, lachte aber.

SELBSTUMARMUNG, DIE: Die Selbstumarmung kann oft die letzte Zuwendung sein, die einen einsamen Menschen über Wasser hält. Ich halte diese Form der Zweisamkeit für normal und durchaus für gottgewollt. Man weiß doch selbst am besten, was einem gut tut. Umarmen Sie sich. Drücken Sie sich so feste an sich, als schwebten Sie gemeinsam an einem Fallschirm auf die rettende Erde. Sagen Sie dabei: „Du bist mein ein und alles. Ohne dich ist mein Leben sinnlos. Ich mag es, wenn du nasal sprichst." (hält sich bei der Selbstumarmung die Nase zu) Man kann und muss nicht lachen, wenn man sich selbst kitzelt. Man kann keine Liebeslieder summen, wenn man sich die Nase zuhält. Wenn man sich selbst ein Schlaflied singt, schläft man nicht davon ein. Bei der Selbstumarmung sind uns keine Grenzen gesetzt. Manche gehen sich selbst durch die Haare und flüstern: „Ich lasse mir morgen deine Haare schneiden." Andere klopfen sich auf die Schultern, als hätte man Großes geleistet, als hätte man vor Glück sich verschluckt. (singt ein Lied im Takt zu dem Schulterklopfen) Ich kenne Selbstumarmer, die können nicht mehr die Finger von sich lassen. Ich habe einen Freund, der lackiert sich bei einer Selbstumarmung die Fingernägel und gibt sich der Illusion hin, da hätte sich jemand für ihn herausgeputzt. „Du willst es doch auch." Ein Nachbar von mir der flüstert Liebesschwüre, um der Situation einen intimeren Touch zu geben: „Ich weiß, ich habe deinen Geburtstag vergessen, aber wie soll ich ihn mir merken, du siehst gar nicht älter aus." Lernen sie bei aller Liebe auch mal „nein" zu sagen. Man muss nicht alles machen, was Sie von sich verlangen. Man muss sich Grenzen setzen, damit Sie sich abends wieder im Spiegel anschauen können. „Ich sage nein". Sagen Sie nein, wenn Sie nicht wollen, dass man Ihnen bei der Selbstumarmung an den Ohren zieht. „Ich sage nein". Sagen sie nein, wenn Sie dagegen sind, dass die Nase ein Teil des Liebesspiels sein soll. „Ich sage nein". Gerade wenn man sich so gut kennt, wie Sie sich kennen, sind Geheimnisse aufregend und ersparen die zu frühe Vorhersehbarkeit. Das ist eine Win-win-Sitation, eine Er-win-Situation, „Ich bin nun treu. Ich liebe mich." Man kann sich auch selbst in den Hintern treten, doch das macht nur Sinn, wenn man bei der Selbstumarmung an jemand anderen gedacht hat.

SENF: Vorsicht Senf. Sobald Senf ins Spiel kommt, wird es ernst. Wird der Senf zum Essen gestellt, muss man sich entscheiden, wie viel man davon nimmt. Es gibt Dinge, die sind nach dem falschen Umgang mit Senf für immer verdorben. Tischdecken zum Beispiel. Wer hat schon gerne Sennflecken auf der Hose? Ich habe mal gesehen, wie der Senf so aus der Tube gespritzt kam, dass er an der Decke klebte.

Bei Senf ist Schluss mit lustig. Hast du einmal Senf im Haus, bleibt auch der Löwensenf nicht lange fern. Senf kann so scharf sein, da treten dir Tränen in die Augen. Manche mögen das, andere haben dann ein Leben lang Angst vor Senf: Senf kann das Leben verändern/ drum drücke ihn auf Tellerrändern/ drücke einen Klecks oder Bällchen/ direkt auf das Fleischfrikadellchen// Senf kann das Leben beglücken/ genieße ihn schon beim Frühstücken/ Mit Schärfe soll er gestalten/ sonst bleibt doch nur alles beim Alten// Senf kann das Leben verändern/ auf Tischen steht er in Senfständern/ drücke ihn aus den Senfspendern/ so hört man es in Rundfunksendern//

SENIORENBROSCHE: Wenn sich der alte Sack beim Suppenessen wieder bekleckert hat, spricht man wohlwollend von einer Seniorenbrosche.
(Siehe auch: „BAUARBEITERDEKOLTEE")

SEXTREF, DER: Es gab auch im Jahr 2021 schöne Momente, an die ich mich auch später erinnern werde. Ich habe eine Begebenheit in Elsen vor Augen, bei der ich mal spüren durfte, wie wunderbar albern das Leben sein kann. Ich wollte mit einer Freundin in Elsen spazieren gehen und parkte am Rand eines Feldweges. Beim Verlassen des Autos bemerkte ich, dass auf dem dort aufgestellten Stromkasten „Sextref" geschrieben stand. Hoffte ich zuerst, dass mich niemand vor diesem Sextreff entdecken würde, fand ich die entstandene Situation schließlich sehr komisch. So konnte ich es mir nicht verkneifen, einem älteren Ehepaar, welches gerade auf dem Feldweg spazieren ging und mich anklagend ansah, ein: „Das ist nicht das, wonach es aussieht" herüber zu rufen. Ich fühlte mich in diesem Augenblick unwiderstehlich, war mir aber nicht sicher, ob das ältere Ehepaar meinen Witz verstanden hatte, zumal der Mann auf das Graffiti zeigte und bemängelte: „Da fehlt ein f!" Später erklärte mir meine Freundin, dass das ihr ehemaliger Deutschlehrer gewesen war. Ich liebe seitdem diesen Sextref mit einem f. Manchmal fahre ich dort hin und schaue einfach verschämt auf den Boden. Gibt es etwas Schöneres als an einem Sextref zu stehen und verschämt auf den Boden zu schauen? Es wird nicht die Perfektion sein, die unsere Welt liebenswerter macht. Es ist das Pflegen unserer Hilflosigkeit und das Auffrischen unseres kindlichen Humors. Das gibt unserem Leben die Würde zurück. Die Erde ist ein Sextref, und wenn wir Glück haben kommt jemand vorbei und küsst uns. Auf nach Elsen.

SILVER LININGS: „Ich mag diesen Film so sehr", weinte Herr Helmschrott. „Jennifer Lawrence war nie schöner als in dieser Rolle der tanzenden Verliebten. Natürlich wäre der Film ohne die anrührende Darstellung von Robert de Niro gescheitert." Es war auf jeden Fall der Film, nach dessen Anschauen Herr Helmschrott seine Frau verließ und diesen unsinnigen Einbruch in das Friseurgeschäft verübte.

SILVESTERANSPRACHE: Wie kann man die Attraktivität von Silvesteransprachen steigern? Interessanter zu sein als die Ziehung der Lottozahlen ist die Vorgabe. Beliebter zu sein als die Wettervorhersage, das ist das Ziel. Ist es zum Beispiel nötig, dass man die Silvesteransprache zu Silvester hält? Hat man nicht gerade an dem Tag andere Sorgen als einer Silvesteransprache zu lauschen? Was sollen immer diese aufmunternden Worte und diese positiven Appelle an den Gemeinsinn? Muss man überhaupt zu Silvester etwas sagen, reicht es nicht, wenn man lächelnd in die Kamera schaut und den Daumen reckt? Nicht umsonst lässt man zu dem Fest Raketen knallen und gießt Blei. Der Wechsel von einem Jahr zum nächsten ist eine brutale Angelegenheit. Manche wollen das alte Jahr wiederholen, weil alles schief gegangen ist, andere halten schon die Tatsache, dass der Bundespräsident im Gegensatz zum Vorjahr nur ein Jahr älter geworden ist, für ein gutes Zeichen. Wird nicht auch die Silvesteransprache vier Tage vorher aufgezeichnet, damit der Bundespräsident an dem Tag seine Rede live im Fernsehn verfolgen kann? Einer muss zuschauen, auch ein solches Format braucht solide Einschaltquoten. Wenn wir aber an Anspruch denken, kommen wir an Wim Wenders nicht vorbei. Keiner kann die Langeweile so bloßstellen wie er. Lange Kamerafahrten und ewige Augenblicke, in denen geschwiegen wird, können so der Show Tiefgang geben. Wenders würde die Ohren, die Nase und andere Körperteile des Bundespräsidenten ins rechte Licht rücken. Er überhöht gerne das Atmen und zieht das Unwichtige ins Rampenlicht. Er gäbe den Stubenfliegen im Zimmer Raum sich einzubringen, man hörte sie summen und dann wieder nicht. Ich habe mal eine Silvesteransprache gehört, die von einer Leerdamer Käsesorte gesponsert wurde. Das war unpassend und wirkte würdelos. Trotzdem müssen Überlegungen erlaubt sein, dieser Sendung durch mehr Action neue Fans zu verschaffen. Der Bundespräsident könnte uns zum Beispiel auf einem Treppenlift entgegenfahren. Er könnte schon bei der Abwärtsfahrt anfangen zu begrüßen: „Liebe Mitbürger:Innen, lasst uns gemeinsam beg:Innen, wir saunen nun Innen, als wären wir F:Innen und F:Inninnen und lasst Tränen r:Innen." Ich habe auch mal gedacht, dass man die Silvesteransprache in Farbe statt in schwarz-weiß ausstrahlen könnte und dann hörte ich, dass würde schon seit Jahren so gemacht. Man könnte auch Quentin Tarantino, den Meisterregisseur fragen, ob er die Ansprache inszenieren und filmen könnte. Tarantino würde dem Bundespräsidenten ein blutgetränktes Pflaster auf die Backe kleben und ihn bitten eine schwarze Augenklappe zu tragen, als käme er von einem Kampf. Der Bundespräsident würde auf einem Motorrad sitzen, auf einem Pferd reiten. Er würde bei seiner Ansprache schwimmen oder im Bett neben seiner Frau liegen. Alles ist besser als dieses Thronen hinter einem Tisch, auf dem ein Bild von unserem Bundespräsidenten steht. Warum untertitelt man die Ansprache nicht mit koreanischen Übersetzungen? Das würde dem ganzen einen internationalen Anstrich geben. Warum nicht die Senderechte an der Silvesteransprache an andere Länder verkaufen? Ich könnte mir vorstellen, dass die Schweden und manche Belgier mit Steinmeier ins neue Jahr feiern wollen, gerade wenn man keinen Alkohol verträgt. Lasst uns dieser Kultsendung aus Mainz wieder Leben einhauchen. Berühmte Fußballer von Bayern München könnten zum Beispiel immer wieder im Bild auftauchen und dem Bundespräsidenten ungefragt Wasser einschütten. Ich weiß, wie Thomas Müller das genießen würde dort aufzutauchen. Ein Lieferservice könnte in die Sendung platzen und eine falsche Pizza bringen. Man könnte die Silvesteransprache des Bundespräsidenten auch ausschließlich an Kinder richten und

Illustration: „Schwarzwälder Kirschtorte" – Killertorte (Text S.177)

die Rede von einer Handpuppe sprechen lassen, vielleicht mit der Stimme von Ernie: „Liebe Mitbürger:Innen, lasst uns gemeinsam beg:Innen, wir saunen nun Innen, als wären wir F:Innen und F:Inninnen und lasst Tränen r:Innen." Wir kriegen das hin. Das neue Jahr wird ein Blickfang.

SITTICH: Gibt es überhaupt noch Sittiche? Ich kannte sie eigentlich nur aus der Werbung im Fernsehn. Sie wurden als Vögel gezeigt, die von einer großen Schilddrüse bedroht werden, wenn sie keine Trill Jod S 11 Körnchen picken. Meine damalige Freundin hatte einen Sittich, der immer dabei war, wenn wir uns küssten. Ich erinnere mich sogar daran, dass er dabei unsere Knutschgeräusche nachmachte, und das auf eine so lüsterne Weise, die ich gerade beim Küssen vermeiden wollte. Ich war ein wenig neidisch auf ihn, auch weil er einen Spiegel im Käfig hatte und wenn er sich alleine fühlte, einfach nur hineinzublicken brauchte und dachte, er wäre zu zweit. Ich meine, ich musste mich stundenlang mit seiner Besitzerin abquälen und fühlte mich wesentlich einsamer. Darf man überhaupt noch Sittiche sagen? Meinetwegen braucht es keiner mehr zu sagen. Mir fehlt das Wort nicht. Selbst wenn Sittiche aussterben würden, könnte ich damit weiter leben. Wenn ich aussterben würde, wäre das was anderes. „Der Sittich, der Sittich, der sitzt immer mittig. Ansonsten wackelt sein Käfig zu sehr. Der Sittich, der Sittich, wär ich er, dann litt ich. Schlecht ging's jedem, wenn er ein Sittich wär." Ich bin zu Karneval als Sittich gegangen, und bekam gewaltigen Ärger, weil jeder dachte, ich hätte mich als Indianer verkleidet. Da nutzte es mir auch nicht zu sagen, ich ginge als Sittich und wäre in der Mauser. Ist es denn richtiger, wenn die, die früher als Indianer gingen nun als Cowboy gehen, als quasi ihr Feind? Ich bin froh, dass das Pierre Brice nicht mehr erleben musste. Ich habe nun auch im Wohnzimmer einen großen Spiegel hängen und wenn ich mich alleine fühle, setzte ich mich davor und werfe mir lüsterne Küsse zu: „Der Sittich, der Sittich, der sitzt immer mittig. Ansonsten wackelt der Käfig zu sehr. Der Sittich, der Sittich, wär ich er, dann litt ich. Schlecht ging's jedem, würde die Schilddrüse schwer."

SNICKERS, DAS ENDE VON: Als er auf seinen Snickers-Riegel biss, spürte er sofort, dass etwas passiert war. Tatsächlich fand er dann die abgebrochene Krone eines Implantats in seinem Mund. Er ging am nächsten Morgen gleich zu einem Zahnarzt, der gegenüber in der Straße seine Praxis hatte. Er erzählte, dass ihm das Essen eines Snickers nicht gut bekommen war. Eigentlich wollte er eine andere Geschichte erzählen. Eine Geschichte, die ein wenig männlicher geklungen hätte, als hätte er eine Frau aus den Klauen eines Ungeheuers retten müssen. „Lassen Sie mal sehen", sagte der Zahnarzt ungerührt. „Zum Glück ist das Fundament erhalten und alles ist noch dicht", sagte er nach einem Blick. „Es reicht aus, wenn der Zahn abgeschliffen wird." Als ihm der Zahnarzt das Ergebnis seines Eingriffs zeigen wollte, drückte er ihm einen Spiegel in die Hand und hob die Veränderungen im Zahnbereich mit einem Edelstahlstab hervor. „Ein Snickers ist hart. Da muss man mit allem rechnen. Ich würde in Zukunft darauf achten, was ich meinen Zähnen zumute" Hatte er richtig gehört? „Daf ich nun kein Snickas mehr essen?", fragte er.

Er konnte trotz Beeinträchtigung durch den Edelstahlstab sprechen, aber man verstand ihn nicht so gut. „Da muss man sich entscheiden", sagte der Zahnarzt. „Ein Snickers ist eine Herausforderung." Er war bestürzt. „Heischt dach wirklich, dass ich kein Snickas mehr snickern dach?", fragte er noch mal. Da er immer noch den Stab im Zahnraum hatte, klang seine Frage dementsprechend hilflos und unbeholfen. Die beiden Zahnarzthelferinnen kämpften mit ihren Tränen und schauten ihn mitleidig an. Eine Abschiedsstimmung ergriff alle. „Dürchen chie auch chein Snickas mehr echen", fragte er. Die Helferinnen nickten. Snickers ist der Teufel. Der Zahnarzt schüttelte den Kopf:: „Aus zahnärztlicher Sicht ist Snickers nicht unbedingt zu empfehlen, aber wenn Sie sagen, dass das Ihre Lieblingssüßigkeit ist ..." Der Zahnarzt ließ den Satz offen stehen. Er überlegte. Aß er nicht manchmal auch Mars oder das mit dem Löwen? Ja und? Der Zahnarzt hatte recht. Snickers war sein Lieblingsriegel. Einmal kaufte er eine Großpackung Snickers, und da gab es dazu einen Snickers umsonst. Wo gibt es denn noch so was? Wenn Snickers aus der Sommerpause kam, dann konnte man manchmal eine Reise gewinnen. Aber er fuhr doch nicht dorthin, wo es dann so warm war, dass man keinen Snickers essen konnte. Oh Snickers. Natürlich wollte Snickers erobert werden. Eigentlich müsste Snickers Lion heißen. Alles was das Herz erfreut, ist mit Gefahren verbunden. War er nun zu alt für Snickers geworden? „Alles chat cheine Cheit", jammerte er, „auch Mach (Mars) und dach mit dem Chöwen." Er sprach noch immer so anrührend, obwohl ihn längst kein zahnärztliches Instrument mehr dabei behinderte alles deutlich auszusprechen, aber er hoffte durch diesen Tonfall seinen Worten mehr Geltung verschaffen zu können. Er hatte gehofft, dass rein geschmackliche Erwägungen ihn zwingen würden, sich von Snickers zu trennen. Vielleicht musste er nun an seine Gesundheit denken und an die Vollkommenheit seines Körpers. War das heute das Ende von Snickers? Würde er ab jetzt auf Mars zurückgreifen müssen? Er fühlte sich erschöpft. Würde er jetzt durch Mars neue Energie gewinnen können? Nein, nicht Mars brachte seine verbrauchte Energie zurück. Es war Snickers, was ihn aufrichtete. „Snickas, Snickas, kämpf um mich, was wär ich denn ohne dich?" Oh, komm Snickers, komm, besieg unser „Vernünftig sein" und lass uns manchmal spüren, wie es sein muss, wenn wir Heilige wären. Denn die Sünde ist nur das Verlangen nach Kraft, um sein Scheitern zu belohnen.

SO: Vielleicht ist „so" das wichtigste Wort der deutschen Sprache. So? Es wird von allen oft benutzt, obwohl viele gar nicht wissen, dass sie dieses „so" so oft laut aus sich heraus purzeln lassen. Das „So" ist so bescheiden, dass viele gar nicht wissen, dass sie manchmal „so" sagen, wenn sie Luft brauchen nach einem durchgehetzten Tag. „So" ist so toll, so groß, so „so". Ich entdeckte jetzt eine junge Zahnarzthelferin, die nach Betreten des Raumes kurz innehielt und ein „so" ausstieß. Ein kurzer Moment der Sammlung, um sich wieder auf mich einlassen zu können. Ich hätte gedacht, dass die jüngere Generation andere Laute gefunden hätte für dieses Sammeln in unruhigen Zeiten. „So" heißt die Vorband vor dem Top-Act. „So" sagt der Gangsterboss, um alle mit vorgehaltener Waffe um die Herausgabe ihres Schmuckes zu bitten. „So" heißt die Brücke, die man schnell baut, um den Graben zur anderen Seite zu überwinden. „So" ist der Scheidungsgrund vor Gericht, weil er dieses „So" immer herausgestöhnt hat, wenn er mit dem Liebesspiel am Ende war. „So" ist der inhaltslose Seufzer, mit dem sich ein Inhalt ankündigen will. Danken wir dem „So", dass uns weitermachen lässt, wenn eine Pause uns im Fortschreiten hemmen wollte. Sportler sagen „so" (schnell gesprochen) Asthmatiker „so" (langsam gesprochen) Engländer sagen „so" (englisch ausgesprochen) Kinder rufen „sooooo" (albern gerufen). Mit einem „So" kommt man besser durch den Tag. „So" atmet man aus. „So" ist ein Fülllaut, der den unendlichen Augenblick des Innehaltens füllt. Manche knabbern dabei Erdnüsse, ergreifen wieder die Hand der Braut, nachdem sie den Priester niedergestreckt haben. „So". S.O., Siehe oben. Gott lacht. In diesem unendlichen Augenblick des Innehaltens wuchsen Kinder heran zu Entscheidungsträgern. Das Frauenwahlrecht wurde endlich durchgesetzt und der Seufzer hat einen Namen, seine rastlosen Eltern nannten ihn „So". „So" ist ein Häkchen, das Abhaken nach getaner Arbeit. „So" heißt das verkniffene Lachen, weil man keine Schadenfreude zeigen soll, aber man doch eigentlich lachen musste, als die ganze Tüte voller Milch einriss und dann den Berg hinunterfloss, obwohl man die Tochter vorher gewarnt hatte nicht die Tüte zu voll zu packen, weil sie dann reißen könnte und sie darüber nur die Augen verdrehte und dann auch „so" machte, aber als Trotzlaut und obwohl sie wusste, dass sie im Unrecht war. „So", sag ich in allen meinen Pausen, „so" sag ich, halte an du Welt. „So" hör ich alle Wellen brausen, „so" sagt auch der gefall'ne Held. „So" heißt der Hund, der nicht hört, weil er träumt, „so" heißt der Kuss, der versöhnt nach dem Streit, „so" fasst zusammen, wartet ab, kommt zum Schluss. „So" fängt auch an, ruhet sanft und Kuss.

SOCKE: Die schwarze Socke hatte es geschafft. Durch einen Zufall war sie in der Weißwäsche mitgewaschen worden, und wurde danach nochmal bei der Buntwäsche mitgewaschen. So wurde die Socke zweimal hintereinander gewaschen und wurde somit die sauberste schwarze Socke der Stadt. „Man kommt schon rum als Socke", sagte sie. Humor hatte sie auch noch.

SONNENBRILLE: Das Vergessen der Sonnenbrille fiel ihm besonders auf, weil die Sonne schien. Er hatte mal im Urlaub seine Uhr vergessen, was ihm überhaupt nichts ausgemacht hatte. Er hatte mal keine Maske dabei, obwohl er schon vor der Bank stand. Er zog sich dann einen Strumpf über den Kopf, und musste damit leben, dass er an einem Fuß fror. Er hatte auch nicht bedacht, dass er unter einem Wollstrumpf nichts sehen konnte und litt unter seinem eigenen Fußschweiß. „Ist das ein Banküberfall?", fragte der Kassierer. „Ich weiß es nicht", sagte er. „Drücken sie bitte nicht den Alarmknopf. Ich bin heut nicht gut zu Fuß."

SONNENFRAU: Ich kenne eine Frau, die treffe ich nur, wenn die Sonne scheint. Geht sie immer nur raus, wenn die Sonne scheint, oder kommt die Sonne hervor, wenn sie raus geht? Ich glaube, die Sonne kommt stets hervor, wenn sie raus geht, weil sie nie einen Schirm dabei hat.

SONNTAGSUNGLÜCK, DAS: Der Mann sprach an seinem Handy mit jemandem auf Englisch. Ich hoffte, dass das ein Ortsgespräch war. „Help", sagte er. „Help." Der schnelle Jens kam mir entgegen. Er sah total nass aus, obwohl es gar nicht regnete und er einen Schirm dabei hatte. Mein Handy zuckte. Ich griff danach. Wer rief mich heute an? Ich lauschte und sagte nichts, auch am anderen Ende der Leitung wurde nichts gesagt. Ich war erleichtert. Das war die Telefonseelsorge mit der Aktion: „Gemeinsam schweigen." Ich blickte Jens hinterher. Er hüpfte gerade über einen Zebrastreifen. Manche Menschen übertreiben es mit ihrer rätselhaften Erscheinung. Gerade am Sonntag, wenn das Sonntagsunglück sich breit machen will, hätte man es lieber eindeutiger. „Haben sie bei ihren Problemen noch Zeit einen Mülleimer rauszustellen?"

SPAGAT: Ich kann wahrscheinlich einen Spagat machen, aber ich will nicht. Ich sehe keinen Sinn darin meine Mitmenschen durch meine Beweglichkeit zu beeindrucken. Was wir uns breit machen können. Warum soll ich meine beiden Beine so ausstrecken, als hätte ich allen Halt verloren? Bin ich ein Zirkel? Reicht es nicht, wenn ich die Arme weit ausstrecken kann? Wenn ich langsam auf glattem Boden auseinander gleite, gibt es irgendwann kein zurück mehr. Mein Gewicht macht den Rest. Ein Spagat ist nicht bescheiden. Ich möchte auch nicht mit jemandem zusammen sein, der mir immer einen Spagat vormacht. Wahrscheinlich kann ich auch aus dem Stand einen doppelten Salto vorführen, aber warum? Welch sinnvolle Tätigkeit kann ich dadurch ersetzen? Der doppelte Salto erspart mir sicherlich das Glänzen auf anderen Gebieten. Irgendwas kann jeder. Ich kann Kinder zum Lachen bringen und mein Auto aus der engen Ausfahrt rausfahren. Meine Ausfahrt ist so eng, dass alle Kinder immer stehen bleiben und lachen.

SPENDEN: In Paderborn wird gern und viel gespendet. Sowohl den nichtsesshaften Obdachlosen, als auch den obdachlosen Nichtsesshaften wird unter die Arme gegriffen. Allen, die auf der Straße leben, kein Dach über dem Kopf haben und von der Hand in den Mund leben, können auf die Anteilnahme der Einwohner bauen. Ich hörte nun, dass manche Paderborner ihre Unterstützung davon abhängig machen, dass der obdachlose Nichtsesshafte die Spende sinnvoll verwendet und nicht gleich wieder für Zigaretten, Alkohol und die käufliche Liebe zum Fenster rauswirft. Da darf er sich nicht wundern, wenn ihm die 20 Cent wieder aus dem Hut genommen werden. Nichtsesshafte Obdachlose, die in der Paderstadt auf Unterstützung hoffen, sollten sich daher überlegen, was sie über deren Verwendungszweck sagen können. Es ist doch klar, dass der Spender sein schwer verdientes Geld sinnvoll investieren möchte. Man verzichtet nicht selbst freiwillig auf Zigaretten, Alkohol und die käufliche Liebe, um dann anderen zuzusehen, wie sie sich in dieser Hinsicht austoben. Wenn also der Obdachlose sagen würde, ich nehme die Spende nur, um weiterhin meinen Englisch-Sprachkursus bei der VHS besuchen zu können. „Dear Stranger, thank you for the money." Wenn er schwören würde „Ich will mit dem Geld das neue Buch von Eugen Drewermann kaufen" oder „Ich hole mir davon eine Zehnerkarte für das Diözesanmuseum", wird er in der kleinen Stadt genug Spendengelder zusammen bekommen, um vielleicht sogar selbst andere nichtsesshafte Obdachlose mit einer Geldspende unterstützen zu können. Ansonsten gilt der alte Glaubenssatz: „Geld, das man sich schwer erarbeitet hat, gibt man nur für sinnvolle Dinge aus. Geld, das man geschenkt bekommt, schmeißt man für Zigaretten, Alkohol und die käufliche Liebe aus dem Fenster." Der geschenkte Gaul macht mich träg und faul.

SPINNE: „Lass dir Zeit", ruf ich, „nicht hetz! Kleine Spinne, spinn dein Netz."

SPRÜHSAHNE: Ich habe mal beim einen Einkauf gleichzeitig Sprühsahne und Rasierschaum gekauft, da musste man richtig schauen, dass man nicht durcheinander kam. Ein Unterschied ist aber leicht zu bemerken: Rasierschaum schmeckt besser.

SPRÜHSAHNE: Als die Sprühsahne ihre letzten Tropfen aus sich herausdrückte, war uns nicht nach Zuckerschlecken zumute. Wir sind keine Graffitisprayer, die in der Sprühsahne einen Verbündeten sehen. Hatte sie die Kontrolle über ihre Handlungen verloren? So spritzten die Sahnekleckse in alle Richtungen, ohne dem Ziel nahe gekommen zu sein, auf das sie angesetzt waren. Konnte es sein, dass sie vergessen hatte, dass man bei bestimmten Verrichtungen gut auszusehen hat, gerade wenn man für das Catering verantwortlich ist? Das war der vorschnelle Schluss eines Liebesaktes, das letzte Aufbäumen des Winters, das letzte Anrollen eines Eiswagens, bevor der Sprit ausgeht. Ich weiß nicht, ob es gegenüber der Sprühsahne fair ist, auch noch die Geräusche anzusprechen, die sie dabei von sich gab. Nun klangen sie wie Blähungen und das ist in der Gastronomie der falsche Ton, der angeschlagen wurde. Man will auch die Bedienung nicht weinen hören, wenn sie einen Zwiebelsalat auf den Tisch stellt. Eine Servicekraft sollte gute Laune verbreiten und nicht durch ihr Auftreten uns daran erinnern, dass wir noch den Mülleimer rausstellen müssen. Auch der Furz darf nur so klingen wie er klingt, weil er in der Abfallbeseitigung tätig ist und nicht im Feinkosthandel. Natürlich klingen so nur Abschiedsgeräusche. Auch am Ende unseres Lebens muten wir vielen vieles zu, was nicht mehr gut klingt. Es muss schlimm sein, wenn man am Ende seiner Kräfte ist. Das geht nicht nur den Menschen so, sondern auch der Sprühsahne. Halten wir kurz inne, wenn etwas seinen Geist aufgibt. Nichts dauert ewig und alles ist vergänglich.

SPÜLMITTELZAUBER, DER: (Eine Meditation über besondere Fähigkeiten. Der Vortragende träufelt sich immer wieder einen Klecks farbigen Spülmittels auf die Hände und verwischt ihn, bis er sich in weißen Schaum verwandelt hat) „Er konnte alleine durch die Kraft seiner Hände und mit Hilfe der Phantasie aus roter Flüssigkeit weißen Schaum machen. Er konnte alleine durch die Kraft seiner Hände und mit Hilfe der Phantasie aus blauer Flüssigkeit weißen Schaum machen. Er konnte alleine durch die Kraft seiner Hände und mit Hilfe der Phantasie aus gelber Flüssigkeit weißen Schaum machen. Er konnte alleine durch die Kraft seiner Hände und mit Hilfe der Phantasie aus grüner Flüssigkeit weißen Schaum machen. Er konnte alleine durch die Kraft seiner Hände und mit Hilfe der Phantasie aus orangener Flüssigkeit weißen Schaum machen." Und er wusste in anderen Kulturen wäre er mit dieser Gabe König geworden, deswegen sagte er nichts davon und tat weiter so, als wäre er nichts Besonderes. (Ich finde, Sie staunen auch so wenig. Man weiß doch, grüne Flüssigkeit bleibt grüne Flüssigkeit, wenn man sich ihrer annimmt. Das wär Menschenwerk, aber bei einer solchen Verwandlung vermutet man doch eher, dass andere Mächte die Strippen ziehen.)

STAUB: Die Stelle auf dem Teppich unter dem Staubsauger vergisst man oft abzusaugen. Wie kurz ist der Eindruck von Vollkommenheit, wenn man den Staubsauger wegfährt und unter ihm die ernüchternde Wahrheit erkennt. Alles ist sauber, bis auf die Stelle, wo man selbst steht. Auch der Eindruck von vollkommener Sauberkeit nach dem Wischen ist nur kurz, da schon die Kinder mit den Gummistiefeln in den Flur gelaufen kommen.

STAUBSAUGEN: Männern beim Staubsaugen zuzuschauen belastet. Ein Häufchen Elend muss so aussehen, wie der Mann, der sich beim Saugen des Büroteppichs beobachtet fühlt. Können Büroteppiche überhaupt unsauber sein? Ich schaue oft weg, wenn Männer in meiner Umgebung anfangen zu saugen. Manchmal tue ich dann etwas Unmännliches, wie das Leeren eines Lochers, um den anderen in seiner würdelosen Situation nicht allein zu lassen. Wer es schön haben will, muss oft Dinge tun, die erniedrigend sind. Wenn der Saugende wenigstens bei seinem Tun pfeifen könnte. Leider ist der Motor des Staubsaugers so laut, dass man sich nur ablenken kann durch Fluchen. Staubsaugerflüche haben keine lange Tradition und sind dementsprechend grob. Helfen tun sie auch nicht. Auch die Stromkabel-Rückholautomatik kann niemanden täuschen. Alle wissen doch, dass sie nicht von einem geheimnisvollen Magnetismus abhängig ist, sondern von einer schlichten Feder, ähnlich der in einem Uhrwerk, die beim Rausziehen des Kabels gespannt wird und es danach wieder reinzieht. Ich habe mal Staub gesaugt, da blieb der Staubbeutel leer. Da wusste ich noch nicht, dass meine Frau schon vor mir alles aufgesaugt hatte, damit sie sicher wusste, dass es in der Wohnung sauber ist. Ich dachte schon, wir machen keinen Dreck mehr und sind nun in einer anderen Liga angekommen.

STÄDTE: Ich würde Dich gerne mal in einer anderen Stadt sehen. Wie wirkst Du in Nürnberg, in Kassel, in Kiel? Könntest Du in Prag deinen roten Pullover tragen? Ich könnte mir vorstellen, dass Deine gelbe Regenjacke am besten in Duisburg zur Geltung kommen könnte. Ich sah Dich mal weinen in Bielefeld. Das hat mich nicht überzeugt. Man weint nicht in Bielefeld. In Köln kann man weinen, vielleicht sogar in Wuppertal, aber in Bielefeld solltest Du mich verlassen, im Streit verlassen. Wir versöhnen uns dann in Bocholt.

STEIFF TEDDYBÄR: Ist es nicht unser aller Ziel einmal die Freundlichkeit und Gelassenheit eines Steiff Teddies zu erlangen? Rührt uns nicht sein hingebungsvoller Ausdruck, seine Güte und Hingabe? Der Steiff Teddy hat unser ganzes Leben geprägt. Er war stets an jeder Seite und rührte uns mit seiner Treue. Er war Buddha. Ein Freund von mir, der hatte als Kuscheltier einen Plastikdinosaurier. Der ist jetzt in der FDP und spielt am Wochenende Golf. Mein Steiff

Teddy hat mich vor allen falschen Entscheidungen im Leben bewahrt. Ich ließ mir sogar jetzt, ihm zu Ehren, ein Ohr piercen, und manchmal, wenn man mich drückt, brumme ich ein bisschen.

STEINE: Steine wirft man gern ins Wasser.

STELLE, DIE: Wenn man lang genug an einer Stelle stehenbleibt, kommen alle Menschen dieser Welt an dir vorbei. Manchmal trifft man so den Menschen, der ein Leben lang nach einem gesucht hat. Es ist immer gut, wenn einer sucht und ein anderer sich nicht bewegt.

STERNENMAIL: Liebes Sternchen, leider ist Zweiflern die Teilnahme an der Meditation verboten. Nur wenn wir glauben ein Hase zu sein, sind wir ein Hase. Du hast ja schon mit Geistern geredet und sogar Beziehungen nach Oben aufgebaut. Das Weiten meiner teuren Mainzer Schuhe hat übrigens nichts gebracht. Der Schuster, Herr Krüger, hat die Schuhe zum Weiten über Nacht da behalten und ich war froh, dass es keine Pantoffeln waren. Wahrscheinlich hat er noch nichtmals einen Weiterungsapparat und die Schuhe werden einfach auf die Heizung gelegt. Wenn das Ganze nicht so ungemein geheimnisvoll wäre, könnte man sich ärgern. Schade, dass Herr Krüger als Schuster eine Enttäuschung ist. Wer weiß, was er mit dem vielen Geld macht, dass er immer an mir verdient. Vielleicht werde ich auch Schuster und spezialisiere mich auf das Weiten von Schuhen und Menschen. Umarmen und Seelenberühren sieht natürlich anders aus. Heute müssen wichtige Geschäfte gemacht werden und irgendwo fällt mein Name und ich muss reagieren. Bis Mittwoch. Ps.: Komm so früh es geht. Das ist immer die beste Uhrzeit.

STILLE: Ich brachte kürzlich mein Auto zur Inspektion und bekam sofort in Reihe A einen Parkplatz. Das ist mir schon lange nicht mehr passiert. „Es ist überall so ruhig", erklärte mir Herr Schniedertüns. „Der Januar ist ein stiller Monat. Alles ruht, alles schweigt, alles ist in sich gekehrt." Ich schaute Herrn Schniedertüns an. Solche Gespräche waren auch nur im Januar möglich. „Auch die Geräusche brauchen ein Zuhause", legte Herr Schniedertüns nach. „Unter jedem Dach ein Ach. Unter jedem Hof ein Doof. Was soll der Baulärm im Urlaub? Ich höre ja auch nicht Rockmusik beim Angeln, außer ich will einen Hai ködern. Passt das traurige Weinen in eine Hochzeitsnacht? Wer vermisst schon das letzte Röcheln der nicht entkalkten Kaffeemaschine? Stellen sie sich Free Jazz Musik auf unserem Schützenfest vor. Die bringen sich doch gegenseitig um." Herr Schniedertüns sah mich an. „Was ist denn für Sie die Stille?", fragte ich mutig. „Was für mich die Stille ist?", wiederholte Herr Schniedertüns meine Frage. „Paderborn ohne Libori. Der Haxtergrund mit einem geschlossenen Gasthof Weyher. Der Dom ohne Glockenklang. Eine Schule im Lockdown. Der Neujahrsgruß des Bürgermeisters im Internet und ich habe den Ton weggedreht. Mein Wachhund ohne Einbrecher. Das Warten auf den herausspringenden Toast. Man steht unter der Dusche und das Wasser kommt nicht, obwohl man es angedreht hat. Das Schweigen der Frau, wenn man wieder vergessen hat den neuen DOM von Tabak Berens mitzubringen. Der Golfplatz ohne Golfspieler. Das Amalthea ohne Publikum. Die Welt ohne Gott."

Illustration: "Staubsaugen" (Text S.187)

Ich nickte und fuhr mit meinem Auto fort ohne den Reifendruck nachprüfen zu lassen. Ich wollte Herrn Schniedertüns nicht ablenken.

STILLSTAND: Mitten im ununterbrochenen Vorwärts hatte ich Lust stillzustehen. (Robert Walser)

STIMME, TIEFE: Sie lachte über schmutzige Witze immer mit einer so tiefen Stimme, dass man sie gerne mit einem versauten Scherz überraschte. Ich habe sie mal vor Glück lachen hören, das war eher enttäuschend.

STRASSENIDYLLE: Ich gestalte bei uns im Viertel das Straßenbild. Manche Idyllen, gerade an Stellen, wo sie Gott nicht vorgesehen hat, muss der Mensch gestalten. Wie trostlos wären unsere Straßen, wenn wir sie nur als Verbindungsstrecken sehen würden. Zum Glück kann der Mensch gestalten und auch das Klopapier hinter den Autorücksitzen sieht besser aus, wenn man dafür einen Toilettenhut häkelt. Ich habe es mir zur Aufgabe gemacht Verantwortung zu übernehmen. Ich organisiere nicht nur den richtigen Einsatz von Mülltonnen bei der Müllentsorgung, sondern achte auch darauf, dass alle Tonnen dabei eine wunderschöne Linie bilden. Ich trage da eine große Verantwortung, aber das Gesamtbild aller richtig rausgestellten Mülltonnen entschädigt mich für meine Mühen. Wenn ich die graue Mülltonne rausstelle, stellen alle anderen auch die graue Mülltonne raus. Ich finde es auch rührend, wenn alle Mülltonnen eng zusammenstehen. Meine Mülltonne ist zum Beispiel nie ganz gefüllt. Sie schämt sich zwar immer, dass sie kaum genutzt wird, aber wenn alle Mülltonnen so einheitlich zusammenstehen, ist davon nichts mehr zu spüren. Da ist eine Gemeinschaft gewachsen, die geduldig warten kann, dass die Müllabfuhr kommt um sie zu leeren. Alle vertrauen mir. Und wenn ich die grüne Mülltonne rausstelle, stellen alle auch die grüne Mülltonne raus. Ein Irrtum meinerseits, ein schwacher Moment, hätte ungeahnte Folgen. Einmal hatte ich aus Versehen meine blaue Mülltonne an die Straße gestellt, obwohl die graue an der Reihe gewesen wäre. Da war was los! Es haben doch alle Nachbarn nachgezogen und auch ihre blauen Mülltonnen an die Straße gestellt. Das hatte ungeahnte Folgen. Die Müllarbeiter dachten, es wäre nächste Woche, weil da die blauen Mülltonnen dran gewesen wären. Ich muss schon aufpassen, was ich mache. Die Leute verlassen sich auf mich. Einmal habe ich meinen Fernseher auf die Straße gestellt, da haben alle Nachbarn auch ihren Fernseher auf die Straße gestellt. Dabei war meiner nur kaputt gewesen, Elektroschrott. Aber nun haben alle bei uns in der Straße keinen Fernseher mehr. Manchmal sitzen wir jetzt zusammen und erzählen uns Geschichten. Einmal stand ich sogar selbst unten an der Straße, da sind dann auch alle heruntergekommen und haben sich auch auf den Bürgersteig gestellt. Dabei habe ich nur auf ein Taxi gewartet. Der Taxifahrer wusste erst gar nicht, wenn er mitnehmen sollte. Zum Glück war es ein Sammeltaxi. Jetzt fahren wir manchmal rum und schauen in anderen Straßen nach, wie es dort mit der Straßenbelebung klappt. Ich entdeckte Straßenzüge, die stellen am Valentinstag nur ihre roten Autos vor die Tür, um die Liebe zu feiern. Einmal sahen wir vor dem Weihnachtsfest, dass alle im Rotheweg ihre goldenen SUVs parkten, die innen mit grünen Tannenduftbäumen geschmückt waren. Ich erzähle gerne die Geschichte, wie mal in unserem

Viertel eine Bombe entschärft werden musste und alle bis um 16:00 Uhr ihre Häuser verlassen haben sollten. Ich erinnere mich noch daran, wie niedergeschlagen und traurig alle waren, weil keiner wusste, ob wir jemals unsere Häuser und unsere Straße wiedersehen würden. Da hatte ich eine Idee. Ich stellte als Zeichen der Hoffnung meine Mülltonne auf den Bürgersteig. Wie gerührt war ich, als alle meine Nachbarn und Nachbarinnen mitzogen und auch ihre Mülltonne auf den Bürgersteig stellten, zumal am nächsten Tag sowieso die Müllabfuhr kommen sollte. So ist der Paderborner. Selbst in Zeiten großer Not und Zweifel stellt er seinen Mülleimer vor die Tür, damit das Leben weiter gehen kann. Man muss an die Zukunft glauben, sonst kommt sie nicht.

STRASSENVERKEHR: Kann man den Straßenverkehr gern haben? Kann man sagen: „Oh Du Straßenverkehr, ich habe dich so gern, dass es weh tut, wenn ich einen Parkplatz gefunden habe und Dich verlassen muss"? Kann man dem Straßenverkehr einen Spitznahmen geben? „Du alter Sack, du schaffst es immer wieder mich um den Finger zu wickeln." Ein Bekannter von mir sagte mir einmal: „Ohne Stau wüsste man gar nicht mehr, dass man lebt." Man sollte nicht alles persönlich nehmen, was man im Straßenverkehr erlebt. Vielleicht hat man den Straßenverkehr in Paderborn lieber als den Straßenverkehr in Köln. Darauf würde ich mich noch einlassen.

STREICHELHUND: Ich kenne einen Hund, der ist Streichelhund in einem Altersheim Er jobbt auf einer Pflegestation in Schloss Hamborn. Er wird den ganzen Tag von alten Menschen gestreichelt und „mein Süßer" genannt. Ich sage immer, das wahre Leben ist nicht so. Wenn der mal unter richtige Hunde gerät, der weiß doch gar nicht, wie er sich verhalten soll. Was will er denn machen, wenn er mal eine Bestie trifft? Sicher, es gibt schlechtere Jobs, als sich streicheln zu lassen in Schloss Hamborn, aber mit dem wahren Leben hat das nichts zu tun. „Ist mir egal", sagte der Streichelhund und ließ sich weiter streicheln und liebte es, wenn er „mein Süßer" genannt wurde.

STUHLKREIS: (Eine Gesprächsrunde) „Sie wirken beim Singen so bedrohlich. Soll das sein? Sind sie auf Wagner-Arien spezialisiert?" „Sie wirken beim Lieben so gehetzt, haben Sie noch einen Termin?" „Ich habe mal einen Langstreckenläufer geliebt, aber nur kurz." „Sie wirken beim Duzen so förmlich, als wären sie lieber beim Sie geblieben." „Was ist denn gegen ein schönes Nebeneinanderherleben einzuwenden", sagte das Stachelschwein. „Zuviel Nähe kann gefährlich sein." „Sie wirken beim Nachmachen so echt. Stört es sie nicht, dass man Sie für jemand anderen hält?" „Sie wirken beim Abschiednehmen so erleichtert, als wären Sie froh von hier fortzukommen." „Ich weiß nicht, wer für die Unordnung im Laden verantwortlich ist", sagte der Elefant zum Porzellanladenbesitzer, „aber ich würde mal die Mäuse fragen, denen traue ich alles zu." Zum Schluss schwiegen wieder alle und verließen nach und nach den Stuhlkreis.

SYMBOLISIERT: „Wenn beim Wort „symbolisiert" das „y" wegfällt, möchte man es nicht mehr in den Mund nehmen."

(Siehe auch: „Y")

T: Als ich während des Dichtens die T-Taste reinigen wollte, ruinierte ich damit den ganzen TTTTTTTTTT TTTTTTTTTTTTTTTTTTTTTTTTTTTTTTTTTTTTTTT TTTText.

TABLETTE: Er traute sich nicht die Tablette gegen seine Angstzustände zu nehmen. Das ist ein Fass ohne Boden, dachte er. Er erinnerte sich, dass er sich mal einen Hund holen wollte, weil er Angst vor Hunden hatte. Das ist ein Fass ohne Boden, dachte er. Und in dem saß er und wunderte sich, dass er Angst vor allem hatte, was ihn einengte.

TAFELTRAUBEN: Ich hatte jetzt Tafeltrauben mit Kernen, unglaublich, oder? Dass ist ja wie ein schweizer Film mit bulgarischen Untertiteln. Das ist wie Zypern mit Linksverkehr. Ich sage nur Brennholzverleih. Warum sind Frauen wie Handgranaten? Du ziehst den Ring und weg ist das Haus.

TAG: Der schönste Tag des Lebens kommt meistens unpassend.

TALENTE: Wenn ich höre, dass Zecken zehn Jahre ohne Nahrung auskommen und einen Waschmaschinendurchgang unbeschadet überstehen können, dann bin ich mir sicher, dass sie uns alle überleben werden.

TAUGENICHTS: „Besonders das fatale Rechnen wollte mir nun erst gar nicht mehr von der Hand, und ich hatte, … gar seltsame Gedanken dabei, so dass ich manchmal ganz verwirrt wurde und wahrhaftig nicht bis drei zählen konnte. Denn die Acht kam mir immer vor wie meine dicke, enggeschnürte Dame mit dem breiten Kopfputz, die böse Sieben war gar wie ein ewig rückwärts zeigender Wegweiser oder Galgen. – Am meisten Spaß machte mir noch die Neun, die sich mir so oft, eh ich mich's versah, lustig als Sechs auf den Kopf stellte, während die Zwei wie ein Fragezeichen so pfiffig dreinsah, als wollte sie mich fragen: Wo soll das am Ende noch hinaus mit dir, du arme Null? Ohne sie, diese schlanke Eins und alles, bleibst du doch ewig nichts!" (Joseph Freiherr von Eichendorff: Aus dem Leben eines Taugenichts – Kapitel 2)

TEDDY: Obwohl ihr Schlafteddy so hässlich war, konnte sie ohne ihn nicht einschlafen. „Sie bekommt sonst Alpträume", sagte ihre Mutter.

TELEPHON: Er war ganz überrascht, als er bemerkte, dass er nach dem Telefonanruf fast nackt in seinem Flur stand. Und dabei hatte er sich nur mit seinem Steuerberater unterhalten.

TIER: Das Tier kam mir soweit entgegen, dass ich es töten konnte, ohne auf einen Stuhl steigen zu müssen. Sie können sich vorstellen, dass ich auf diese Tat nicht stolz war.

TIERE: Mich erstaunt, dass viele Tiere, trotz Aufenthalt in der Natur, nicht schmutziger sind. Die meisten erstaunen doch immer durch eine gepflegte Erscheinung und angenehme Umgangsformen. Selbst das Wildschwein sieht optisch immer gepflegt aus. Wenn ich mich in einem Wald aufhalte, bin ich gleich nach Minuten von oben bis unten eingesaut. Steige ich auf einen Baum um Äpfel zu pflücken bin ich danach nicht mehr vorzeigbar. Wenn ich den Boden durchwühle, sehe ich neben einem Wildschwein wie das Wildschwein aus.

TIGERBRÖTCHEN, DAS: (ganz nah) Das Tigerbrötchen sieht nicht nur aus wie ein Tigerbrötchen. Es macht „Grrrr", wenn man hineinbeißt. Ein Bäcker, der seinen Brötchen diesen Namen gibt, will uns davor warnen: Ein Bikerbrötchen isst man schnell, ein Igelbrötchen fasst man mit Handschuhen an, ein Tigerbrötchen aber wird bezwungen. Während die Frau mit dem Croissant den nächsten Urlaub plant, kämpft der Mann mit dem Tigerbrötchen um sein Überleben. Er schmatzt, er rülpst, er beißt. Tigerbrötchen werden aus Dinkel- und Roggenmehl gebacken. Der Teig wird geschlagen und einer Reifezeit von 20 Stunden unterworfen. Durch das Backen in einem heißen Backofen bilden sich Krusten. Wenn das Innere aufgeht, reißen die Krusten ein und bilden borkenartige Auswüchse: Tigerstreifen-Tattoos überziehen die Oberfläche und geben dem Brötchen sein ungehobeltes Aussehen. Man schmiert darauf grobe Leberwurst, durchwachsenen Schinken und ungehobelten Höhlenkäse. „Schatz, kannst du mir heimlich das Messer rüberschieben?" Wer ein Tigerbrötchen vor sich hat, sollte mit allem rechnen. Es macht nicht nur „Grrrr", wenn man hinein beißt, es beißt auch zurück. (Neugestaltung für den Film „Der Tortentester" von Wolfgang Dresler)

TIGER IM BAUCH, DER: Ein Tiger sitzt in meinem Bauch/ und knurrt ganz laut und böse/ Er schaut ganz wild, das kann ich auch./ Was soll denn das Getöse?// Ob da wohl einer Hunger hat/ und deshalb knurrt mein Magen/ Ein Tiger ist am liebsten satt/ sonst hört man laut sein Klagen// Knurr knurr knurr knurr/ was mach ich nur/ der Tiger ist mir auf der Spur/ Knurr knurr knurr knurr/ das hör ich nur/ und er macht keine Mager-Kur// Ich geb ihm mal ein Butterbrot/ und auch eine Banane/ vielleicht frisst er auch Mäusekot/ der schmeckt ganz gut mit Sahne// Vielleicht mag er auch Leberwurst/ und eine Schokolade/ dann lösch ich auch noch seinen Durst/ und hoff auf seine Gnade// Knurr knurr knurr knurr/ was mach ich nur/ der Tiger ist mir auf der Spur/ Knurr knurr knurr knurr/ das hör ich nur/ ach friss doch lieber Dieter Nuhr// Drum gib dem Tiger Speis und Trank/ denn Wut ist eine Phase/ denn ist er satt, sagt er dir Dank/ und mümmelt/ und mümmelt wie ein Hase// Ein Tiger sitzt in meinem Bauch/ und knurrt ganz laut und böse/ Er schaut ganz wild, das kann ich auch/ und Schluss mit dem Getöse.//

TIERÄRZTIN DITTKO: Auf dem Parkplatz der Tierärztin Dittko lief mir ein Eichhörnchen entgegen. Zuerst war ich überrascht, aber dann dachte ich, warum sollen nicht auch Tiere alleine zur Tierärztin gehen können, wenn sie vorher einen Termin ausgemacht haben?

TISCHSTAUBSAUGER: Wir haben zu Hause einen Tischstaubsauger, der ist ganz schön schwach auf der Brust. Ganz anders sein Freund, der Kollege Hausstaubsauger. Mit dem habe ich gestern noch unsere Badezimmermatte aufgesaugt. Dabei sprang dann von diesem Hausstaubsauger ein kleines Stückchen Plastik ab. Nun konnte ich mit diesem Hausstaubsauger sein eigenes Stückchen Plastik aufsaugen. Da wurde ich doch sehr nachdenklich und dachte: So weit müssen wir Menschen auch mal kommen, dass wir das, was wir uns selbst eingebrockt haben, auch selbst wieder auslöffeln können … und trotzdem ist es überall sauber.

TOASTBROTE: Sieben Nutzungsmöglichkeiten für getoastete und ungetoastete Toastbrote: Ein Toastbrot ist zu schade um es nur zu essen. 1. Ich habe eine Freundin, die benutzt die Toastbrote als Feuchttücher, um ihre zarte Haut zu reinigen. Ich küsse sie seitdem lieber, gerade auf nüchternen Magen. 2. Ein Bekannter von mir lagert sie in seinem Partykeller und nimmt sie als Untersetzer für Gin- und Whiskygläser. 3. Mein koreanischer Brieffreund schickte mir mal eine App, wo man sehen konnte, wie er mit einem Handkantenschlag zwanzig getoastete Toastbrote in der Mitte zerteilte, um sie dann später als Einstecktuch im Internet anzubieten. Das ist Korea, die ticken da anders als wir. 4. Ich sah jetzt mal, dass man das Toastbrot auch benutzen kann, wenn man angebratenen Reis von seinem Geruch befreien will. Man legt einfach ein Toastbrot auf den angebratenen Reis und lässt es den störenden Geruch aufsaugen. 5. Wenn meine Mama sauer auf meinen Papa war, dann hat sie den Toaster auf 10 gestellt. Da wusste mein Papa sofort, dass heute dicke Luft herrscht und es ein schwarzer Tag werden würde für ihre Beziehung. Er hat dann das schwarze Toastbrot aufgefuttert, damit meine Mama wusste, dass er die Strafe annimmt. 6. Ich hatte mal eine extravagante Freundin, die auch, zugegeben, ein wenig anstrengend war, die hing sich zwei Toastscheiben, natürlich getoastet, als Ohrenschmuck an die Ohrläppchen. Sie konnte damit im Theater mal eine dreistündige Handke-Aufführung überstehen, indem sie ihren knurrenden Magen durch den Verzehr besänftigte. Manche riefen spontan „Typisch Handke, typisch Handke", weil sie dachten, das würde zur Aufführung gehören und bejubelten lautstark den angeblichen Regieeinfall. 7. Ich trage manchmal das ausgepackte Toastbrot, 20 Scheiben, direkt am Herzen, als wäre es ein Baby, das noch nicht allein seinen Kopf halten kann. Ich spüre dann gleich, wie gut es riecht, wie weich es ist, wie zart es sich anfühlt und dieses Vertrauen ausstrahlt, dass davon ausgeht, dass es schon irgendjemanden auf der Welt geben wird, der sich um einen kümmert. Das wirkt sonderbar, aber es ist doch egal, was uns glücklich macht. Das Toastbrot ist zu schade um es nur zu essen. Es erinnert uns an unsere Fähigkeit zu gestalten und zu verändern. Seine Nähe macht uns vorsichtig und lässt uns leise auftreten. Es weckt unsere Beschützerinstinkte und

erinnert uns an unsere Fähigkeit, aus allem das Beste zu machen.

TOD, HERR UND FRAU: Heute traf ich Herrn und Frau Tod. Sie lachten viel und alberten herum. Mich konnten sie nicht täuschen. „Ich bin nicht Ihr Sohn", sagte ich zu Frau Tod. Sie versuchte mich in den Arm zu nehmen. „Meine Mutter arbeitet bei der Lebenshilfe."

TODE, TAUSEND: Wir werden erlöst werden von der Traurigkeit des Todes. Wir werden ihn annehmen wie den Besuch eines guten Freundes, der nie Zeit für uns hatte, als wir ihn brauchten. Nun ist er da und hält ungefragt unsere Hände. „Mach dir keine Umstände!", sagt er. „Ich komme als Freund." Er ist die Erlösung, weil wir spüren, dass es nur der Tod sein kann, der uns erlösen wird von all dem Leid, von all dem Glück und von all den Launen des übermütigen Lebens. Der Tod ist das Ziel und der Sinn. Oh, lieber Tod, wir bitten dich, erlöse uns! Erlös uns von den Leiden/ erlös uns von der Pein/ erlös uns, lass uns schweben/ erlös uns, lass uns sein/ Erlös uns, gib uns Wunder/ erlös uns, gib uns Glück/ erlös uns Welterkunder/ wir kommen nun zurück// Das Gefühl der Erlösung lässt uns schweben, lässt uns lachen, lässt uns Frieden machen. „Du brauchst mich nicht zur Tür zu bringen, ich finde selbst hinaus", sage ich. Wir werden erlöst werden von der Traurigkeit des Todes. Wir werden ihn annehmen wie den Besuch eines guten Freundes, der nie Zeit für uns hatte, als wir ihn brauchten. Nun ist er da. Wir werden erlöst werden.

(Aus den „Erlösungsbeschreibungen für den gehobenen Mittelstand", Schwaney 1976)

TORTENGESTALTUNG IST LEBENSGESTALTUNG (2020): Bäcker, wir müssen uns bemühen noch bessere Menschen zu werden. Gerade du als Hüter des Schlaraffenlandes musst auch abgeben können. Wer im Glashaus sitzt, sollte nicht mit Torten schmeißen. Bäcker, ich mag nicht alle deine Torten, aber ich würde mein Leben dafür lassen, dass du sie weiterhin backen darfst. Bäcker, es ist doch nicht fair, dass ein gesunder Mensch mit einem gesunden Appetit schon nach drei Stückchen Torte völlig gesättigt ist. Was will uns denn Gott damit sagen? Das Genuss und Verzicht verlobt sind? Das Liebe unerfüllt bleiben muss um überhaupt Liebe zu sein? Ich weiß, es wird erzählt, dass Gott sich bei der Erschaffung des menschlichen Hinterns durch ein Brötchen inspirieren ließ. Ich frage Sie, warum ignorierte er die Puddingteilchen? Las er nicht die Bäckerblume? Es hätte doch alles viel weicher werden können, viel sinnlicher? Tortengestaltung ist Lebensgestaltung. Mensch Bäcker, der Genuss einer Torte kann einen Menschen verändern und auch die Torte. Es ist eine wechselseitige Beziehung. Ich sage nur Mondtorte. Die Mondtorte, die beim Aufessen abnimmt, der Mondtortenesser, der beim Aufessen zunimmt. Yin und Yang. Torte und Tortur. Mensch, Bäcker, wenn wir abnehmen wollen, gehen wir dazu bestimmt nicht in die Bäckerei. Natürlich ist Vollkornkuchen auch ein Kuchen, aber ein domestizierter, ein gebändigter. Tortengestaltung ist Lebensgestaltung. Ein guter Bäcker weiß, wie weit er da gehen darf. Neulich sah ich in der Auslage eines ihrer Bäcker einen Berliner. Ich dachte nur: Warum nicht, warum soll es ihnen nicht auch gut gehen? Nur hatte ihr Bäcker dann dem Berliner obendrauf eine Kirsche aufgenötigt! Ich dachte, ich sehe wohl nicht richtig, was macht denn da die Kirsche auf dem Berliner. Ich meine, der Berliner ist ja ganz bewusst einfach gehalten worden, fast unbekümmert, fast schlicht, damit man noch durch sein Marmeladenherzchen überrascht werden kann. Ich traute also meinen Augen nicht. Das durfte doch nicht wahr sein. Was sollte denn diese Kirsche auf dem Berliner? Dieser Furunkel, dieser Pickel, dieser Abszess? Ich dachte nur, dass eine gute Idee durch eine andere gute Idee auch wieder erdrückt werden kann. Verstehen Sie, das Auge isst zwar mit, aber mehr auch nicht. Ich kannte einen Bäcker, der ließ mal eine nackte Frau aus einer Torte springen. Da aß das Auge zu sehr mit und ließ nichts übrig für den Magen. Wenn die nackte Frau beim Steigen aus der Torte selbst eine Torte gegessen hätte, das hätte wieder Sinn gemacht. Tortengestaltung ist Lebensgestaltung. Es gibt aber auch Gegenbeispiele. Ich kannte einen Bäcker, der belieferte ein Museumscafé. Angeregt durch eine Dalí-Ausstellung – man präsentierte dort seine Gemälde mit den zerlaufenden Uhren – entwarf er eine Eistorte, die in Form und Aussehen einer Uhr glich, und diese Eistorte präsentierte er dann auf einem vorgewärmten Tortenteller. Die Hitze ließ die Eisbombe langsam zerlaufen und bot damit das kongeniale Gegenbild zu Dalís zerlaufenden Gemäldeuhren. Ich persönlich fand die Uhren meines Freundes sogar gelungener, weil mehr Sinne angesprochen wurden. Und was symbolisiert die Zeit mehr, als wenn sie einem wegläuft? Tortengestaltung ist Lebensgestaltung. Bäcker, du hast noch vor Joseph Beuys deine Bleche mit Fettecken eingeschmiert. Deine Herrentorte inspirierte Munch zum Schrei und war dein Kommentar zur me too Debatte. Deine Windbeutel nahmen den verpackten Reichstag vorweg. Deine Obstböden standen Paul Klee Modell. (Überarbeitung für den Film „Der Tortentester" von Wolfgang Dresler)

TOT: So lange es der andere ist, der stirbt, besteht Hoffnung.

TOTENVOGEL: Der Totenvogel auf dem Dach/ der hält die ganze Straße wach/ Er kräht Kräh Kräh und macht Kruh Kruh/ und keiner kriegt ein Auge zu// Der Totenvogel auf dem Dach/ der lockt dich an und macht dich schwach/ und du erinnerst dich daran, dass man nicht ewig leben kann// Der Totenvogel auf dem Dach/ den sieht man an und denkt nur „Ach."/ Wer dir den ganzen Tag verdirbt/ der weiß ganz sicher, dass man stirbt// Der Totenvogel auf dem Dach/ der drängt zur Eile: „Komm schon, mach!"/ So isst man schnell ein Butterbrot/ und ist nach einem Rülpser tot.//

TOTENWITZE: 1. Der Gärtner beißt ins Gras. / 2. Der Maurer springt von der Schippe. / 3. Der Koch gibt den Löffel ab. / 4. Der Turner verreckt. / 5. Den Elektriker trifft der Schlag. / 6. Der Tenor hört die Englein singen. / 7. Der Pfarrer segnet das Zeitliche. / 8. Der Spachtelfabrikant kratzt ab. / 9. Der Schaffner liegt in den letzten Zügen. (Bestatter Sauerbier)

TRAGETASCHE: Padermann trug die schwere Tragetasche dicht über dem Boden. So würde beim Aufplatzen der Inhalt den Sturz unbeschadet überstehen. Selbst das Joghurtglas würde bei der geringen Fallhöhe nicht zu Bruch gehen. „Begegnen wir den Schwierigkeiten mit kühlem Verstande: auch das Harte kann erweicht und das Enge erweitert und die Last minder drückend gemacht werden, wenn man sich nur auf die Kunst des Tragens versteht." (Senecas „Kunst des Tragens")

TRAMPELPFAD, DER: Der Trampelpfad hat keinen eignen Namen, man nennt ihn einfach einen Trampelpfad, und wer ihn nutzt, der kann es schon erahnen: Man kann hier trampeln und ansonsten ist er fad. Man sieht nur manchmal stolze Trampeltiere spazieren gehen auf dem Trampelpfad. In manchen Nächten schlafen dort Vampire und warten drauf, dass mal ein Tramper naht. Der Trampelpfad hat keinen eignen Namen, man nennt ihn einfach einen Trampelpfad und wer ihn nutzt, der kann es schon erahnen: Man kann hier trampeln und ansonsten ist er fad.

TRAPP: Wie werden wir mal aussehen, wenn es Trapp nicht mehr gibt? Wer achtet dann auf unser Erscheinungsbild? Wie stehen wir da, wenn uns die Flecken entstellen? Werden wir dann auch Flecken sein? Der Mensch, ein Fleck auf der Erde? Sobald der Mensch den Kontakt zu anderen sucht, entstehen Flecken. Trapp weiß, was man dann machen muss. „Seifenlaugen, Fleckenmittel/ Warzentropfen, Küchenkittel/ Creme gegen Lippenbläschen/ Tücher für das Schnupfennäschen// Filtertüten, die was taugen/ Tücher für verweinte Augen/ Milchsäure und Zaponlacke/ Passfotos und Regenjacke// Gibt's hier nicht, ist hier kein Satz/ Trapp hat's, Trapp hat's, Trapp hat's.// Salben gegen Gliederschmerzen/ und natürlich Weihnachtskerzen/ und auch Karten für die Taufe/ ich natürlich bei Trapp kaufe/ Hundespray für den Postboten/ Spülhandschuh für Wachbär'npfoten/ Lippenstifte für Veganer/ Stelzen für Liliputaner// Gibt's hier nicht, ist hier kein Satz/ denn Trapp hat's, Trapp hat's, Trapp hat's.// Räuchermännchen, Engelslocken/ Weihnachtsmann Geschenkesocken/ Seife, Pinsel, Fliegenfallen/ hier gibt es genug von allem// Streichhölzer und Creme für Schuhe/ Ohrenstöpsel für die Ruhe/ Krippen, Josef und Maria/ und den Rahmen für ein Dia// Gibt's hier nicht, ist hier kein Satz/ Trapp hat's, Trapp hat's, Trapp hat's.// (Text zur Schließung der Drogerie Trapp in Paderborn)

TRAUM: Es träumt der Mensch wohl einen Traum, es träumen alle Tiere, und auch der alte Apfelbaum streckt von sich alle viere. Es ist so schön bei dir zu sein und mit dir alt zu werden, denn keiner ist hier gern allein, drum macht's euch schön auf Erden.

TRECKER: Einem Trecker stellt man sich nicht in den Weg.

TRIXINI: Es gab einmal einen Zauberer, der hieß Trixini. Er stand am Samstag immer in der Westernstraße, trug zwei Plakatwände auf Rücken und Bauch und warb für sein Puppen- und Zaubertheater. Manchmal zauberte er einem entgegenkommenden Kind ein Bonbon hinter einem Ohr hervor. Natürlich waren die Kinder überrascht, denn vorher war hinter dem Ohr kein Bonbon gewesen. Wie schön, wenn man das Staunen in die Welt zaubern kann. Auch mir zauberte Trixini ein Bonbon hinter meinem Ohr hervor. Ich bin leicht zu überraschen, und schüttelte ungläubig den Kopf. Wie enttäuscht war ich

Illustration: „Totenwitze" – 10. Der Tierheimdirektor geht vor die Hunde (Text S.197)

dann, als ich das Bonbon aufessen wollte und es dann nicht schmeckte. Das soll doch ein Zauberbonbon gewesen sein? Da hatte der Zauberer Trixini an der falschen Stelle gespart. Ein Zauberbonbon muss doch so gut schmecken, dass man nie mehr ein anderes Bonbon essen konnte, ohne an dieses Zauberbonbon zu denken. Ein Zauberbonbon muss ein Bonbon sein, das alle unsere Erwartungen übertrifft und uns eine Freude bereitet, die grenzenlos ist. Man will nach dem Genuss eines Zauberbonbons ein besserer Mensch werden und bietet sich sofort dem Zauberer an, seinen Rasen zu mähen, damit er sich noch mehr auf seine Zauberei konzentrieren kann. Später hörte ich dann, dass Trixini vom Finanzamt und von der Liebe verfolgt nach Süddeutschland fliehen musste. Er soll vor fünf Jahren gestorben sein, aber bei einem Zauberer weiß man das nie.

TROCKENPULLOVER: Wer seine Zeit zu nutzen weiß, hat gut lachen. Zum Glück gibt es den Trockenpullover. Der Trockenpullover ist ein ganz normaler Pullover, an dem man seine nasse Wäsche aufhängen kann. Wie oft verplempert man seine Tage mit Warten und Traurigsein. Du stehst auf der Post und wartest in der Schlange, damit du endlich dran bist um dir eine Briefmarke zu kaufen. Wie oft stehst du vor der Fußgänger-Ampel und wartest, dass du endlich losgehen darfst, um zum eigentlichen Ziel zu gelangen. Kopf hoch. Zieh deinen Trockenpullover an und häng' deine nasse Wäsche an die Ärmel. Auf beiden Seiten werden Strümpfe, Unterhosen und Taschentücher zu sehen sein. Beweg nun die Arme auf und ab. Lass die Kleidungsstücke durch den Alltag gleiten. Spürst du, wie die Wäsche trocknet? Egal, wo du bist, beweg deine Arme auf und ab und nütze deine Zeit. Ist das nicht großartig? Durch kräftiges Auf- und Abrudern der Arme wird deine Wäsche trocken. Die Unterhose flattert im Wind, der Strumpf schlägt vor Freude Purzelbaum. Das entlastet die Umwelt, sieht gut aus und ist Entschleunigung pur. Einen Trockenpullover kann jeder tragen. Zieh ihn einfach an und sprich dabei dieses Mantra: „Auf und nieder, nieder, nieder, immer wieder, wieder, wieder./ Strumpf und Mieder, Mieder, Mieder,/ auf und nieder, nieder, nieder./ Trocken, trocken, trocken, trocken/ werden Socken, Socken, Socken.// Der Pullover, -over, -over/ ist kein Doofer, Doofer, Doofer./ Unterhosen, -hosen, -hosen,/ die im Winde tosen, tosen, tosen,/ werden trocken, trocken, trocken/ wie die Socken, Socken, Socken."//

TROCKENTÜCHER: Man muss nicht alles abtrocknen. Manches wird auch von alleine trocken.

TROST: Jemand bekommt einen Briefumschlag mit der Auflage, ihn nur in Momenten größten Glücks oder Unglücks zu öffnen. Als einer kam, fand sich darin ein Zettel auf dem stand: Es wird nicht so bleiben. (Karen Blixen)

TÜR: Als ich die Tür geöffnet hatte, kriegte ich sie nicht mehr zu. Ich hätte sie zulassen sollen.

TÜTE: Auf meiner Brötchentüte konnte ich die Aussage lesen: „Ich bin eine klimaneutrale Tüte." Wer will das wissen? Ich meine, ich saß da nur an meinem Frühstückstisch und wollte ein Brötchen essen. Wer will da von solchen Aussagen frühmorgens genervt werden, zumal ich auf die Meinungen von Tüten wirklich pfeifen kann. Eine Brötchentüte bläst man auf und lässt sie mit einem lauten Knall zerplatzen. Und ob das nun ein klimaneutraler Vorgang ist, ist mir in dem Augenblick auch egal, so lange sich alle noch darüber erschrecken können.

TÜTENTAUSCH: Ich habe jetzt mal ein Brot der Bäckerei Lange in einer Tüte der Bäckerei Goeken gelagert. Ich war erstaunt, dass es der Qualität des Brotes keinen Abbruch tat. Auch ich fühlte mich mal in Frankreich wie ein Engländer, obwohl ich zu der Zeit noch die deutsche Staatsangehörigkeit besaß. Ich bot dann meinen Gästen das Lange-Brot aus der Goekentüte an, und alle dachten selbstverständlich, es wäre ein Goekenbrot. Eigentlich fiel nur meinem Freund Alfred die Veränderung auf, der nach einem Biss in das Lange-Brot sagte: „Goeken ist weich geworden. Er muss aufpassen, dass sich das nicht irgendwann im Streuselkuchen niederschlägt." Er hatte natürlich recht. Wenn der Streuselkuchen von Goeken mal wie der Streuselkuchen von Lange schmecken sollte, dann hätte unsere Welt eine seiner Möglichkeiten verloren sie beschreiben zu können. Die Welt konnte nämlich alles sein, da waren Erklärungsversuche von Nöten.

TYPBERATUNG, DIE: Ich war jetzt mal bei meinem Anlageberater und wollte mir von ihm die Haare schneiden lassen. Er sagte, wieso denn, ich bin doch Anlagenberater. Ich sagte, das sagen Sie, aber sind Sie sich sicher, dass Gott das so gewollt hat? Da war er still und schnitt mir die Haare und hat heute einen Friseursalon in Berlin Kreuzberg.

ÜBERHOLTE GESCHLECHTERROLLEN: Nudeln kochen ist Frauensache, Kartoffeln kochen ist männlich. Reis können alle Menschen kochen ohne ihre Würde zu verlieren. Die alten Bücher empfehlen aber, dass es die Männer nur an Werktagen machen sollen.

ÜBERLEBENSSPRÜCHE: a. Im Überleben bin ich der Beste. b. Im Überleben macht mir kaum einer was vor. c. Überleben kann ich.

ÜBER SEINE VERHÄLTNISSE: Nichts ist einfacher als ein Leben über seine Verhältnisse. Nichts ist auch schöner.

UHR, DIE: Sie konnte den Arm so aus ihrem Pullover schälen, dass man überrascht war, dass sich der Ärmel so leicht abhängen ließ und es dadurch einen freien Blick auf ihre Uhr gab.

UHU: Ich habe mal einem Mädchen erzählt, dass ich sie von Zuhause abholen könnte, ohne dass ihr Vater was davon mitbekommt. Ich könne nämlich einen Uhu nachahmen. Sie fragte mich dann, ob ich nicht einen Düsenjäger, einen Krankenwagen im Einsatz oder eine losheulende Diebstahlsicherung nachahmen könnte. In ihrer Siedlung gäbe es nämlich keine Uhus mehr. Wenn man in ihrer Siedlung einen Uhu hören würde, wüssten alle, das ist wieder so ein Verehrer, der sein Mädchen abholen will, ohne dass der Vater was davon mitbekommen soll. Die Mädchen der Siedlung überlegen schon, ob sie nicht den Uhu zurückführen sollen in die heimische Flora und Fauna, um ihren fantasielosen Lovern das Werben zu erleichtern, damit sie nicht vor Langeweile eingehen und genauso aussterben müssen wie der Uhu. Natürlich, dachte ich, natürlich kann ich einen Düsenjäger nachahmen, einen Krankenwagen im Einsatz oder eine losheulende Diebstahlsicherung, aber ich will nicht. Ich bestehe bei meinem Werben auf Romantik.

UMARMEN: Bei manchen Menschen ist es total schade, dass man sie nicht mehr umarmen darf, bei anderen nicht so. (Für Ewa)

UMGANG: Gott war es langweilig. Der Abgrund war groß genug für uns alle. Wer hofft da nicht auf den Mut der Heiligen.

UMKEHRUNG: Der Mann war so klein, dass man ihn nicht übersehen konnte.

(Siehe auch: „MANN, KLEINER")

UMWEGE: Ich habe jetzt mal meine Weißwäsche mit einem Waschmittel für Buntwäsche gewaschen. Sie wurde zwar sauber, aber man spürte doch, dass das Waschergebnis einen Umweg gegangen ist. Ich meine der Sohn meines Nachbarn bekommt auch Klavierunterricht, obwohl er lieber auf seinen Inlineskates rumflitzt. Ich meine, was soll denn das Buntwaschmittel beim Einsatz in einem Weißwäschewaschgang ausrichten? Da herrscht eine Fokussierung auf etwas, welches bei Weißwäsche nicht zu finden ist: Farben. Wurde da die Bundeswehr eingesetzt um bei einem Kindergartenfest die Würstchenbude zu sichern? Da verwirrt der Schlusseindruck. Es erinnert mich an einen Hamburger, der eine bayrische Ausstrahlung vortäuscht, um seinen Passauer Schwiegereltern zu gefallen. Erwarten wir beim falschen Einsatz unserer Hilfsmittel keine Wunder. Ich habe auch mal ein Knäckebrot mit Honig gegessen und wusste nachher, dass wir alle nur Spielbälle in Gottes Hand sind. Passen wir auf, dass wir nicht in Nachbars Garten landen.

UNBEKANNTE BESUCHER: Ich wusste nicht, wer es war, der sich so heimlich auf mein Bett schlich und sich an meine Füße schmiegte. Später öffnete ich die Augen und sah, dass es wieder mein Hund war. Konnte er manchmal so tun, als wäre er jemand anderes?

UNBEKANNTE GRÖßE: Wir kennen kaum das, was wir lieben.

UNGLÜCK: In Hinblick auf das eigene Glück und das Unglück der anderen, muss da nicht die Frage erlaubt sein, ob wir uns vorgedrängelt haben? Ist unser Glück nicht das Unglück der anderen? Tun wir also nicht so gönnerhaft, wenn wir uns um sie Sorgen machen und unsere Hilfe anbieten.

UNKRAUT: „Unkraut vergeht nicht", sagte das Kaninchen.

UNPERFEKT: Natürlich liegt im Unperfekten die wahre Schönheit. Ich trage gerne Jacken, an denen ein Knopf fehlt oder ein Loch die Aufmerksamkeit auf sich zieht. Seien wir gnädig, prahlen wir nicht mit unserer langweiligen Vollkommenheit. Leben ist Verschleiß, Materialermüdungen sind menschlich und Überbrückungen unsere wahre Stärke. Ich habe jahrelang manche Taschen, in denen schon das Geld durch Löcher fiel, mit Gaffaband geflickt. Diese improvisierte Überbrückungsmaßname ist nicht nur sinnvoll, sondern auch rührend unperfekt. Das Geld, dass durch das Hosenbein auf die Erde rutscht, kitzelt. In der Unvollkommenheit, in der Hilflosigkeit zeigt sich die Größe des Menschen. Der dritte offene Knopf an einem Jackett entstand aus einem dicken König, der seine Jacke nicht mehr zubekam. Beschämen wir nicht die Unvollkommen mit unserer Vollkommenheit. Verzeihen wir dem Scheitern. Der Fehler ist so liebenswert.

UNTERGANGSPSALM: Du, der du keine Wurst magst, sag Bescheid. Wir machen dir ein Käsebrot. Du musst nicht essen, was Du nicht magst. Wenn du zwar Wurst magst, aber sie nicht sehen willst, dann machen wir das Licht aus, während du isst. Du bist nicht allein. Wir finden Lösungen. Ich mag auch keine Wurst und bin trotzdem beliebt. Nutzen wir den

Wind der Veränderung. Wir können dir auch Marmelade auf dein Bütterken schmieren. Es muss keine selbstgemachte Marmelade sein, wenn du die von Mövenpick bevorzugst. Wichtig ist, dass du glücklich bist. Hörst du den Wind der Veränderung? Er pfeift durch die Gassen. Das hören die Massen. Du bist nicht allein. Du bist bei uns richtig und uns allen wichtig. Nun öffne den Wein. Du, der du die Musik der Scorpions nicht magst, obwohl du den Anfang ihres Hits „Wind of Change" mitpfeifen kannst, sag Bescheid. Ich kenne viele, die die Musik der Scorpions nicht mögen, obwohl sie den Anfang von „Wind of Change" mitpfeifen können. Manche sind sogar der Meinung, dass Pfeifen in einem Rocksong nichts zu suchen hat. Wenn jemand in ihren Liedern pfeifen durfte, dann war das Ilse Werner, der Rest soll summen. Entweder man heißt Scorpions, oder man pfeift. Man kann auch gemeinsam keine Scorpions hören und dabei den Anfang des Lieds mitpfeifen. Aber nur den Anfang und nur die ersten drei Töne. Du, der du lieber allein bleiben willst, sag Bescheid. Du bist nicht der einzige, der das will. Ich kenne viele, die lieber allein bleiben wollen und nichts dagegen haben, diesen Wunsch mit anderen zu teilen. Viele wollen auch allein bleiben, weil der Wind der Veränderung nicht für jeden angenehm ist. Aber wer Bohnen gegessen hat, muss damit rechnen, dass die Freiheit sich durchsetzt. Lass den Körper tun, was er will. Man muss nicht über alles die Kontrolle behalten. Im Alter wachsen auch Nase und Ohren weiter. Mach Vorher-nachher-Bilder und lass den Wind sich verändern. Er pfeift durch die Gassen. Das hören die Massen. Du bist nicht allein. Du bist bei uns richtig und uns allen wichtig. Nun öffne den Wein. Du, der du keine Krokodile malen kannst, sag Bescheid. Etwas, was nicht aussieht wie ein Krokodil, aber ein Krokodil sein soll, kann trotzdem ein Krokodil sein, nur ein anderes. Du hast dein Bestes gegeben und sogar einen grünen Buntstift benutzt, mehr kann man nicht erwarten. Du, der du kein Krokodil malen kannst, mal einen Elefanten. Der hat einen Rüssel und man kann Trööt machen als Hilfestellung, wenn ihn keiner erkennen will, weil er zu sehr sich an das Original klammert. Male einen Elefanten und pfeife auf das Krokodil. Überlege dir nur, welche Melodie du benutzt. Der Wind der Veränderung klingt nicht immer überzeugend. Du, der du so oft nicht weiter weißt, sag Bescheid, dass du nicht weiter weißt. Ich kenne viele, die nicht weiter wissen. Sie wissen auch nicht, dass das Nicht-weiter-wissen gar nicht schlimm ist. Es weiß ja niemand, dass man nicht weiter weiß. Manche wissen dann oft ihren Text nicht mehr und pfeifen ihn dann. Freunde macht man sich damit nicht. Du, der du nicht gemocht werden willst, sag Bescheid. Ich kenne viele, die nicht gemocht werden wollen. Wenn alle, die nicht gemocht werden wollen, zusammenstehen, dann geht das glatt über die Bühne. Eigentlich muss man nur den Wind of Change pfeifen, dann schlägt einem genug Ablehnung entgegen, weil alle mitpfeifen müssen. Hörst du den Wind der Veränderung? Er pfeift durch die Gassen. Das hören die Massen. Du bist nicht allein. Du bist bei uns richtig und uns allen wichtig. Nun öffne den Wein.

UNTERGRUND, IM: Herr Hemdsorgel war ungehalten. „Ungern teile ich meine Lieblingszitate, sie deuten auf meine Schwächen hin", sagte er. Aber die Regeln verlangten es so. „Die Menschen und die

Illustration: „Untergangspsalm" – Wind der Veränderung (Text S.203)

Tiere, die mir etwas bedeuten, sind solche, die gezwungen sind, ihr Leben gewissermaßen im Untergrund zu führen", zitierte er Jonathan Franzen. Herr Hemdsorgel schaute sich um. Noch war er nicht im Kreis der Lichtsucher aufgenommen worden.

UNTERTITEL: Es wäre komisch, wenn es in einem Film Untertitel geben würde, die aus einem anderen Film stammen. So wäre es möglich dem ganzen einen großen Unsinn mitzugeben. Ein Liebespaar küsst sich und lässt dabei Kosenamen einfließen, während die Untertitel behaupten, dass der Mann dabei flüstert: „Können Sie mir den Salzstreuer rüber reichen" und sie flüstert: „Ich muss immerzu an die Zimmerrechnung denken." Wir würden entführt in eine Ebene, die von uns Besitz ergreift und einen eigenen Inhalt aufbaut. Ich sah mal einen chinesischen Liebesfilm, der ebenfalls mit Untertiteln arbeitete, weil es ein Stummfilm war. Das ganze Liebesspiel wurde untermalt mit einer Wettervorschau, die dem eigentlichen Geschehen eine andere Wendung gab. „Am Morgen ist mit Nebel zu rechnen" „Erwartet werden Temperaturen um die 40 Grad" „Ideale Zustände um einen Ausflug ans Meer zu unternehmen"

UNWICHTIG: Weil er so viele unwichtige Dinge zu erledigen hatte, kam er kaum dazu sich den wichtigen Fragen der Welt zu stellen, wie zum Beispiel „Warum mache ich das?"

URLAUB: Einen Urlaub mit Kindern würde ich nicht unbedingt als Urlaub bezeichnen.

UWE SEELER: „Alle meine Fehler macht auch Uwe Seeler, stürmt er viel zu schnell vors Tor, schießt er gleich ein Eigentor."

VAMPIRGEBET: Ich beiße, du beißt, er/sie/es beißt, wir beißen, ihr beißt, sie beißen. Ich biss, du bissest, er/sie/es biss, wir bissen, ihr bisset, sie/Sie bissen. Ich habe gebissen, du hast gebissen, er/sie/es hat gebissen, wir haben gebissen, ihr habt gebissen, sie haben gebissen. Ich hatte gebissen, du hattest gebissen, er/sie/es hatte gebissen, wir hatten gebissen, ihr hattet gebissen, sie hatten gebissen. Vampire sprechen dies, wie ein Gebet, vor dem Schlafengehn.

VANDALE: Nichts tröstet einen Vandalen so sehr wie die Ordnung. Der Vandale kann seine Vorlieben nur ausleben, wenn Ordnung herrscht. Im Chaos ist der Vandalismus eine aussterbende Bewegung. „Räum dein Zimmer auf", sagte die Mutter zum Vandalen. „Nein", sagte er. „Das ist keine Unordnung, sondern ein Warming up. Es ist die Beschreibung meines Seelenzustandes."

VEGAN: Ich habe jetzt mal einen veganen Kuchen gegessen und was soll ich sagen, man kann es machen. Gerade wenn man nicht weiß wie ein richtiger Apfelkuchen zu schmecken hat, kann man es machen. Veganer Kuchen, ich sage immer, ist auf jeden Fall besser als Grippe.

VERANSTALTER: Der schickt mir seine junge Freundin auf den Hals, und die kratzt mir dann die Augen aus.

VEHLER: Als der Vehler in die Welt kam, jubelten die Clowns. „Wird Vehler nicht mit F geschrieben", protestierten die Lehrer. „Ja", sagte ein Clown. „mit F wie bei Vögel."

VERÄNDERUNG: Er schaute auf seine Frau. Sie hatte überhaupt nichts mehr mit dem Menschen zu tun, den er mal geliebt hatte. Das war seine Schuld, seine übergroße Schuld.

VERBOTSSCHILD: Es ist verboten sich dieses Verbotsschild anzuschauen.

VERBOTSSCHILDER: Auch Verbotsschilder können schön aussehen.

VERFALL: Uns umgibt der Verfall. Heute morgen war ich wieder traurig, dass die Klingen meines Rasierhobels nicht mehr so scharf waren. Im Grunde bin ich mein Leben lang darüber enttäuscht gewesen, wie schnell solche Rasierklingen ihre Schärfe verloren haben. Achtet da keiner drauf? Versuchen nicht auch die Gilette Leute und die Wilkinson Fachmänner jeden Morgen ihren Bart mit diesen Klingen abzurasieren? Oder sind Gilette und Wilkinson inzwischen in Frauenhand? Am Anfang sind die Klingen meines Rasierers nicht nur scharf, sondern sogar zu scharf. Da vergeht kein Morgen, dass ich mich nicht schneide und die Wunden so triefen, dass ich mein weißes Hemd ausziehen muss um den Kragen nicht zu gefährden. Ich will damit nur sagen, dass die Hersteller schon wissen, worauf es bei Rasierklingen ankommt. Sonderbarerweise büßen schon bald danach die Klingen an Schärfe ein. Wie kann das sein, dass der Verfall der Dinge manchmal so schnell voran schreitet. Rasierklingen sind auch teuer, und trotzdem beschwert sich kein Mann über deren schnelle Abnutzung. Ist es nicht auch kaum zu ertragen, wie schnell der Mensch verfällt. Er verfällt bei lebendigem Leibe und bei wachem Bewusstsein. Er bekommt seinen Verfall ganz deutlich mit. Warum beschwert sich da keiner? Wofür zahlen wir Kirchensteuer? Ich sehe oft die Versuche diesen Verfall durch „Sport treiben", gesunde Ernährung und asketisches Leben aufzuhalten, um nicht diesem „im Stich lassen" der Schöpfung so hilflos ausgesetzt zu sein. Viele starten fast einen Wettbewerb im Lange-leben-können, als könnte man so seiner Bestimmung ein Schnippchen schlagen. Ich bin mir aber inzwischen sicher, dass der Verfall nur durch Liebe und Humor aufgehalten werden kann. Egal, wie alt man dann tatsächlich wird. Alles andere ist eine Beleidigung.

VERGÄNGLICHKEIT, ÜBER DIE: Was wäre, wenn ein Bademeister seinen Fähigkeiten als Bademeister misstrauen würde, wenn er erkennen würde, „ich entwickle mich nicht weiter". Was wäre, wenn er zugeben würde, dass ihm das Wasser zu kalt ist und es ihm gegen den Strich geht, wenn er, um einen Menschen zu retten, vom Rand des Beckens springen muss. Man springt nicht vom Rand des Beckens! Gott hat uns viele Freiheiten gegeben, „vom Rand des Beckens zu springen" gehört nicht dazu. Was wäre, wenn der Bademeister sich durch eine Durchsage selbst outen würde, durch eine vernuschelte kaum zu verstehende Durchsage, dass er als Bademeister versagt hat und seinen Abschied einreicht. Er wäre sich nicht mehr sicher, ob er dem Glanz dieses Freibads, der Tradition seines Bademeisterberufes gerecht wird, er wolle sich zurückziehen, um neuen Leuten, die bisher nur beim Großfigurenschach auffielen, eine Möglichkeit zu geben, sich zu profilieren. Was wäre dann? Tun wir doch nicht so, als hätten wir die Weisheit mit Löffeln gefressen. Wir sind hilflos und verwundbar und wir wissen nichts von Belang. Was wäre, wenn die Friseure zugeben würden, dass sie ihren Aufgaben nicht mehr gewachsen sind. „Wir stehen unter großem Druck, die Leute wollen Frisuren haben, die ihnen gar nicht stehen. Sie kommen in den Salon und wollen zum Guten verändert werden. Wie soll ich das machen? Da reicht ja nicht nur eine Frisur, im Grunde müssten sie von Grund auf verändert werden. Ich treffe Leute, die denken, dass Helene Fischer mit Hansi Hinterseher zusammen war, und dabei war das Florian Silbereisen. Damit die Haare zum Typ passen, muss man erstmal erst ein Typ sein." Was wäre, wenn die Kinder sagen würden, wir vermissen unser Kindsein. Wir vermissen unsere Verbundenheit mit der Unschuld. Wir vermissen unseren Glauben und die Liebe Gottes. Wir fühlen uns beim Zusammenleben mit euch überfordert. Die schnellen Einflüsse, die neuen Ablenkungsmaschinen machen uns verrückt.

Wir fühlen uns unbehütet, ungeliebt und beobachtet. Wir sind enttäuscht von Euch. Was wäre, wenn ein Mensch plötzlich erkennen würde, dass er als Mensch, als Mitbewohner des Planeten, das schwache Glied in der Kette ist und dem Planeten am meisten schadet? Was wäre, wenn der Mensch den anderen sagen würde, lasst uns unseren Auftrag als Behüter des Planeten und Bewahrer des Guten abgeben. Wir haben versagt. Planen wir nicht unser Überleben, sondern den Rückzug. Das sind wir dem Sonnenuntergang, dem Schnee auf den Bergen, und den sich öffnenden Blüten schuldig. Alles wird sich zum Besseren ändern, wenn wir nicht mehr da sind.

VERGESSEN: Ich hatte das Gefühl etwas vergessen zu haben, wusste aber nicht mehr was.

VERKEHR: Einen Eiswagen lasse ich ungern vor. Wenn da die Kühlung ausfällt, dann gnade uns Gott. Zum Glück fahre ich mit Allwetterreifen.

VERNEIGUNGEN: Gestern verneigte sich ein Mann vor mir, aber sein Schuh war nur auf.

VERPACKUNG, DIE: Der Artikel wurde in einer Verpackung versendet, die den Inhalt offenbarte. Was war das peinlich.

VERRÜCKT: Manchmal ist es gut, wenn man verrückt ist, dass man nicht weiß, dass man verrückt ist. Ich kenne Verrückte, die nicht wissen, dass sie verrückt sind und ein ganz normales Leben führen. Ich kenne sogar Verrückte, die nicht wissen, dass sie verrückt sind und in leitenden Positionen zu finden sind. Ein Bekannter von mir, der ist verrückt und weiß, dass er verrückt ist. Der führt ein ganz jämmerliches Dasein. Er geht zu einer Psychotante und liest ganz schreckliche Befreiungsbücher.

VERSTÄRKUNG: Wenn man nichts sagt, braucht man das nicht zu verstärken. Nichts wirkt eindringlicher, als wenn man an ein Mikrophon geht und nichts sagt. Manche zählen auch auf Englisch, wenn sie ein Mikrophon ausprobieren wollen. Sie sagen dauernd „one, one, one,", manche kommen sogar bis „two two two." Natürlich ist die Nutzung eines Mikrophons Verschwendung, wenn man nur zeigen will, wie weit man auf Englisch zählen kann. Am besten sagt man nichts.

VERSTEINERUNG: Ich hatte meinen Steuerberater in einer dunklen Stunde angetroffen: „Jetzt bleibt mir nur noch die Versteinerung, das Erinnern an die Zeit davor. Jetzt bleibt nur noch das nach Innen sprechen, das sich Erinnern an grelle Sonnenstrahlen. Fremd ist mir das Leben geworden, alles geht weiter, wer schmiedet den Plan? Jetzt bleibt mir nur noch die Versteinerung, das schwere Atmen bevor man schweigt." Ich war froh, als es wieder um meine fehlenden Quittungen ging.

VERSTOPFUNGEN: In der Spüle in der Küche und beim Waschbecken im Badezimmer lief das Wasser nicht mehr ab. Zum Glück schickte mir Herr Schomberg seinen besten Mann, Herrn Ballhaus, um diesen Schaden zu beheben. Ich sagte zu ihm: „Wir treffen uns aber auch nur immer, wenn Not am Mann ist." Er nickte und ging dann sofort an die Arbeit.

Später hörte ich, wie er aus der Küche rief: „Haare, Haare", da habe ich mich erst gar nicht sehen lassen.

VERTRAUTER: „Dass ich jetzt endlich einen Menschen gefunden habe, dem ich vertrauen kann, kann ich nur dir erzählen", sagte Herr Hemdsorgel zu seinem Friseur.

VERWIRRUNGEN: Herr Hemdsorgel öffnete gestern eine Dose mit einer veganen Erbsensuppe. Später kam er auf die Idee sie aufzupeppen, indem er zwei Bockwürstchen klein schnitt und diese mit der Erbsensuppe vermischte. Es war in der Geschichte der Menschheit, soweit sich Herr Hemdsorgel erinnern konnte, das erste Mal, dass dies jemand gewagt hatte. Eine vegane Erbsensuppe mit Bockwürstchen aufzupeppen schien selbst dem Freigeist Hemdsorgel eine provokante Aktion zu sein, die an die Grenzen dessen ging, was man guten Geschmack nennen konnte. So war auch das Ergebnis nicht überzeugend, aber Herr Hemdsorgel freute sich in einer Zeit zu leben, wo dies überhaupt möglich war.

VERZEIH: (Für Bea) Verzeih, denn es will Abend werden/ Verzeih, hab heut an dich gedacht!!! Verzeih, du bist mein Licht auf Erden/ Verzeih, wünsch dir ne gute Nacht/ Verzeih, wünsch dir ein gutes Leben/ Verzeih, ich wünsche dir viel Glück/ verzeih, ich würd dir alles geben/ verzeih, ich will auch nichts zurück.// Meine Schuld und deine Schuld/ geben sich die Hände/ meine Schuld und deine Schuld ver-/ söhnen sich am Ende.// Verzeih, mir meine doofen Fehler/ verzeih, ich hab viel falsch gemacht/ verzeih, ich bin ein Erbsenzähler/ verzeih, nun bist du aufgewacht// Verzeih, lass uns es neu versuchen/ verzeih, wir fangen nochmal an/ verzeih, ich back dir einen Kuchen/ verzeih, dass ich nicht backen kann// Meine Schuld und deine Schuld/ geben sich die Hände/ meine Schuld und deine Schuld ver-/ söhnen sich am Ende.//

VIELARMPULLOVER, DER: Es ist nicht einfach sein Umfeld mit ausgefallener Kleidung zu überraschen. Zum Glück gibt es den Vielarmpullover. Ein normaler Pullover kommt in der Regel mit zwei Ärmeln aus. Nicht so der Vielarmpullover, der acht Ärmel zu bieten hat, als wäre er für einen Krake gestrickt worden. Wie abwechslungsreich kann er für einen Menschen mit zwei Armen sein? Durch raffinierte Anordnungen der Ärmel ergeben sich nicht nur neue Möglichkeiten des Hineinschlüpfens, sondern auch die Form des Pullovers verändert sich durch die gewagte Nutzung. So verwandelt und verzieht sich der Pullover zu einem exotischen und ungewöhnlichen Kleidungsstück. Das färbt ab. Wir sind auch hier um jeden Tag einen neuen Eindruck zu hinterlassen. Mut ist ein schönes Kleidungsstück.

(Siehe auch: „LANGARMPULLOVER")

VILLABAJO: Regt es sie auch so auf, dass die in Villabajo immer noch am Spülen sind, während die in Villarriba schon feiern? Was stimmt in diesen beiden Ortschaften nicht? Ist es richtig, wenn in Villabajo die Leute Kartoffeln ernten, die dann in Villariba gegessen werden? Warum gehören unsere Sympathien den Leuten aus Villariba, während man in Villabajo Hunger leidet und die Kinder weinen? Natürlich ist man dort lieber, wo gefeiert wird und das schmutzige Geschirr nicht herumsteht.

VÖGEL: Werde auf deinem Ast dir nicht selbst zur Last.

(Siehe auch: „RAST, DIE")

VÖGEL: Manche Vögel sterben auch im Flug, manche Löwen bei der Jagd.

VÖGELBEOBACHTER: Vögelbeobachter sind eine Spezies für sich. Früher sagte man dazu Paparazzi, Voyeur oder Spanner. Ich sage ihnen ganz ehrlich, wenn ich ein Vogel wäre, möchte ich nicht dauernd beobachtet werden. Kann man als Sperber nichtmals einen Mäusebussard angreifen, ohne dass daraus eine Riesengeschichte wird? Auch Amseln beim heimlichen Amseln zu beobachten ist ungehörig. Ich sah jetzt mal ein Wacholderdrosselfoto, wo eine Wacholderdrossel eine Blaubeere im Schnabel trug? Wollen Sie das sehen? Ich will das nicht sehen. Warum ist das Beobachten von Vögeln ein Kavaliersdelikt, während das Ausspähen von anderen Geschöpfen eine strafbare Handlung ist? Auch Vögel haben ein Recht auf Privatleben. Warum soll der Kuckuck nicht auch mal über die Stränge schlagen dürfen, ohne dass das gleich wieder dokumentiert wird? Auch der Versuch dieses Spotting in die Nähe des Naturschutzes zu rücken ist armselig. Viele Vögelbeobachter klagen, dass sie in diesem Jahr kaum eine Glockenhauberamsel gesehen haben. Ich will ihnen sagen, warum die Glockenhauberamsel aus ihrem Blickfeld verschwunden ist. Sie ist genervt von all den Vögelbeobachtern, die sie kaum ihren Nachwuchs füttern lassen, ohne dass jemand von ihnen im Busch sitzt und alles fotografiert. Es gibt tausende Vögelfotos, die keinen Menschen mehr interessieren. Sperling beim Apfelessen. Uhu auf dem Ast. Meise im Flug. Adler in den Alpen (besonders langweilig). Auch Vögelformationen, die im Sommer in Urlaub fliegen, muss ich nicht sehen. Da schaue ich einfach hoch und sehe das live. Ich meine, wenn Vögel dabei eine andere Formation fliegen würden, wenn sie dabei ein Anarcho „A" abbilden würden oder ein Peace Zeichen, könnte ich ein Festhalten verstehen. Es gibt Bestrebungen in der Vögelfotografie die Intimsphäre von Vögeln mehr zu achten. Warum kann man einen Papageien nicht fragen, ob ihm das Auftauchen im Vogelkalender unangenehm ist? Viele Papageien sprechen unsere Sprache und lassen sich von einem Manager beraten. Ich kannte eine Krähe, die hatte ein eigenes Lichtdouble, die in der Zeit, wo der Vögelfotograf noch am Ausleuchten war, ihren Platz auf dem Ast einnahm. Mir sagte mal ein Vögelbeobachter, es wäre nicht einfach Vögel zu beobachten und dann ein Bild zu schießen. Sie können ja fliegen. Was ist schon einfach? Man kann ja auch Wolken beobachten oder Berge. Der Berg hält still, der läuft nicht weg, aber das ist vielen auch zu langweilig. Ist es den Vögelbeobachtern klar, dass sie beim Vögelbeobachten auch beobachtet werden und das auch von Vögeln? Ich kenne eine Vögelfotografin, die war nicht so gut. Auf ihren Fotos sah man alles Mögliche nur keine Vögel.

VOICE TRACER: Ein Hund rennt mit einem Diktaphon vor einem Mann her. Er hat es dem Mann aus der Hand gerissen und will spielen. Während der Mann ruft: „Bleib stehen. Gib mir mein Diktaphon wieder", löst der Hund zufällig die Wiedergabetaste aus. „Wer, wenn ich schriee, hörte mich denn aus der Engel/ Ordnungen? und gesetzt selbst, es nähme/ einer mich plötzlich ans Herz: ich verginge von seinem/ stärkeren Dasein. Denn das Schöne ist nichts/ als des Schrecklichen Anfang, den wir noch grade ertragen,/ und wir bewundern es so, weil es gelassen verschmäht,/ uns zu zerstören. Ein jeder Engel ist schrecklich.// Der Mann schüttelt den Kopf. Da rennt sein Hund durch den Wald und aus seinem Maul ertönen Sätze von Rilke. Er hatte sich doch gerade damit abgefunden, dass sein Leben ereignislos herüberziehen würde, und dann passiert das.

VOLLKOMMENHEIT: Die Vollkommenheit ist am besten zu erreichen, wenn man oft betrunken ist und nicht auf seine Frau hört.

VOLLKOMMENHEIT: Warum muss alles kompliziert sein? Manchmal muss man fragwürdige Wege gehen um ans Ziel zu gelangen. Was ist, wenn wir die Vollkommenheit nur erlangen, indem wir rückwärts laufen oder mit gesenktem Haupt mit dem Aufzug in den Keller fahren müssen? Immer rauf und runter, immer rauf und runter, immer wieder. Es muss nicht alles schwer sein, wenn wir große Ziele erreichen wollen. Was ist, wenn wir Vollkommenheit nur erlangen, indem wir einfach auf das Grüßen von anderen Menschen verzichten und dadurch so viele Schadstoffe einsparen, dass wir das Fortschreiten des Treibhauseffekts in den Griff kriegen? Muss die Rettung der Welt höflich sein? Was ist, wenn wir den Sinn des Lebens nur begreifen werden, wenn wir zweimal die Woche Sushi essen und das in einem Imbiss auf dem Parkplatz in der Liboriusstraße, weil der dortige Koch früher Mönch war und in einem Kloster am Ufer des Mekong seine Bestimmung erfuhr, dass er in diesem Imbiss auf einem Paderborner Parkplatz seinen Lebensunterhalt verdienen soll? Was ist, wenn wir die Bestimmung des Lebens nur annehmen können, wenn wir alle eine Bademeisterprüfung ablegen? Wäre die Welt besser, wenn wir alle Bademeister wären und in zu eng geschnittenen Badehosen aus dem Haus gingen? Was ist, wenn wir Vollkommenheit nur erlangen, indem wir jeden Freitag einen Lotto-Lotto-Schein mit den gleichen Zahlen ausfüllen, also auch mit den Zahlen vom Datum der Hochzeit mit der ersten Frau, selbst wenn man inzwischen zwei anderen Frauen das „Ja"-Wort gegeben hat? Was ist, wenn der Sinn unseres Lebens sich nur ergibt, wenn wir nur weiße Hemden von Seidensticker aus Bielefeld tragen? Was ist, wenn wir nur das vollkommene Glück erlangen können, wenn wir alle Puddingsorten von Doktor Oetker aufsagen können? Also auch die, die uns nicht schmecken würden. Was ist, wenn die Vollkommenheit in greifbare Nähe rückt, wenn wir kein Spiel vom SC Paderborn verpassen und auch deren Erfolg davon abhängt, dass wir dabei ein Trikot der gegnerischen Mannschaft tragen und damit im Fanblock der SCP Fans auftauchen? Was ist, wenn unser Sinn des Lebens sich nur ergibt, wenn wir unerschütterlich an Gott glauben und auch den Büchern über sein Wirken immer fünf Sterne bei Amazon geben, egal, durch welche Verfehlungen sich die Kirche wieder in Frage gestellt hat? Was ist, wenn sich die Vollkommenheit nur zu erkennen gibt, wenn wir am Rand eines Abgrunds stehen und nicht springen? Die Vollkommenheit ist ein Hund mit drei Beinen. „Wir brauchen etwas", sagte Gott, „was die Vollkommenheit als Ziel erkennbar werden lässt." Da erschuf er

Illustration: "Vögel(n)beobachter" (Text S.213)

den Fehler, ließ den Zweifel zu und bestand auf die Verwirrung. Der Fehler macht den Menschen vollkommen. „Vielleicht brauchen wir noch ein Vorbild", sagten da die Suchenden, „Ein Vorbild, zu dem man aufblicken kann und das so ist, wie man selbst gerne werden möchte." „Da nehmt nicht mich", sagte Gott. „Das ist mir eine zu große Verpflichtung." „Ich hätte noch Zeit", sagte der Teufel, aber keiner kümmerte sich um ihn. Das war ein Fehler.

VORAUSSAGE: Läuft die Ölsardine aus, stirbt die Scholle!

VOR CHRISTUS: Es gibt eine Zeit vor Christi Geburt und eine Zeit nach Christi Geburt. Genau genommen gab es mehr Zeit vor Christi Geburt, als es Zeit gab nach Christi Geburt. Man kann trotzdem nicht wirklich sagen, dass die Zeit nach Christi Geburt für alle Beteiligten besser war. Auch vor Christi Geburt gab es schöne Augenblicke und alle versuchten das Beste aus ihrem Leben zu machen. Es gab auch in der Zeit vor Christi Geburt glückliche Menschen und es wurde viel gelacht. Wenn man nur nach den Fakten geht, gab es sogar in der Zeit vor Christi Geburt weniger Missbrauchsfälle durch katholische Priester als nach dieser Zeit. Auch das Glauben an das Gute und das Wissen vom Leben nach dem Tod hat wenig verändern können. Auch als viele Menschen an Gott glaubten, verwandelte sich die Welt nicht zu einem besseren Ort.

VORDACH, DAS: Unter dem Vordach war es trocken. Sich vor Regen schützen zu können, ist immer ein gutes Gefühl.

VORDRÄNGLER, DER: Als der Mann sich vorgedrängelt hatte, ließ ich mir nur einen Streuselkuchen einpacken. Die Lust auf Philadelphiatorte war mir gründlich vergangen. Gedemütigte wollen keine Torte essen. In diesem Zustand wird eine Torte nicht ihre volle Wirkung entfalten können. Man muss erst mal mit einem Streuselkuchen wieder auf die Beine kommen und sich vortasten, bis man wieder aufnahmebereit ist. Man muss sich erst langsam wieder zum Glück hocharbeiten. „Ich bin noch nicht wieder so weit, einer Torte mein ganzes Vertrauen zu schenken", sagte ich. Auch das Saxophon spielt man erst hingebungsvoll, wenn man sich vorher an der Blockflöte abgearbeitet hat.

VORLAUT: Der Mann sagte zu seiner Tochter: „Jetzt sei nicht so vorlaut." Ich zuckte zusammen. Wer sagt denn noch „vorlaut". Schon meine Eltern haben diesen Begriff nicht mehr verwendet und ich war immer sehr vorlaut. „Ist vorlaut das Gegenteil von vornehm?" „Jetzt sei nicht so vorlaut."

VORNE: (Regieanweisungen) Ich will nicht von hinten kommen, ich will von vorne kommen. Ich will nicht still sein, ich will was sagen. Ich möchte nicht im Dunkeln stehen, man soll mich sehen.

VORNE-HINTEN: Viele wissen gar nicht, wo vorne oder hinten ist. Sie stehen in der Besenkammer und denken, das ist der Empfang. Deswegen ist beim Unterhemd, dort wo hinten ist, ein Lätzchen angenäht. Vorne stehen die Blumen, hinten die Mülleimer. Vorne posiert der charismatische Sänger, hinten tobt sich der Schlagzeuger aus. Ich hörte mal vorne einen Priester predigen, der hinten an Gott zweifelte. Wussten Sie, dass ich hinten manchmal etwas stehen lasse, was vorne stören würde? Ich habe mal vorne ein Buch gekauft, das es hinten umsonst gab. Ich trage immer ein Unterhemd, wo vorne „Vorne" und hinten „Hinten" steht, damit der Arzt sich bei einem operativen Eingriff besser orientieren kann, denn manchmal geht es, gerade in der Notfallchirurgie, um Sekunden.

WAFFE: „Geben sie mir meine Waffe", sagte sie verzweifelt. Ich lachte nur. Ohne ihre Waffe konnte sie mir nichts anhaben.

WAHRHEIT, DIE: Die Wahrheit ist, dass wenn es juckt und du dich kratzt, es trotzdem danach weiter juckt. Es kann auch sein, dass du erkennst, dass Kratzen nicht die Lösung ist. Die Wahrheit ist, dass wenn du eine Rolle Klopapier im Badezimmer hast, das oft zu wenig ist, wenn du mal zwei brauchst. Es kann auch sein, dass du erkennst, dass alles Ende unerwartet kommt, wir kennen weder Tag noch Stunde. Die Wahrheit ist, wenn du auf einen wartest, der ganz langsam ist, du selber auch ganz langsam wirst. Es kann auch sein, dass Du erkennst, dass Langsam-sein der Zustand ist, dem alle noch folgen können. Es kann auch sein, dass du erkennst, dass Langsam-sein nur manchmal nervt, wenn jeder dich dann überholt. Da nimmt dir jemand deinen Parkplatz weg, deinen Tisch im Restaurant, den hart erkämpften Platz vor der Käsetheke und auch die Frau, die immer auf die ewigen Gewinner steht. Die Wahrheit ist, dass wenn du eine Butter aus dem Kühlschrank holst, sie danach noch nicht streichzart ist. Es kann auch sein, dass du erkennst, dass manches, das wir schützen und bewahren, sich dadurch verändert. Sind Löwen denn noch Löwen, wenn sie nur im Käfig wohnen? Muss man erst den Wärter fressen, um zu zeigen, wer hier Herr im Hause ist? Die Wahrheit ist, dass wenn du eine Ültjes Erdnussdose öffnest, du nicht eher Ruhe geben kannst bis alles aufgefuttert ist. Es kann auch sein, dass du erkennst, dass du ein schwacher Mensch bist und Ültjes davon profitiert. Ist Ültjes denn der Antichrist? Was soll nur aus dir werden, wenn dann einer kommt und öffnet eine Tüte voller Chips? Die Wahrheit ist, dass wenn du nicht bekommst, was du ganz dringend brauchst, du anstatt mit richt´ger Sahne nur mit Sprühsahne in die Küche kommst. Es kann auch sein, dass du erkennst, dass alle ganz enttäuscht sind, auch weil der Apfelkuchen nur von Coppenrath und Wiese ist. Wussten sie, dass man auch von Kuchen dick werden kann, der einem nicht schmeckt? Die Wahrheit ist, dass wenn es keine Wahrheit gibt, dies auch nicht unbedingt die Wahrheit ist. Es kann auch sein, dass du erkennst, dass man im Dunkeln keinen Elefanten sucht. Die Wahrheit braucht das Licht, damit man klar erkennen kann, wo vorne oder hinten ist, oben oder unten. Kannst du kein Stern sein am Himmelszelt, sei eine Leuchte, die alles erhellt. Wir sind das Licht. Das ist die Wahrheit, nichts als die Wahrheit.

WALD: Ohne Bäume sah der Wald ein wenig peinlich aus.

WALZER: Wann kommt endlich der Walzer? Wann setzt das Akkordeon ein und man kann tanzen? Wann kommt endlich der Walzer und lullt mich ein? Ich glaube, wenn man einen Walzer alleine tanzen dürfte, wäre er viel sinnlicher. Einen Walzer sollte man nur tanzen, wenn man betrunken ist. Am schönsten kommen Tanzschritte von der Stelle, wenn man gar keinen Walzer tanzen kann. Die Tanzbewegungen vorzuschreiben und in Form zu bringen, ist der Tod des Walzers. Ich hörte einen Mann mal beim Tanzen seine Schritte zählen: 1-2-3, 1-2-3, 1-2-3. Der Walzer ist der Pandabär unter den Tänzen. Wenn man ihn dressiert, zerstört man seine Unschuld.

WANDERN: Der Wanderer war so erschöpft vom Schuhe anziehen, dass er zu Hause blieb.

WANDERER: Obwohl sie aussahen wie Wanderer, gingen sie nicht weiter. „Sie werden doch gleich weiter gehen", sagte meine Frau. „Sie haben doch die schweren Rucksäcke auf dem Rücken." Ich schüttelte den Kopf. „Auch Wanderer gehen nicht immer weiter", sagte ich. „Manchmal bleiben sie einfach stehen." „Wanderer sind Wanderer", sagte meine Frau und verdrehte die Augen. Wir schauten ein wenig den Wanderern zu, die nicht weitergingen. „Ich weiß schon, warum ich nicht Wanderer geworden bin", sagte ich schließlich. Meine Frau legte ihr Fernglas auf den Tisch. Das hieß immer, dass ich sie nun ins Bett tragen musste.

WARUM: Ohne dem U ist dem „Warum" ganz warm. Ohne das K wird das „Kalt" ganz alt.

WARTEZIMMERBERUHIGER: In vielen Wartezimmern herrscht eine Atmosphäre der Angst und Ungewissheit. Gut, dass es den Wartezimmerberuhiger gibt. Der Wartezimmerberuhiger sitzt scheinbar zufällig unter den wartenden Kranken, blättert in alten Zeitungen und sagt Sätze wie: „Das wird schon alles werden." Es sollte nur ein leichter Singsang sein, wie ein Räuspern oder ein zum Lied gewordener Seufzer. Man könnte solche Formeln verlauten lassen wie: „Wenn wir es bis hierher geschafft haben, dann schaffen wir es überall hin." Zum Glück gibt es den Wartezimmerberuhiger. Sie tauchen in Wartezimmern von Zahnärzten auf, aber auch Augenoperierer sehen sie gerne dort sitzen. Noch sind es Freiwillige, die sich für diese sinnvolle Aufgabe bereit halten. Es wäre wünschenswert, wenn dieses Beruhigen von Bund und Ländern anerkannt und abgesichert würde.

WÄSCHEAUFHÄNGEN, DAS: Eine Wäscheleine ohne Wäsche wirkt ziemlich unbedeutend. Selbst wenn zurückgelassene Klammern an ihre Funktion erinnern, fehlt etwas. Auch ein Bademeister ohne Badehose müsste sein eigenes Freibad verlassen. Wer keinen Garten hat, ist sowieso darauf angewiesen das Wäschetrocknen anders zu bewerten. In manchen Stadtteilen macht sich vor den Augen der Öffentlichkeit das Wildwäscheaufhängen breit. Da wird alles mit nasser Wäsche überworfen, was sich in der Sonne blicken lässt. Balkongeländer, Gartenzäune, Verandamöbel, Büsche. Alles wird vollgehangen und entstellt. Ich sah nasse Wäsche, die über ein Fahrrad geworfen worden war, und ein altes Pferd, dass schon gedacht hatte alles im Leben erlebt zu haben, wurde damit durch die Sonne geschickt. Nicht unerwähnt bleiben soll der Tramper, der kaum zum Trampen den Arm ausgestreckt hatte, als dieser auch schon mit einer Regenjacke und einer Pudelmütze behangen wurde. Dass ihn dann ein Regenschneeschauer überraschte, wo er beide Wäscheteile gut nutzen konnte, mindert nicht die Respektlosigkeit, die dieser Aktion anhaftete. Nach dem Sündenfall im Paradies kam Wildwäscheaufhängen in Mode. Auch Blätter, die die Scham bedecken, müssen gewaschen werden. Auch während des Turmbaus zu Babel wurde wild Wäsche aufgehangen, bis die Leine riss. Das Wildwäscheaufhängen tut auch der Wäsche nicht gut. Man sieht einer Hose an, wenn sie lieblos behandelt wurde. Das Wildwäscheaufhängen erinnert an die Präsentation von Second-Hand-Klamotten in einem Bekleidungslager des DRK. Da hängt der Spannbettbezug neben einer langen Unterhose und die Strümpfe neben dem Oberbettbezug. Das sind Notgemeinschaften. Nichts passt mehr zueinander, nichts macht mehr Sinn. Die Ordnung verkürzt den Weg in die Hölle und warnt sogar vor Staus. Manchen Unterhosen sieht man an, was sich dahinter abgespielt hat. Sauberkeit ersetzt nicht die innere Haltung. Sieht man sie, auf sich allein gestellt, in einer zufälligen Anordnung an einer Wäscheleine hängen, möchte man bei ihrem Anblick den Kindern die Augen zuhalten, damit sie nicht belastet werden in ihrem unschuldigen Dasein. Die Wäscheleine ist die Visitenkarte eines Hauses. Mit ihr zeigt man seine Stellung in der Gesellschaft. Wohlstand, Bedürftigkeit und modische Ausrichtungen werden dort durch die aufgehangenen Wäschestücke wie Geschichten erzählt. Wenn meine Eltern sich gestritten haben, dann konnte man das erkennen, weil meine Mutter die Herrenunterhosen ganz entfernt von ihren Frauenschlüpfern präsentiert hat. Ich konnte an der Wäscheleine meiner Nachbarin sehen, dass ihr Mann sie verlassen hatte. Als der alte Herr Lohmeier gestorben war, hinterließ das Fehlen seiner Wäsche eine große Lücke an der Leine. Da fehlten seine Taschentücher im Gesamtbild und machten traurig. Ich bewundere eine Hausfrau am Lippesee, die in ihrem großen Garten eine Wäscheleine aufgespannt hat, die so lang ist wie in dieser Werbung, wo man die Effektivität eines Waschmittels zeigen wollte, indem man mit einem Hubschrauber über eine kilometerlange Wäscheleine kreiste. Einmal sah ich, wie diese Hausfrau diese Leine mit ihrer nassen Wäsche bestückte. Sie benutzte noch Holzklammern, die sie aus einer Schürze nahm, die sie sich um den Bauch gebunden hatte. Ich liebte gleich ihren Überblick und ihr System. Sie fing an, die großen Laken an der Leine zu befestigen, ging dann über zu den Kissenbezügen, um dann ganz am Schluss der Leine bei den Socken zu enden. Sie hatte genau so viel Wäsche gewaschen, dass es genau an ihre Wäscheleine passte. Das war perfekt. Auch die Entscheidung danach die Männerunterhosen aufzuhängen, daneben die Frauenschlüpfer zu drapieren, um dann mit den Kinderunterhosen einen Abschluss zu bilden. Das hatte was. Da empfahl sich jemand für größere Aufgaben. So eine Frau müsste in der Politik eine Stimme haben. Wahrscheinlich gab es in ihrer Familie noch Freitags Fisch und Sonntags abends saß man gemeinsam vor der Glotze und schaute sich den Tatort an. So was lernt man heute nicht mehr, wie man richtig Wäsche aufhängt. In Zeiten der Digitalisierung hat man einen Trockner.

Illustration: „Wäscheaufhängen" – Klammerblues (Text S.219)

In der Welt des Durcheinanders ist die ordentlich aufgehangene Wäsche ein Symbol der Zuversicht. So lasst uns feiern und auf dem aufgehängten weißen Bettbezug einen Film von Jacques Tati schauen, auf das wir glücklich werden und unsere Träume erfüllen. Und wenn wir nicht mehr wissen, wie es weitergehen soll, dann lasst uns wieder unsere Wäsche waschen, aufhängen, und die Straße fegen und alles wird wieder gut.

WÄSCHELEINE, AN DER: (5 Kurzszenen) 1. Romanze: a. Männerunterhose b. BH c. Bettlaken d. Babywäsche 2. Gangsterleben: a. Ein Hemd mit rotem Einschussloch 3. Unterstützende Unterwäsche a. T-Shirt auf dem Vorne und Hinten steht b. Eine Unterhose, auf der Unten steht c. Ein Oberhemd, auf dem Oben steht d. Strümpfe, auf denen Links und Rechts steht . 4. Der Streit: a. Zwei Kleinkinderklamotten und b. ein kaputter Teddybär 5. Der Scheidungsgrund a. Ein BH oder b. Ein Negligé

WASSER, UNTER: Ich weiß nicht, ob ich unter Wasser leben könnte. Vermissen würde ich die Abende am Kamin. Meine Briefmarkensammlung wäre plötzlich wertlos und Duschen in Duschkabinen passé. Obwohl, ich bin wasserscheu! Vor Weihwasser hab ich eine Heidenangst. Ein Leben im Aquarium, dafür braucht ich ein Valium, gerade in dem Stadium, schwämm neben mir ein Aal herum, geschweige denn ein Wal herum. Ich tauch mit meinem Schnorchel. Schlub. Schnurstracks schlüpfen Schlammscheißer aus dem Schlick schlub, schleichen umher wie Schluckauf und schleppen sich schlapp durch den Schlamm. Schade, viele der Scheinschurken schwören dem Schwimmen ab, schlapp, Schlub. Schämt euch. Leben Millionen von Jahren im Schlick und können nicht schwimmen. Schlabbern im Schlamm und schleimen herum. Da leben sie schon unter Wasser und können nicht schwimmen. Nur nicht auffallen, bloß nicht sich bewegen. Ich meine, ich kann auch nicht schwimmen, aber ich habe wenigstens Schuppen, da kann ich meine Schnellboote unterstellen. Schau mal ein Schnellboot. Wo? War halt ein Schnellboot. Ich habe mal in einem Wal gewohnt. Platz satt war da, aber die Feuchtigkeit überall und es roch nach Fisch. Ich weiß, dass der Wal ein Säugetier ist, aber trotzdem roch es überall nach Fisch. …und zum Duschen musste ich nach draußen aufs Dach. Da gab es nur kaltes Wasser. Ich weiß nicht, ob ich unter Wasser leben könnte. Ich mag auch keine Wüste. Immer das Leben im Extremen. Ich mag es lieber halb und halb, ein Grundstück am See, Zartbitter, Fußball schauen im Fernsehn, aber den Kommentar dazu hören im Radio. Ein Leben im Aquarium, dafür braucht ich ein Valium, gerade in dem Stadium, schwämm neben mir Aal herum, geschweige denn ein Wal herum. „Hallo ich bin der Wal Halla. Sag Hi zu dem Hai und Marsch zu dem Barsch. Einsamer Walgesang. Können Sie nicht mal was singen, was wir alle kennen? Kennen Sie von Roger Withacker: Abschied ist ein scharfer Schwertfisch? Ich weiß nicht, ob ich unter Wasser leben könnte. Schnupfen stelle ich mir dort schrecklich vor. Ich finde Fische so humorlos. „Treffen sich ein Walfisch und ein Thunfisch, sagt der Walfisch zum Thunfisch: ‚Was wollen wir tun, Fisch?' Sagt der Thunfisch zum Wal: ‚Du hast die Wahl, Fisch!" Ich habe mal einem Rochen zugerufen, er riecht aus dem Rachen, der redet seitdem nicht mehr mit mir. Mich deprimieren ihre eingeschränkten Freizeitangebote. Schollen zum Beispiel, könnten mit wenig Zeitaufwand auch mehr aus sich machen. Man muss nicht immer aussehen, als hätte man gerade ein U-Boot geknutscht. Ich weiß, wovon ich rede. Ich war mal mit einer Frau zusammen, die war bei der DLRG, die wollte mich immer retten. Bei uns begann der Tag mit einer Mund zu Mund Beatmung. Ich bitte sie, das Auftreten von Haien ist doch nicht mehr zeitgemäß. Was ist denn das für eine „Platz da, jetzt komm ich Mentalität"? Hammerhai und Sägefisch könnten doch mit ihren natürlichen Anlagen für ganz andere Aufgaben zur Verfügung stehen. Wenn Sie die Haie integrieren wollen, dann müssen Sie sie auf Seepferdchen aufpassen lassen. Wer hätte gedacht, dass auf einmal Kraken wieder beliebt werden? Wenigstens in Spanien. Ich will nichts gegen Fische sagen, aber Kühe, zum Beispiel, Kühe sind doch etwas anderes. Ich kann schweigen, ich bin Hobbytaucher, ich bin lange Schweigestrecken gewohnt. Ich stelle für Menschen Aquarien zusammen. Ich kann ihnen ein Aquarium drapieren, da denken Sie, Sie wären in einer Großraumküche. Viele Fische sehen ja aus wie Schnellkochtöpfe, andere wie Alupfannen. Ich kenne einen Fisch, der sieht aus wie ein Waffeleisen, den können Sie sogar aufklappen. Ich kenne sogar einen Tintenfisch, den können Sie an ihren Drucker anschließen. Meine Spezialität sind Landesflaggen. Gerade jetzt zur WM, ich kann Ihnen ein Deutschlandfarbenaquarium zusammenstellen mit schwarz, rot, goldenen Fischen, da stehen Sie auf und machen den Hitlergruß. Früher habe ich auch für den Film gearbeitet. Flipper war eine Entdeckung von mir. Den weißen Hai habe ich ausgesucht und mit Orka, dem Wal treffe ich mich immer noch ab und zu. Er isst dann gerne Jägerschnitzel und wir reden über alte Zeiten. Ich weiß nicht, ob ich unter Wasser leben könnte, obwohl – das Problem mit meinen feuchten Handflächen hätte sich in Luft aufgelöst. Naja, nicht gerade in Luft. Ein Leben im Aquarium, dafür braucht ich ein Valium, gerade in dem Stadium, schwämm neben mir ein Aal herum, geschweige denn ein Wal herum. „Hallo ich bin der Wal Halla. Sag „Hi" zu dem Hai und „Marsch" zu dem Barsch. Jetzt kommt der Walhallamarsch."

WECHSEL: Der Wechsel von Pantoffeln zu Straßenschuhen fällt mir schwer. Ich möchte lieber dort bleiben, wo das Tragen von Pantoffeln einen friedlichen Ablauf garantiert. Ich habe den Eindruck, dass man von mir mehr erwartet, wenn ich Straßenschuhe trage. „Ich bin es doch", sage ich manchmal, wenn ich Menschen begegne und trage nur Pantoffeln. „Ich bin der gleiche Mensch, komme nur nicht so kampfbereit rüber."

WEGE: Nur wer immer die gleichen Wege geht, weiß eine Abwechslung zu schätzen.

WEGES, DIE HÄLFTE DES: Über die Hälfte des Weges war ich richtig angezogen, aber dann kam die Sonne raus.

WEGLAUFEN: Nur wer wegläuft, kann gejagt werden.

WEIN: Der billige Wein schmeckte nicht. Gibt es auch teuren Wein, der einem nicht mundet? Kann die Ablehnung eines Weines auch daran liegen, dass man nicht weiß, wie ein Wein zu schmecken hat? Ihm war nicht klar gewesen, dass Wein, der einem nicht schmeckt, einen vom Wein trinken abhalten soll. Es ist nicht erwiesen, dass der Rausch von einem Wein, der einem nicht schmeckt, einen am Leben zweifeln lässt, währenddessen der Rausch von einem Wein, der einem schmeckt, einen lebensbejahend und kreativ sein lässt. Er selbst trank oft Wein, der nicht teuer war, ihm aber besser mundete als manches, was überaus anspruchsvoll daher kam. Warum gibt es Wein, der nicht schmeckt? Wie kann der Winzer davon leben?

WERKZEUGKISTE: Sie stellte ihre Werkzeugkiste genau unter den anzubringenden Spiegel. Jetzt musste nur noch jemand kommen und den Zusammenhang erkennen.

WELT: Was nützt mir eine gerettete Welt, wenn es dort nicht mehr schön ist?

WELTHERRSCHER, DER: Ich hörte von Ferne das Bellen eines Hundes und ich dachte sofort, da schleicht sich doch jemand in meine Welt. Haben Sie denn gefragt, ob Sie hier sein dürfen? Also ich habe nichts gehört? Haben Sie was gehört? Hat da einer gefragt, ob er mit seinem bellenden Vierbeiner meine Wege kreuzen darf in meiner Welt? Sammeln die hier meinen Bärlauch, quatschen unter meinen Bäumen dummes Zeug und werfen ihren Müll in die Wiesen? Aber, dachte ich, so lange sie nichts kaputt machen und der Hund mich nicht beißt, mache ich mal eine Ausnahme und lasse sie rein in meine Welt. Aber nicht, dass das zur Gewohnheit wird. Ich saß da mit meinem Hund, der Hund, der hier hingehört, der sein Revier schon markiert hat, auf einem Baumstumpf und aß ein Butterbrot. Die Sonne schien und der blaue Himmel behütete uns in einer Weise, die nur dem zustand, der auf sie achtete und wenigstens dreimal am Tag lobte. „Gut gemacht, Sonne. Du scheinst es gut mit uns zu meinen." Mein Hund sah ein Reh, er erstarrte, wir hielten beide die Luft an und bewegten uns nicht. Warum, wussten wir auch nicht, aber wir wollten das Reh nicht aufschrecken. Wir kamen uns vor, als wären wir plötzlich Gäste in seiner Welt. Das Reh schaute zwischen den Bäumen hervor, bevor es weglief, ohne uns scheinbar bemerkt zu haben. Wer's glaubt wird selig. Alle Rehe dürfen gern in meiner Welt sein. Wir tun uns nichts, wir können sogar so wirken, als würden wir uns nicht wahrnehmen. Unsichtbar zu sein ist der wahre Respekt vor denen, die vor uns Furcht haben. So herrscht Frieden in der Welt, auch in meiner Welt. Mein Hund und ich gingen den Berg hoch, ein Weg, fast ein Trampelpfad, half uns dabei nicht die Orientierung zu verlieren. Wahrscheinlich, dachte ich, wird der Weg auch wieder ins Tal führen und uns dorthin bringen, wohin wir gehen sollen, damit wir uns nicht verirren und wohlbehalten ankommen. Der Weg schien von anderen angelegt worden zu sein, die sich dort aufhielten, wohin ich kommen sollte. Meine Welt ist nicht überall. Man trifft immer jemanden, der auch die Idee hatte seine Träume in einer eigenen Welt zu verwirklichen. Und ich dachte, gut, hier darf ein Weg sein, auch wenn er durch meine

Welt führt, wenn er sich nicht zu breit macht und allen seinen Freunden Bescheid gibt, dass es in meiner Welt einen Wald gibt, wo man Wege anlegen kann, die dorthin führen können, wohin alle gehen sollen. Solche Wege will ich nicht überall vorfinden in meiner Welt. Ein wenig muss auch ungewiss bleiben, wir müssen nicht immer ein Ziel haben, und alles wissen muss man auch nicht in meiner Welt. Plötzlich kam mir ein Mann entgegen, ein Förster, und wollte, dass ich meinen Hund anleine. Ich habe ihm gesagt, Sie wissen schon, wen sie hier vor sich haben, das hier ist meine Welt. Wer hat Sie denn überhaupt hier eingesetzt? In meiner Welt muss niemand nach dem Rechten sehen, da darf man alles machen, was mich nicht stört. Als ich in den Himmel schaute, sah ich ein Flugzeug, das so laut war, dass mein Hund Angst bekam. Wir liefen beide ein Stück über die große Wiese und ließen uns dort ins Gras fallen, wo auch die Hasen lagen. Ich dachte nur, wie kommt denn das Flugzeug in meine Welt, wo fliegt es hin? Da muss mir doch einer Bescheid geben und mich fragen, ob hier ein Flugzeug lang fliegen darf in meiner Welt. Später traf ich eine Frau in meiner Welt, die aus ihrer Welt in meine Welt kam, um mit mir zusammen zu sein. Nun sind wir manchmal in ihrer Welt und manchmal in meiner Welt. Einmal war es so schön, da wussten wir gar nicht, wo wir waren. Rehe liefen über unseren Weg.

WELTENLAUSCHER, DIE: (Man trägt dazu Weltenlauscher auf den Ohren und gibt sich hin). Es gibt Geräusche, die sind so leise, dass sie kein Mensch hören kann. Zum Glück gibt es die Weltenlauscher. Die Weltenlauscher sind zwei Röhren, die man sich an die Ohren hält. Hörst du was? Nichts lenkt mehr ab. Schließe die Augen und horch in die Welt. „Dort kräht ein Hahn, dort weint ein Kind. Dort singt ein Spatz, dort pfeift der Wind." Manchmal fährt ein Krankenwagen vorbei und warnt Lalülalü. Die Weltenlauscher haben eine thematische Ausrichtung. Je nach Wunschgeräusch kann man durch Anlegen der passenden Weltenlauscher ein Wiederhören planen. Die Weltenlauscher mit den Blumenmotiven laden ein zum Geräusche-Treffen in Park und Gärten. Die gelben Sonnen-Weltenlauscher erwärmen das Herz, und fokussieren auf die Gesänge der Zitroneneis leckenden Kinder. Wasserspeiernde Sprinkler, aufplatzende Grillwürstchen und aufatmende Liebende kommen dir ganz nahe. Manche Weltenlauscher filtern Klänge aus der großen Geräuschekakofonie, die sonst verschütt gegangen wären unter all dem Krach und der Aufschneiderei. Die Weltenlauscher im Breitcordmuster, zum Beispiel, lassen uns Gesprächsfetzen wahrnehmen, die Anteilnahme ausstrahlen und Fürsorge pflegen. Günter Grass trug Weltenlauscher beim Schreiben der Blechtrommel. Der Lauscher in die Welt hört viel, was ihm gefällt: „Brauchst Du mich?", „Wie schön Du bist.", "Nimm meinen Arm.", „Ist das ein Weltenlauscher, den Du trägst?" „Weltenlauscher Weltenlauscher/ schließ die Augen, lausche los/ du brauchst nur zwei Weltenlauscher/ und der Tag wird riesengroß."// Es sieht auch gut aus, wenn man zwei Weltenlauscher trägt. „Was er wohl hört", denken alle und sind dann ganz still. Nun macht die Schöpfung Ernst. Wie gut, dass es die Weltenlauscher gibt.

WENN: (Eine Ehegeschichte) Wenn sie nicht lachte, erkannte man sie nicht wieder. Wenn er schlecht gelaunt war, räumte er immer auf. Wenn er schon morgens humpelte, wusste man, er hatte seinem Sohn versprochen mit ihm Fußball zu spielen. Wenn er schlief, atmeten alle erleichtert auf. Wenn sie kam, wurden alle wach. „Wenn ich von mir nur das erwarten würde, was ich geben kann, wäre ich viel zufriedener."

WERNER: „Du hast da was am Kinn", sagte Werner. Das konnte nur der Eierlikör sein, den er mir ausgegeben hatte.

WINDSPIELE: Ich habe schon Windspiele gesehen, die hingen dort, wo gar kein Wind war. Die musste man selbst anpusten, wenn sie einen Ton von sich geben sollten. Ich weiß nicht, ob das der Sinn von Windspielen ist. Auch ein Moderator sollte von sich aus was sagen, wenn die nächste Gruppe spielen soll.

WIND: Der Wind heißt auch nicht Willi.

WINKEN, DAS PADERBORNER-ZU-: Ich habe den Menschen in anderen Städten ans Herz gelegt, dass sie winken sollen, wenn sie einen Paderborner sehen. Der Paderborner fühlt sich dann wohler in seiner Haut und steht nicht so rum. Der Paderborner Autofahrer hat es verdient, dass man ihm mehr Beachtung schenkt als zum Beispiel einem Autofahrer aus Duisburg. Wann traut sich schon mal ein Paderborner Autofahrer in den Stadtverkehr von Berlin? Duisburger sieht man oft, aber Paderborner Autofahrer sammeln all ihren Mut zusammen, bevor sie sich in der Fremde bewegen. Einen Paderborner Autofahrer sollte man deshalb achten und mit Vorsicht genießen. Er blinkt noch, wenn er abbiegt, und bleibt bei Rot vor der Ampel stehen. Manchmal verschenkt er seinen Parkschein, wenn noch ein Rest an Parkzeit genutzt werden kann, und lässt andere an seinem Duftbaum riechen. Der Paderborner freut sich über kleine Aufmerksamkeiten und belohnt andere mit seinem Lächeln. Eines ist sicher, wenn Sie einem Paderborner zuwinken, dann winkt er zurück.

WINKEN: Der Winkende grüßt von Gott.

WINTER: Wie konnte er sich noch wärmer anziehen? Irgendwie hatte er schon alles an. (Diese Sätze ohne Zögern lesen)

WINTERLANDSCHAFT: Es war alles wahr. Beim Ausschütteln des Oberbetts entstand die Winterlandschaft. Es weideten sogar Kühe auf der Schneedecke.

WINTERSEELE: (Oder die tapfere Pudelmütze) Wenn das alles ist, was der alte Winter aufzufahren hat, lacht sich meine Pudelmütze einen Bommel.

WINTERSEELEN: Es ist schade, dass man manche Kleidungsstücke nur zu bestimmten Jahreszeiten tragen soll. Meine Winterhandschuhe stehen mir so gut, dass ich sie auch gerne im Sommer anhätte. Oft ist der Winter so kurz, dass man nicht dazu kommt die Winterklamotten zu tragen. Warum auch? Eine Schneeballschlacht und der Schneemannbau fanden nicht statt. Ich muss jedes Jahr meine Handschuhe suchen und habe Angst, dass sie mir nicht mehr passen. Einmal fand ich eine Pudelmütze, die über einen Zaunpfeiler gestreift worden war. Wie fürsorglich. Zaunpfeiler frieren schneller als Kinderohren und haben keine Möglichkeiten sich aufzuwärmen.

WISSEN: Wissen ist ein Gefängnis. Die Freiheit weiß von nichts. Die Freiheit weiß nichts von sich.

WOLFSBERATUNGEN: Wenn der Hase den Wolf berät, der sich ein Kochbuch kaufen will, dann sollte er schnell laufen können.

WORTE, ERSTE: (Auf dem Mond) Was sagt man denn, wenn man zum ersten Mal den Mond betritt? Ich meine, so was kommt ja auch nicht so oft vor. „Was Du heute kannst besorgen, das verschiebe nicht auf morgen?" Ich weiß nicht, ob das geschichtsbüchertauglich ist. Wie überheblich kommt Armstrongs Satz daher,: „Ein kleiner Schritt für einen Menschen, aber ein großer Sprung für die Menschheit." Geht's noch? Hätte da nicht auch ein einfaches „Hallo" gereicht? Das wäre nicht so besserwisserisch, so klugscheißerisch, so überheblich rübergekommen. Vielleicht hätte dann auch jemand „Hallo" zurückgerufen, aber wer meldet sich schon nach einem Angebersatz wie: „Ein kleiner Schritt für einen Menschen, ein großer Sprung für die Menschheit"? Wer will schon den Klassenstreber kennenlernen? Wissen Sie übrigens, warum ich glaube, dass der Mond bewohnt ist? Schauen sie mal hoch, da brennt doch Licht.

(Siehe auch: „HALLO")

WÖRTER KÖNNEN NICHT BESCHREIBEN, WAS ICH FÜR DICH EMPFINDE: Lavalampe, Kaugummi, Polypen, Bananen, Baumrinde: Wörter können nicht beschreiben, was ich für dich empfinde. Tageszeitung, Nachtisch, Gesichtsrose, Apfelkern, Baustopp, Tagesbinde. Wörter können nicht beschreiben, was ich für dich empfinde. Schweigen, Abseitsregel, Bienenstock, Wassereimer, Sommerwinde: Wörter können nicht beschreiben, was ich für dich empfinde: Verpassen, vergessen, verhungern, verschwinde: Wörter können nicht beschreiben, was ich für dich empfinde.

WÖRTER, SELTENE: Die wenigsten wissen, dass der vordere Teil des Löffels, also das hohle Ende „Laffe" genannt wird. Wussten Sie, dass der Bügel zwischen den beiden Brillengläsern korrekt "Stegplättchen" genannt wird? Die Erhebungen auf den J und F Tasten der Tastatur nennt man "Fühlpunkte" und helfen dabei sich auf der Tastatur zu orientieren. Die Lasche, mit der man Dosen öffnet, wird leider „Stay-on-tab-Verschluss" genannt. Da wird man weiterhin "Lasche" sagen. Warum nennt man die Einbuchtung, die zwischen Nase und Oberlippe zu sehen ist, nur „Philtrum"? Da hätte man einen Dichter gebraucht um diesem Vorkommen gerecht zu werden. Der Draht am Sektkorken heißt "Agraffe" und als "Ohrsteckmutter" bezeichnet man den hinteren Teil, den man von hinten auf den Ohrstecker zieht. Hoffentlich merke ich mir das Wort „Nadel", mit dem man das harte Ende des Schnürsenkels bezeichnet.

(Siehe auch: „WURST")

WUNDER: Gestern habe ich gepfiffen, da kam die Sonne heraus und dabei habe ich meinen Hund gemeint. Morgen lasse ich es vielleicht schneien.

WÜNSCHE: Ich wünsch' dir eine Sommernacht mit einem schönen Traum. Vielleicht hab ich dich angelacht, im Traum stört das wohl kaum. Ich wünsch dir einen schönen Tag mit einem Hauptgewinn. Kann sein, weil ich dich so sehr mag, dass sogar ich das bin.

WÜRDELOS: Das Schieben eines Einkaufswagens ist würdelos, auch Einkaufen ist würdelos. Autofahren ist würdelos, auch das Halten vor einer Ampel ist würdelos. Das Transportieren seiner schmutzigen Unterwäsche in einem Rollkoffer ist würdelos. Schmutzige Unterwäsche ist würdelos. Rollkoffer sind würdelos. Müll zu trennen ist würdelos. Müll ist würdelos. Geld ist würdelos. Ein Apfelpflücker ist würdelos. Arbeit, die nicht schmutzig macht, ist würdelos. Alt werden ist würdelos. Durchfall ist würdelos. Krank werden ist würdelos. Smartphones und Handies sind würdelos. Es ist würdelos im Spezialitätengeschäft in einer Schlange stehen zu müssen, um dann, wenn man endlich an der Reihe ist, zu erfahren, dass eine Spezialität, aus der man einen Braten machen wollte, ausgestorben ist. Es ist würdelos allein zu sein, wenn man Hilfe braucht. Es widerspricht der Würde des Menschen Vorkehrungen zu treffen. (Ludwig Hohl) Das Leben ist würdelos.

WURST: Am Anfang war die Wurst. Ein Wort wie WURST wird uns doch alle überleben. Selbst wenn es uns nicht mehr geben wird, wird man sich an das Wort WURST erinnern und wie weit es unsere Gesellschaft gebracht hat. Die Wurst hat Charisma. WURST, das ist die Antwort auf alle drängenden Fragen dieser Welt. Wer eine Wurst zum Freund hat, wird nie Hunger leiden. WURST. Das ist der Blockbuster aus Hollywood, der sogar die Nebenrollen mit Stars besetzt hat. WURST. Das ist der Schwiegersohn, den sich alle Eltern wünschen würden. WURST. Da wird nicht gekleckert, da wird geklotzt. WURST. Das ist Heino auf dem Heavy Metal Festival in Wacken. (Die vegane Wurst ist übrigens ein Rammsteinkonzert unplugged). Ein Kartoffelsalat ohne Wurst ist wie Liebe ohne Sex. Wurst will es wissen: „Die Leberwurst macht Freude/ Die Bratwurst bringt das Glück, wenn ich viel Kraft vergeude/ bringt Wurst sie mir zurück// Die Scheibe Wurst lässt hoffen/ die Brühwurst gibt so Kraft/ macht alle Türen offen/ weckt meine Leidenschaft// Denn alles hat ein Ende/ und alles geht vorbei/ kein Ende man verschwende/ denn nur die Wurst hat zwei.//

WURSTWAHRHEITEN: Er aß die erste Wurst so, als würde sie ihm nicht schmecken. Auch die zweite Wurst aß er so, als würde sie ihm nicht schmecken. Auch die dritte Wurst aß er so, als würde sie ihm nicht schmecken. Wollte er so weiter machen und uns alle zum Narren halten?

Illustration: „Wurst" – Vanitas-Stillleben mit Wurst und Bohnen

XAVER: Xaver und ich waren immer mit Frauen zusammen, die nicht wussten, wie wunderbar wir waren. Anders wäre es ja auch nicht zu ertragen gewesen.

XPERTE: Er füllte das Wasser in die Kaffeemaschine, während in der Spüle das Wasser zum Spülen einlief. Er hörte im Keller, dass die Waschmaschine schleuderte, während schon sein Hund hinter ihm stand, der sein Essen wollte. Er dachte kurz daran, dass man früher ihm nicht sein Essen, sondern sein Fressen gegeben hatte. Obwohl er ihm dann sein Essen gab, fraß er es auf. Als dann der Kaffee durchgelaufen war, spülte er schnell, damit er eine Tasse hatte, aus der er den Kaffee trinken konnte. Er war mit allen Wassern gewaschen. Er musste aufpassen, dass er nicht überraschend starb.

XTREME: Wussten Sie, dass es billiger ist in einem Land Urlaub zu machen, dass keinem gefällt? Ich habe mich mal in eine Frau verliebt, die ich nicht mochte. Auch moderne Kunst fängt bei mir immer dort an, wo ich sie nicht verstehe. Wie lange können Zahnärzte noch den Eindruck aufrechterhalten, dass sie Free Jazz Musik mögen? Ich war nur froh, dass die Nachrichten diesmal nicht von einer Frau gesprochen wurden. Ich kann es kaum ertragen, das eine Frauenstimme es verkündet, wenn mein Lieblingsverein verloren hat. Wussten Sie, dass Frauen früher viel höher gesprochen haben? Sie mussten lernen, damit sie ernst genommen werden, ihre Stimme zu senken. Ich habe das auch meiner Frau erzählt, und da sagte sie: „Nein, das wusste ich nicht" und verstellte dabei ihre Stimme und sprach ganz tief. Albern, oder?

XTREMFORDERUNG: Das Einzige, was jetzt hilft, ist Gutes tun.

XX: Heute traf ich den Mann XX, der immer hinter der Frau stand, die so viel redete. Ich wusste gar nicht, dass er sprechen konnte. XX schlich sonst immer im Hintergrund herum und trug eine große Vase vor sich her. Er hatte heute einen Hund dabei, der so laut am Bellen war, dass wir uns wieder nicht unterhalten konnten. Ich hörte aber, wie er manchmal „Aus!" rief, damit der Hund Ruhe gab. Er schien sich gerne mit allem zu umgeben, was von ihm ablenkte. Hatte ich erzählt, dass er bei unserem Treffen einen Hut trug, der ihm nicht stand? Ich hatte ihn zuerst kaum erkannt. Irgendwie fehlte mir seine Frau. Ich hätte sie fragen können, wie es ihm geht.

Y: Brauchen wir eigentlich ein Y?

YAK: Heute fiel dem Yak auf, dass es auch mal im Bett liegen bleiben konnte, wenn es wach geworden war. Eigentlich stand es sofort auf, wenn es wach wurde.

Y-GEDICHT: „Das Leben ist peinlich, wir leben es heimlich./ Es ist so zum Lachen, was wir hier machen.// Ein Schiff voller Narren, wie Vieh vor dem Karren./ Wozu sind wir nütze, und wem eine Stütze?"//

YUCCA: Ich habe an meine Yucca-Palme ganz schreckliche Erinnerungen. Ich bin mir sicher, dass ich mal dafür büßen werde, was ich der Yucca-Palme angetan habe. Die Yucca-Palme passte einfach nicht in meine Umgebung.

YUPPIE: Ein Yuppie im Regen wartet bestimmt nicht auf einen Schirm.

YVES: Er war leicht zu haben. Sobald er sich geliebt fühlte, gab er nach.

Illustration: "Yves Klein Blau" (Text S.231)

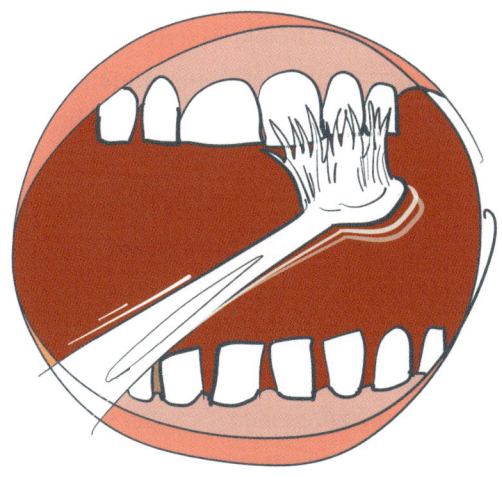

ZÄHNEPUTZEN: Ich glaube, beim Zähneputzen ist der Mensch völlig wehrlos.

ZAHLENSPIEL: 1ner kann überwältigt werden, 2e können widerstehen, und eine 3fache Schnur reißt nicht so schnell entzwei. 4e können Doppelkopf spielen, 5e bilden eine Faust, und 6e fahren Aufzug und schauen auf den Boden, weil der Aufzug nur für 5 Personen zugelassen war. 7 sind die Tage einer Woche, 8 ist die Nummer eines Liedes auf einer CD, das man immer übersprang, und 9e quetschen sich in ein Taxi, und die 10 wollen, dass man ihnen die Nägel schneidet. 1ner kann überwältigt werden, aber 2e können widerstehn, und eine 3fache Schnur reißt nicht so schnell entzwei.

ZAHNARZTTIPPS: Wenn man sich mit seinem Zahnarzt anfreundet, könnte die Behandlung viel angenehmer werden. Bring deiner Zahnärztin Kekse mit, aber zuckerfreie. Man liebt seinen Zahnarzt am meisten, wenn man Zahnschmerzen hat.

ZAHNARZT, BEIM: Ich hatte Angst, dass er wieder seine Brille auf meinem Bauch ablegen würde.

ZAHNBÜRSTE: Er hatte vergessen die Zahnbürste ins Badezimmer zu tragen. Hier beim Klavier konnte sie kaum jemandem nützen.

ZAHNFEE: Und wenn Sie mal gefragt werden, ob Sie lieber Model, Spielerfrau oder Zahnfee werden wollen, dann sagen sie, dass Sie lieber bei dem Meinungsinstitut arbeiten wollen, wo die sich solche Fragen ausdenken.

ZAUBERER: (Szene für eine Stadtführung) Ein Zauberer sitzt in einem Straßencafé, vielleicht das Café Heinrich am Dom, und versucht mit seinen Tricks, eine Frau zu betören. Es ist egal, ob das dann klappt oder nicht.

ZAUN: Der bellende Hund hinter dem Zaun würde nicht bellen, wenn da kein Zaun wäre.

ZECKEN: Ich hörte jetzt, dass Zecken zehn Jahre lang ohne Nahrung auskommen. Machen wir uns nichts vor. Wir sind alle verloren und dem Untergang geweiht.

ZEHN: Mein Arzt sagte mir jetzt, dass man mit diesen Tabletten zehn Jahre länger leben könnte. Er erzählte, dass man damit im hohen Alter den Himalaya besteigen könnte oder in der Lage wäre Golf zu spielen. Ich dachte nur, ab wann beginnt der Bonusteil? Also dieser zusätzliche Teil des Lebens von zehn Jahren, den ich dann geschenkt bekommen würde.

Steckte ich schon mitten drin im Zugabenteil? Ich wusste auch nicht, ob ich den Himalaya besteigen wollte, um dann dort Golf spielen zu können. Reichte mir nicht ein Tag auf dem Monte Scherbelino? War ich nicht zufrieden an den Fischteichen, wo man für ein kleines Entgelt Minigolf spielen konnte? Wer will denn überhaupt den Himalaya besteigen, wenn er 80 Jahre alt ist? Wäre es dem Himalaya überhaupt recht, wenn plötzlich alle aktiven Achtzigjährigen ihn besuchen würden? Der alte Mann auf dem alten Berg. Da stehen wir dann alle auf dem Himalaya und sind alt. Da hören wir gar nicht hin. Was machen wir überall? Warum bleiben wir nicht zu Hause und mähen unseren Rasen? Ich kenne buddhistische Mönche, die würden sofort ihre Behausung in den Bergen verlassen, um uns den Rasen zu mähen. Ich kenne einen Mann, der ist 92, der weiß gar nicht, dass er 92 ist, geschweige denn, dass er ein Mann ist. Ich hasse es auch Golf zu spielen und verstehe die Menschen nicht, die es gerne spielen oder zuschauen wollen, wenn andere Tennis spielen. Als wenn man den Fisch ohne Haut und Gräten essen würde. Ich will nicht wissen, was Ärzte in ihrer Freizeit tun. Was machen denn alte Menschen, die nicht diese Tablette schlucken? Sitzen die zu Hause und haben ihre Pantoffeln an und lassen sich von einer Studentin den Steppenwolf vorlesen? Beneidenswert.

ZEHN DINGE: (Zehn Dinge, die nicht pfändbar sind) 1. Bibel 2. Bett 3. Arbeitskleidung 4. Brille 5. Ehrenabzeichen 6. Einbauküche 7. Gebiss 8. Grabstein 9. Hund 10. Perücke

ZEIT: Obwohl wir uns dreißig Minuten lang unterhalten haben, sind nur fünf Minuten vergangen. Ich habe das aber auch schon andersherum erlebt.

ZEIT, BESTE: Er hatte als Autofahrer seine beste Zeit hinter sich. Das konnte man sehen. Schönen Gruß an die Laterne.

ZEIT, BABYFREIE: Er hatte verstanden: „Genießen sie auch die babyfreie Zeit?", dabei war er nur gefragt worden: „Genießen sie auch die regenfreie Zeit?" Seine Kinder waren seit über 20 Jahren keine Babies mehr, und in der Tat genoss er nun die babyfreie Zeit, nur war die schon lange her. Man hätte ihn auch fragen können: „Freuen sie sich über das Seepferdchen-Abzeichen?" Natürlich freute er sich über das Seepferdchen-Abzeichen, es war nur so lange her, dass er es bekommen hatte. Eigentlich wusste er nicht mehr, ob er noch schwimmen konnte. „Kann man denn noch wegschwimmen wie früher?", fragte er den Bademeister.

ZEITUNGSÄRMEL: (für Konrad) Ein Mantel, in dem ein Ärmel so erweitert ist, dass man eine Zeitung in diesen schieben kann. Das ist praktisch, wenn man auf dem Weg zum Zeitungslesen beide Hände frei haben will. Aus diesem Ärmel kann diese Zeitung herausgeschossen kommen wie eine Waffe. Und das sollte eine Zeitung ja auch sein.

ZIEGE: Flatter, flatter Fliege, flatter auf die Ziege/ Stich dann durch das Ziegenfell, bis dann läuft die Ziege schnell.

Illustration: „Zusammen" (Text S. 238)

ZIEL: Nach dem Ziel schweigt der Sieger.

ZOMBIEFILME: Wenn es Zombiefilme geben würde, in denen sich Zombies einigermaßen benehmen würden, dann könnte man die sich auch mit Kindern ansehen. Wenn Zombies nicht so stark wären, würden sie sich eher von ihren liebenswerten Seiten zeigen. Vielleicht ist es Zombies gar nicht so klar, dass man glücklicher ist, wenn die Kinder einen lieben. Ich kannte einen Zombie, der hatte Angst vor einer schönen Frau, der war immer froh, wenn sich ihr Antlitz vor Panik entstellte, und sie sich von ihm abwandte.

ZUFRIEDENHEIT: Wenn ich von mir das nur erwarten würde, was ich geben kann, wäre ich viel zufriedener.

ZUGER KIRSCHTORTE: Die Zuger Kirschtorte ist eine aus zwei Japonaisböden, Biskuit, Kirschsirup und Kirschtortencrème bestehende Rundtorte aus dem Kanton Zug. Die Oberfläche der Torte ist mit Puderschnee bestäubt, der Tortenrand mit gerösteten Mandelscheiben dekoriert. Das Rautenmuster im Puderschnee ist ebenfalls Teil des Originalrezepts. Man nennt sie eine Reisetorte, da sie ideal passt zum Vorbeiziehen der Landschaft. Erfunden wurde sie im Jahre 1915 vom Konditor Heinrich Höhn (1889–1957). In der Folge trat die Zuger Kirschtorte ihren Siegeszug rund um die Welt an und wurde mehrfach ausgezeichnet, unter anderem 1923 in Luzern mit der Goldmedaille und 1928 in London mit der Silbermedaille. Zu Ehren des Kirschtorten-Erfinders komponierte Fritz Mensik, ein in Zug gastierender Wiener Salonmusiker, den "Zuger Heiri-Höhn-Marsch„. Prominente Zeitgenossen wie der englische Premier Winston Churchill, der Komiker Charlie Chaplin und die Hollywood-Schauspielerin Audrey Hepburn gehörten zu den Genießern der Zuger Kirschtorte. Zur Förderung der Zuger Kirschtorte ist 2010 die Zuger Kirschtorten Gesellschaft, der Zusammenschluss aller Zuger Kirschtortenproduzenten, gegründet worden. Der neue Verein hat das Ziel, die Kirschtorte als wichtiges historisches Kulturgut zu bewahren und damit das Image des Kantons Zug zu fördern. (frei nach Wikipedia)

ZUGLUFTSTOPPER: Zugluftstopper Baumwolle. Passgenauer 90cm Luftzugstopper mit Natursand Füllung EUR 17,98. Was für schöne Dinge es gibt, die gar nicht so viel kosten. Man kann froh sein in Zeiten von vieler Zugluft von Zugluftstoppern umgeben zu sein. Zugluft kann sehr raffiniert sein und findet immer einen Weg.

ZUGEWORFEN: Was einem zugeworfen wird, kann man auffangen.

ZUHAUSE: (Auszug) Zu Hause ist es schöner als man denkt.

ZUKUNFTSBRILLE, DIE: Wenn er sich umschaute, wurde ihm schwindelig. Er war froh von Eimern umgeben zu sein. Schnell steckte er wieder seine Zukunftsbrille in sein Etui. Noch war er nicht bereit sie zu tragen.

(Siehe auch „SCHERZBRILLE")

Illustration: Churchillen mit „Zuger Kirschtorte"

ZURÜCKNAHME, DIE: Die Zurücknahme ist eine der schönsten Eigenschaften des Menschen. Sie zeugt von seiner Weisheit und seiner Güte. Gerade in Gesellschaften, wo das Aufeinandertreffen von Meinungen unabänderlich ist, glänzt der Einzelne durch seine Zurücknahme. „Ich nehme mich gerne zurück", vertraute mir mein Herr Hemdsorgel an, um ein reibungsloses Ablaufen des Gespräches zu garantieren. Ich dachte nur daran, dass er mir meine ausgeliehene Gießkanne noch nicht zurückgegeben hatte. Aber diesen Gedanken nehme ich auch gerne wieder zurück. Wer will in Zeiten von Großmut kleinlich sein?

ZUSAMMEN: Seitdem ihr Mann wieder mit ihr reden würde, hätte sie erst gemerkt, wie wenig sie sich zu sagen haben. Ich habe gesagt: Zuviel Nähe. Ihr klammert. Ihr wohnt zusammen in einem Haus, schlaft in einem Zimmer, habt viel zu viele gemeinsame Kinder und fahrt zusammen sogar in Urlaub. Kann es sein, dass ihr sogar Weihnachten gemeinsam feiert und euch Geschenke schenkt? Kein Wunder, dass das einem mal zu viel wird. Ihr habt ja sogar einen gemeinsamen Hund.

ZUSAMMENSPIEL: Das Zusammenspiel der Menschen ist nicht mehr zu vermeiden.

ZUSTAND: Das Alter ist eine würdelose Anstalt. Hier klopft man nicht an, sondern fällt mit der Tür ins Haus, selbst wenn die Bewohner noch schlafen. Ich kenne Meereswesen, die retten sich wie Schildkröten ans Land. Die Sprache des Alters sollte „holländisch" sein, damit jeder dreimal nachfragen muss, bevor man die Antworten versteht. Es wäre hilfreich, wenn man jemanden hat, der einem den Einkaufswagen schiebt. Nichts ist unerträglicher als alte Menschen, die abwarten bis sie an der Reihe sind. Wenn sie nicht weise und gütig sein können, dann zeigen sie stets ihre Verachtung. Alte Menschen, die nur lieb und hilfsbedürftig sind, erscheinen als Last.

ZWEI-FENSTERPULLOVER, DER: Sicherheit umgibt uns durch Umsicht. Eine gute Vorsorge kann manch brenzlige Situation entschärfen. Gerade in Augenblicken, wo man seine Konzentration auf komplexe Vorgänge ausgerichtet hat, nutzt man parallel dazu eingeübte Alltagsrituale um automatisch das Richtige zu tun. Eine den Umständen angepasste Alltagskleidung kann da schon helfen manche Gefahren abzuwenden. Zum Glück gibt es den Zwei-Fensterpullover. Der Pullover hat nicht nur zwei Fenster, sondern ihre Nutzung lässt uns kurz innehalten und den Blick auf die Außenwelt schärfen. Der Zwei-Fensterpullover ist ein Pullover, der erst beim Abstreifen zeigt, dass er den Anforderungen einer immer schneller werdenden Umwelt gewachsen ist. Schaut man beim Abstreifen des Pullovers durch das erste Sichtfenster, taucht man auf aus Augenblicken der Befangenheit. Das macht Mut und schafft Vertrauen. Beim weiteren Abstreifen folgt dann der Rundblick durch das zweite Sichtfenster. Genießen Sie es Herr der Lage zu sein. Sie bekommen einen Überblick über alles, was Ihnen im Wege steht, bevor Sie den Pullover ganz über den Kopf ziehen. Strecken Sie sich. Nutzen Sie die kleine Lockerungsübung. Zum Beispiel auch während einer Autofahrt kann es wichtig sein einen solchen Pullover zu tragen, bei dessen Abstreifen man den Überblick über das Verkehrsgeschehen behält und nicht fahrlässig das Leben anderer Verkehrsteilnehmer aufs Spiel setzt. Es gibt auch andere Situationen, wo es besser ist nicht den Kontakt zur Umwelt zu verlieren. Ziehen Sie den Zwei-Fensterpullover ins Vertrauen. Vertrauen ist ein Ort, wo man sich wohlfühlt.

ZWEITE: Das zweite Stück eines Kuchens, der nicht schmeckt, schmeckt manchmal besser als das erste, weil die Erwartungshaltung gesunken ist.

ZWEITDENKER: Die Idee hab ich gehabt/ vielleicht ein wenig später/doch mich, mich hat man ausgelacht/ auch meinen Sanitäter// Das Vater unser ist von mir/ doch will man mir nicht glauben/ Ich bin doch nicht der Teufel hier/ und will nur Seelen rauben//

ZWERGE: „Auf einem Berg vergeht die Zeit schneller als im Tal, wenn auch nur minimal", sagte Schneewittchen. Alle nickten. Sie hätte alles sagen können, ohne sich lächerlich zu machen. Die Zwerge liebten Schneewittchen und hofften, dass sie nicht so bald begreifen würde, dass sie nur Zwerge waren.

ZWILLINGSLEIDEN: Wenn ich mir gegenüber sitze, bin ich schon überrascht, mit wem ich wieder den Abend verbringen soll. Zum Glück schien es meinem Gegenüber nicht so zu gehen. Er schaute mich erwartungsvoll an.

QUELLEN

Viele der genutzten Zitate stammen aus dem Musenblättern, dem unabhängigen Kulturmagazin aus Wuppertal. Zu finden unter: www.musenblaetter.de

Das Zitat von Ludwig Hohl entstammt einem Interview mit Peter Handke. Es stammt aus dem Buch „Die Notizen" von Ludwig Hohl (Bibliothek Suhrkamp).

Erwin Grosche nutzte auch manche Toilettensprüche, Graffities und Zeitungsschnipsel um seine Gedanken zu vervollständigen. Diese Sätze, außer es wurde angegeben, konnten keinem Autor und keiner Autorin zugeordnet werden.

ERWIN GROSCHE

... wurde wahrscheinlich am 25. November in Berge/Anröchte geboren. Noch immer ist das genaue Datum seiner Geburt ungeklärt. Während seine Mutter betonte, dass er am 24. November geboren wurde, gab der Vater als Geburtstermin den 25. November an.

Er besuchte nach der Volksschule in Berge das altsprachliche Gymnasium Theodorianum in Paderborn. Paderborn wird später seine Traumstadt, in der er lebt und arbeitet. Er erhielt u.a. 1999 den „Deutschen Kleinkunstpreis" und wurde im Jahre 2000 Kulturpreisträger der Stadt Paderborn. Seit 2003 ist er Schirmherr von UNICEF PADERBORN und seit 2009 Botschafter der „Stiftung Lesen". Seinen größten Erfolg erlebte er 2010 im Kampf um das Tigerbrötchen, welches aktuell wieder in der Bäckerei Hermisch (Südstadt) gebacken wird. Erwin Grosche ist der einzige Mensch, der weiß, wo Padermann heute lebt, hat aber versprochen darüber zu schweigen.

www.erwingrosche.de

Foto: Besim Mazhiqi

GENNADI ISAAK

Jahrgang 1968, arbeitet seit 2003 in Paderborn als freischaffender Künstler in den Bereichen Malerei, Wandgestaltung und Illustration. Berufserfahrung als Malergeselle, Stukkateur, Dreher auf einer Werft und Bühnenbildner. Seine Illustrationen sind meistens komisch. Stilistisch legt er sich ungern fest und verwendet in seiner Arbeit diverse Zeicheninstrumente, analoger wie digitaler Art. Für das Weltlexikon zwo verwertete er unter anderem seine Ampelzeichnungen, schnelle Skizzen von Menschen, im Auto vor roten Ampeln gemacht, die er 11 Jahre lang gesammelt hat. Nach dem Vorbild eines Lexikons findet sich in diesem Buch eine Vielfalt von minimalistischen Schwarz-weiß-Zeichnungen bis zu aufwendigen farbigen Bildern.
www.gennadi-isaak.de

Kontakt: info@gennadi-isaak.de

Foto: Gennadi Isaak (links)

OLIVIER KLEINE

Im April 1980 als Sohn einer Französin und eines Emsländers im beschaulichen Münsterland geboren und aufgewachsen. Schon als ca. 1987 der erste Heim-PC im Hause Kleine stand, fing er an, sich kreativ mit den rudimentären Möglichkeiten (Atari Computer + Nadelstreifendrucker) kreativ auseinander zu setzen. Zum Glück hat man ihm dann in seiner Ausbildung als Mediengestalter gezeigt, wie man das "richtig macht".

Heute arbeitet der zweifache Vater als selbstständiger Grafikdesigner in seiner neuen Heimat Paderborn und versucht diese bunter zu gestalten. In der Paderstadt lebende Menschen haben mit Sicherheit hier oder da eine Grafik von ihm gesichtet.
www.olivierkleine.de

Foto: Nik De Mar

Grosches Weltlexikon

Liebe Mitmenschen, suchen wir nicht stets nach Erklärungen und Definitionen, die das Leben, den Alltag und seine Wunder und Merkwürdigkeiten, die gelegentlichen Absurditäten begreifbar, ja greifbar machen? Jeder Tag wirft einem immer wieder Worte und Begriffe an den Kopf, ohne sie hinlänglich zu erläutern. Da steht man nun und grübelt im schlimmsten Fall stundenlang über die Frage "Was war das denn schon wieder?" – Selbst wer im Besitze eines großen Meyer, Wahrig oder gar des Grimm'schen Wörterbuches ist, muss leider allzu oft resignieren. Erwin Grosche wurmt diese Unzulänglichkeit schon lange und so hat er sich daran gemacht, dem Leben zu unserem Nutzen Erklärungen abzuringen. Das Ziel ist ein handliches Kompendium als praktische Lebenshilfe. In aller Bescheidenheit wird es "Weltlexikon" heißen. (Frank Becker, Herausgeber Musenblätter)

Bonifatius Verlag; 1. Edition (18. Oktober 2018)

Sprache: Deutsch

Gebundene Ausgabe: 160 Seiten

ISBN-13: 978-3897108011

Das ist nicht so, das ist ganz anders

„Manche Bücher strahlen so eine Sehnsucht aus, das einem ganz warm ums Herz wird. ‚Das ist nicht so, das ist ganz anders' von Erwin Grosche und Hans Christian Rüngeler ist so eine Entdeckung, die bei jedem Blick Neues, Verborgenes, Andersartiges offenbart. Respekt, lieber Erwin Grosche, wieder mal ein Kleinod!" (Bernhard Hubner, Alliteratus)

Auch Elke Heidenreich empfahl das Buch auf WDR 4: „Erwin Grosche hat ein Buch geschrieben, das für Kinder und ich finde auch für Erwachsene gleich gut ist. Die Illustrationen sind ganz eigene Welten. Hans Christian Rüngeler hat sie gemacht und ganz prächtig. Ich habe mich sofort in dieses Buch verliebt, weil es alles anspricht: Die Sinne, den Humor, das Melancholische, was bei Erwin Grosche immer ist. Und es sind ganz überraschende Gedanken, und es macht auch Erwachsenen Spaß, Kindern sowas vorzulesen. Ein Familienhausschatz für alle Gelegenheiten. ‚Das ist nicht so, das ist ganz anders' stellt die Welt auf den Kopf, und es entstehen neue Einsichten und Geschichten. Wie passend , dass es im Verlag Akademie-der-Abenteuer erschienen ist."

Und Frank Becker schreibt in den Musenblättern: „Für Kinder und Erwachsene gleichermaßen geeignet – wobei ich sogar annehme, dass kluge Erwachsene noch mehr vom Hintergründigen dieses exzellenten Bandes profitieren. Eine literarisch-künstlerische Kostbarkeit, die von mir sehr empfohlen und mit unserem Prädikat, dem Musenkuss, ausgezeichnet wird."

Verlag Akademie der Abenteuer;
2. Edition (4. April 2022)

Sprache: Deutsch

Gebundene Ausgabe: 200 Seiten

ISBN-13: 978-3985301089

Der dünne Mann: Lieder von Ankunft und Abschied

Es ist kein Zufall, dass Erwin Grosche gerade in seinem Jubiläumsjahr seinen treuen Fans die neue CD „Der dünne Mann" schenkt. „Der dünne Mann – Lieder von Ankunft und Abschied" ist ein Rückblick und ein kleines Dankeschön. Zusammen mit dem Komponisten und Musiker Gerhard „Gogo" Gemke erzählt er in 17 Liedern von Ankunft und Abschied und allem, was uns sonst noch dazwischen beschäftigt. Zu schönen und ungewöhnlichen Gemke-Melodien, angesiedelt zwischen Neo-Klassik, Chanson und Klamauk, bekommen die bekannten Groschethemen eine neue Rückendeckung. Ob der Künstler selbst von Hautunreinheiten und vom Hintergrund singt, seine Tochter Lisa Grosche den Totenvogel entdeckt und die Sängerin Mylène Kroon von ihrem Arbeitskollegen berichtet, immer sind es die Melodien von Gerhard Gemke, die die Zuhörenden herausfordern und überraschen. Da schwärmen die Zucchini Sistaz aus Münster vom „Fegen in großen Räumen" und das Vokalensemble „Anis oder Mandel" von Weyhers Apfelkuchen. Da wird der Sommer gefeiert und ein kleiner Hund träumt vom Mond. Wie schön, wenn ein versöhnlicher Abschied wie das „Paderbornlied" zum Träumen und sogar zum Mitsingen einlädt. Das musikmachende Kammerorchester kann sich hören lassen, wo neben Gerhard Gemke, besonders Yukinobu Ishikawa, Percussion und Vibraphon, und Jana Telgenbüscher am Violoncello zu erwähnen wären. Aufgenommen und abgemischt von Tonkünstler Michael Koch, scheint es nur folgerichtig, dass diese heitere und melancholische Produktion vom Bestattungshaus Dieter Sauerbier präsentiert wird.

Verlag Akademie der Abenteuer;
Erste Pressung Edition (15. April 2023)

Sprache: Deutsch

Audio CD

ISBN-13: 978-3985301317

Nicht aus Adams Rippe

In den Gedichten des ersten Bandes der Gravitationen: Das Aufwachsen eines Jungen in Berlin, das Mannwerden, das Menschwerden, Liebe, Einsamkeit, Sehnsucht nach der verlorenen, weitentfernten Mutter, Begegnungen in der Großstadt, Streifzüge in die Generationen. Der Blick des Dichters erfasst Menschengestalten, Naturfetzen und urbane Details mit Liebe und Offenheit, auf der Suche nach sich selbst, nach den wechselnden Gesichtern des Lebens. Ein Kaleidoskop des Verlangens nach vergänglicher Unendlichkeit. In den Bildern der Malerin dieselben Wege in tiefer weiblicher Perspektive.

Traumschwere Visionen voller Zärtlichkeit und Härte, Trauer, einsame Wesen in der Welt, an der Welt, öffnende Hingebungen ans Leben, farbbeseelte Aufschreie, Gravitationsopfer, Geschenke der Empfängnis, Bildergeburten der eigenen Identität und der der anderen. Ihre Bilder greifen in die Seelen der Gestalten, der Stadt, begehen nächtliche Ausflüge, wandern mit den Gedichten zusammen, lassen sich ein und gehen voraus, in den Bann des Lebens geschlagen, bereit für das Entsetzen, bereit für die Liebe, bereit, uns mitfühlen zu lassen, uns frei zu lassen. Der erste Band der vier Gravitationen von Michèle Meister und Boris Pfeiffer.

Verlag Akademie der Abenteuer;
Erstausgabe Edition (30. November 2022)

Sprache: Deutsch

Broschiert: 158 Seiten

ISBN-13: 978-3985301218